2 €

CLAUDIA RAINVILLE

Je me crée une vie formidable !

Nous ne sommes pas nés pour souffrir,

mais pour grandir !

jouvence
EDITIONS

Du même auteur, aux Éditions FRJ

- *Métamédecine : La guérison à votre portée*
- *Métamédecine : Les outils thérapeutiques*
- *Métamédecine du couple : réussir sa vie amoureuse*
- *Rendez-vous dans les Himalayas (Tome I) : Ma quête de vérité*
- *Rendez-vous dans les Himalayas (Tome II) : Les enseignements*

Du même auteur aux Éditions Quintessence

- *Guérir les blessures de son passé*

Extraits du catalogue Jouvence

La puissance de la cohérence, Paul Pyronnet & François Roux, 2003
Pratique de l'énneagramme, T. Lalot & M.-Ch. D'Onofrio, 2005
Le courage, Osho, 2004
Déjouer les pièges de l'ego, Daniel Maurin, 2003
S'ouvrir à l'amour et au bonheur, Don Miguel Ruiz, 2003
Apprendre à pardonner, Chantal Calatayud, 2003
Osez vous affirmer, Marie-France Muller, 2003
L'amour n'est pas un jeu d'enfant, Krishnananda, 2002
Déverrouiller ses blocages, Marie-France Muller, 2002
L'écoute, David Feldman & Jean-Paul Pes, 2002
La colère, cette émotion mal-aimée, Carolle & Serge Vidal-Graf, 2002
Guérir ses blessures intérieures, Daniel Maurin, 2001
La maîtrise de l'amour, Don Miguel Ruiz, 1999
Les mots sont des fenêtres (ou des murs), Marshall B. Rosenberg, 1999
Aucune rencontre n'arrive par hasard, Kay Pollak, 1998
Oser être soi, Eva Arkady, 1997
Vivre son deuil et croître, Rosette Poletti & Barbara Dobbs, 1993

Catalogue gratuit sur simple demande.
ÉDITIONS JOUVENCE
France : BP 90107 – 74161 Saint-Julien-en-Genevois CEDEX
Suisse : CP 184 – 1233 Genève-Bernex
Site internet : **www.editions-jouvence.com**
E-mail : info@editions-jouvence.com

ISBN 2-88353-441-1

Composition : Nelly Irniger, Fillinges (74)
Couverture : Dynamic 19, Thonon-les-Bains

Sommaire

❐ *Sommaire des cas cités*

À Madame Lise Bourbeau qui, par son exemple,
m'a inspiré le désir de me dépasser.

À mes enfants Karina et Mikhaël,
qui m'ont motivée à écrire ce livre.

Et à tous ceux qui cherchent une lumière
au bout de leur tunnel.

Avertissement

Les exemples et exercices déclinés au masculin dans ce livre s'appliquent bien évidemment aussi bien aux hommes qu'aux femmes ! Nous avons délibérément choisi de ne pas employer à chaque fois le féminin afin de ne pas surcharger les textes et ainsi d'en faciliter la lecture.

Avant-Propos

En 1990, je présentais à mes lecteurs le livre *Vivre en harmonie avec soi et les autres.* Ayant écrit par la suite, d'autres livres qui correspondaient aux étapes de mon cheminement personnel, *Vivre en harmonie avec soi et les autres* me semblait dépassé.

Je mettais donc peu d'énergie à promouvoir ce livre, préférant recommander *Guérir les blessures de son passé.* Cependant, je demeurais perplexe lorsque j'entendais certains lecteurs me dire qu'ils avaient préféré *Vivre en harmonie* ou lorsqu'un de mes libraires me confiait qu'il préférait recommander ce livre. Cela me fit comprendre que là où j'étais passée, d'autres passaient et que les découvertes qui m'avaient aidée à cette étape de ma vie étaient ce dont d'autres personnes avaient besoin.

Toutefois, lorsqu'il m'arrivait de jeter un regard à *Vivre en harmonie avec soi et les autres,* je prenais conscience que ce livre pouvait être amélioré et approfondi, c'est ce qui me motiva à le réécrire pour qu'il réponde encore mieux à sa mission.

Bien que j'aie repris des éléments très pertinents du livre *Vivre en harmonie,* il s'agit néanmoins d'un nouveau livre. Je lui cherchai donc un nouveau titre. Je pensai entre autres à *Je change ma vie.* J'en parlai alors à mes enfants puisque je souhaitais que ce livre puisse aider de jeunes adultes aux prises avec une panoplie d'émotions qu'ils ne savent gérer. Mes enfants me répondirent : « *Mais Maman, pourquoi voudrais-tu que ce titre nous intéresse, nous les jeunes? Nous n'avons même pas encore commencé notre vie, ce qui nous intéresserait serait bien plus de savoir comment la réussir!* »

J'ai trouvé qu'ils avaient tout à fait raison, c'est ce qui me motiva à lui donner le titre *Je me crée une vie formidable.*

Ce livre peut se lire comme un livre d'histoires, mais il se veut d'abord une démarche thérapeutique pour faire sa propre psychothérapie. Il contient des outils qui apporteront à la personne qui les mettra en application des résultats extraordinaires dans sa vie et dans ses relations avec les autres. Comme tous les livres que j'ai écrits, il vise à rejoindre un plus grand nombre de personnes qui pourront bénéficier de toutes ces découvertes qui m'ont permis à moi et à des milliers d'autres de trouver la paix, l'amour et l'harmonie.

C'est un peu ma vie que je te dévoile dans ce livre afin que tu te reconnaisses à travers mes expériences et celles des personnes présentées. Toutes les histoires sont authentiques, elles ont cependant été légèrement modifiées afin de conserver l'anonymat des personnes concernées. Elles sont parfois présentées de manière résumée pour ne retenir que l'essentiel du sujet traité.

Présenté dans toute sa simplicité, ce livre sera un outil très précieux pour le profane et pourra tout autant éclairer le professionnel. Il est à noter que certaines expressions utilisées me sont personnelles. Que le linguiste ne s'offusque pas, puisqu'elles visaient à mieux verbaliser ma pensée.

Puisse ce livre que tu tiens entre tes mains transformer ta vie comme ce qu'il contient a transformé la mienne. C'est avec tout mon amour et ma foi en ton potentiel créateur que je t'accompagne.

Ton amie, Claudia !

1

Je débute une nouvelle vie !

« C'est sur soi-même qu'il faut œuvrer,
c'est en soi-même qu'il faut chercher. »
Paracelse

NOUS POUVONS TRANSFORMER NOTRE VIE d'un moment à l'autre. Nous ne sommes pas obligés de souffrir. La souffrance pourrait être comparée à un réveille-matin. Lorsque nous sommes réveillés nous n'avons plus besoin de laisser résonner l'alarme du réveille-matin.

Il en va de même pour les situations de souffrance que nous rencontrons. Elles visent à nous réveiller, à nous faire prendre conscience comment les pensées, les sentiments et les émotions que nous entretenons vont à l'encontre de notre nature divine.

Tant que nous supportons une situation de souffrance, convaincus que nous n'y pouvons rien, cette situation perdure.

Mais lorsque nous sommes sincèrement décidés à y mettre un terme, nous activons en nous un processus de transformation qui peut être tant intérieur qu'extérieur. Par exemple, nous pouvons être amenés à changer notre alimentation, nous inscrire à des cours de yoga, de taekwondo ou de boxe.

Et tout changement intérieur entraîne un changement extérieur et vice versa. Si nous voulons qu'il y ait changement ou transformation, il doit y avoir action. Cette action ne se limite pas à des gestes que l'on pose, mais peut autant concerner une ou des décisions qui vont engager tout notre être. Ce type de décision est un engagement vis-à-vis de soi.

Tout débute par une décision !

Tous les changements majeurs dans ma vie ont toujours suivi une décision ferme de ma part.

Vers l'âge de trente ans, je traversais une phase très difficile de ma vie où je me retrouvais confrontée à des situations où je me sentais incomprise, rejetée et abandonnée. Ces sentiments étant en résonance avec des blessures de mon passé, la souffrance qui en résultait n'en était que plus intense.

Je me sentais dans un long tunnel noir et je pensais : « *Je ne m'en sortirai jamais.* » De telles pensées me conduisirent dans des épisodes de dépression nerveuse, dans lesquels je m'enfonçais d'année en année. Je ne voyais vraiment pas comment m'en sortir, ni à qui parler de ce que je ressentais, car au fond de moi j'avais peur d'être psychopathe. Cette crainte provenait de ce que ma mère m'avait répété tant de fois, au sujet de mon père qui était décédé : « *Ton père,* disait-elle, *c'était un malade mental.* »

À d'autres moments, elle me comparait à lui, en disant : *« Tu es pareille comme ton père. »* J'en conclus que si j'étais pareille à mon père, je devais, moi aussi, être une malade mentale.

Ces sombres pensées, amplifiées par les émotions que je vivais à répétition, m'ont conduite dans une profonde dépression. Je pensais que mes enfants auraient plus de chance d'être heureux s'ils étaient élevés par une mère plus équilibrée que moi.

Un événement fut la goutte qui fit déborder le vase trop plein de mes émotions et me fit vouloir en finir avec la vie. J'avalai à l'insu de mon conjoint tout un flacon de cachets, espérant ne plus me réveiller. À l'aube, je présentais de sérieux problèmes respiratoires, ce qui alerta mon conjoint. Il appela les secours. Lorsqu'on me descendit de l'étage où était ma chambre pour m'installer dans l'ambulance, j'eus la nette impression, dans l'escalier, d'être deux marches au-dessus de mon corps. À l'hôpital, cette séparation entre mon corps et ma conscience s'amplifia. Cette fois, j'étais au plafond de la salle d'urgence et je voyais nettement mon corps en contrebas, sur lequel s'acharnait une équipe de médecins et d'infirmières. Je les observais, sans plus d'intérêt pour ce corps qui gisait sur cette civière.

Puis on me brancha à un respirateur. J'entendis le médecin dire à mon conjoint : *« Il lui reste environ deux heures à vivre. »* Je demeurais indifférente, tout en sachant que j'avais le choix de revenir dans mon corps ou de le quitter définitivement. Les heures passèrent, on me confina dans un coin pour s'occuper des autres patients. À 16 heures, il y eut un changement de personnel. Une jeune infirmière venait tout juste de prendre son service. Elle s'approcha de moi et, en me voyant inerte, branchée à ce respirateur, elle émit dans une grande compassion ces simples mots : *« Ah ! Mon Dieu, la pauvre chatte ! »*

Ces mots me touchèrent jusqu'au plus profond de mon être. Je pensai : *« S'il y a sur cette terre une seule personne capable d'aimer comme elle, cela vaut l'effort de revenir!* » A cette pensée, je réintégrai mon corps. Ce fut un peu la panique au service d'urgence. La « morte » se réanimait. On me conduisit en toute vitesse au service des soins intensifs.

Je récupérai dans les jours qui suivirent et je quittai l'hôpital. Lorsque je rentrai chez moi, la première chose que je fis fut d'aller chercher cette robe de chambre de couleur bordeaux que je portais toute la journée lorsque je me sentais déprimée.

Je pris cette robe de chambre et la jetai à la poubelle en disant: « *Avec cette robe de chambre, je jette également mes dépressions. Je ne sais pas comment, ni quand, mais je vais m'en sortir.* »

Une décision est une direction que l'on donne à notre subconscient.

J'ignorais, à ce moment-là, le pouvoir d'une telle décision. Dès l'instant où je pris cette décision, je donnai à mon subconscient une directive pour qu'il me conduise vers les situations qui allaient me permettre de me libérer de mes dépressions.

L'une de ces situations fut un journal local que je ne lisais jamais. Je m'en servais pour peler des pommes de terre quand, entre les pelures, mon regard fut attiré par une publicité annonçant une conférence ayant pour thème: « *Comment se libérer de ses peurs et de ses angoisses?* » J'appelai ma sœur pour l'inviter à cette conférence. Elle se déclina quelques heures avant la conférence; j'allais y renoncer lorsque mon conjoint me proposa de m'accompagner.

Il y avait très peu de personnes pour cette grande salle où avait lieu la conférence. En voyant la conférencière s'adresser à son public, je sus à cet instant que c'était ce que j'aimerais faire un jour. Je travaillais déjà depuis neuf années en microbiologie médicale, autant ce travail m'avait passionné au début, autant il ne m'inspirait plus aucune passion.

Quelques mois plus tôt, j'avais consulté un conseiller en orientation pour découvrir ce qui me motiverait davantage dans mon travail. Chaque semaine, au cours de nos entretiens, il me répétait que c'était au fond de moi que j'allais le trouver. Je finis par penser que ces rencontres me coûtaient cher, pour trouver quelque chose qui en définitive était au fond de moi. J'y mis un terme, laissant le soin à la vie de me le révéler.

À cette conférence, j'eus la révélation que j'attendais. Je savais ce que je voulais désormais faire dans ma vie. J'ignorais toutefois comment je pourrais y parvenir.

À la pause, j'allai retrouver la conférencière et lui dis : « *Ce que vous faites, c'est ce que j'aimerais faire un jour.* »

Elle m'invita à m'inscrire à une série de cours de croissance personnelle qu'elle allait débuter la semaine suivante.

Je lui répondis que j'allais y réfléchir. Dans la nuit qui suivit, j'entendis ma voix intérieure me dire : « *Vas-y !* » Je me laissais arrêter par le prix, et par des peurs non fondées. C'est alors que mon conjoint me proposa de suivre ces cours avec moi, ce qui m'encouragea à m'y inscrire.

Ce fut le début d'un cheminement qui allait changer ma vie.

À cette époque, je n'avais pas fait le lien entre cette opportunité qui s'était présentée à moi, et la décision que j'avais prise de m'en sortir en jetant ma robe de chambre à la poubelle.

Ce n'est que des années plus tard que je fis le rapprochement et que je découvris le pouvoir d'une telle décision.

Prendre la décision de changer sa vie, c'est quitter sa position de victime pour devenir responsable de son bonheur et de son évolution.

Par la suite, chaque fois que je traversais des moments difficiles ou que je faisais face à une situation qui m'insécurisait, j'utilisais de nouveau ce pouvoir de décision, en me répétant : « ***Je ne sais pas comment je vais m'en sortir, mais je vais m'en sortir.*** » ou « ***Je ne sais pas comment je vais y arriver, mais je vais y arriver.*** »

À la fin de l'année 2001, j'ai été affectée d'un sérieux problème d'acouphène. J'avais entendu, à propos de cette affection appartenant à la maladie de Menière, que ça ne se guérissait pas, que ce qu'on pouvait espérer de mieux, c'était d'obtenir un soulagement. Tout ce que je lisais sur le sujet n'était guère plus encourageant.

J'utilisai à nouveau ce pouvoir de décision en me répétant : « ***Je ne sais pas quand, je ne sais pas comment, mais je vais en guérir.*** »

Cela ne veut pas dire qu'à certains moments, je n'ai pas eu de doutes. Toutefois, quand les doutes venaient m'habiter, plutôt que de sombrer dans le découragement, je me répétais cette affirmation avec conviction. Il m'a fallu des mois pour en découvrir la cause, mais j'en suis totalement guérie.

J'ai animé pendant des années le séminaire de Libération de la mémoire émotionnelle. Au début de ce séminaire, j'amenais mes participants à utiliser leur pouvoir de décision avec cet exercice que je te propose. J'ai eu tant de commentaires positifs de la part de participants qui me disaient tous les changements positifs que ce séminaire avait apportés dans leur vie !

Plusieurs participants étaient étonnés de constater des mois plus tard comment ce qu'ils avaient écrit dans cet exercice s'était manifesté de manière très précise.

Le Christ ne disait-il pas : « ***Demandez et vous recevrez ! Frappez et l'on vous ouvrira !*** »

Je t'invite donc à passer à l'action en écrivant la phrase qui suit et en la complétant par les décisions que tu souhaites transmettre à ton subconscient. Plus tu y mettras de motivation en réalisant cet exercice, plus puissant en sera le résultat.

Aujourd'hui, le (écris la date), **je débute une nouvelle vie et je décide :**

....

....

....

Et ce avant le.............. *(mets de nouveau une date, mais cette fois une date où tu souhaiterais que tes demandes soient exaucées. Peut-être y a-t-il des souhaits que tu souhaiterais voir se réaliser plus tôt, mais puisque tu y mets le mot « avant », cela laisse place à ce que certains de tes désirs se réalisent plus rapidement.)*

Voici ce à quoi je m'engage vis-à-vis de moi-même pour que cela prenne forme ou se réalise :

....

....

....

Voici un exemple :

***Aujourd'hui, le 1er mars 2005, je débute une nouvelle vie et je décide** de me donner le droit au bonheur, je décide de vivre dans des lieux harmonieux qui sont en accord avec ma divinité où je me sens totalement bien. Je décide de m'aimer, de me respecter et d'avoir de la considération pour moi afin de ne plus permettre à qui que ce soit de me manquer de respect ou de tirer profit de ma tolérance et de ma générosité. Je décide de croire en moi et en mon potentiel afin de* *déployer le meilleur de moi-même dans ce qui me tient à cœur. Je décide de m'accorder plus de temps pour me détendre et profiter de la vie. Et ce avant le 1er mai 2006.*

Voici ce à quoi je m'engage vis-à-vis de moi-même pour que cela prenne forme ou se réalise : *Je m'engage à rester optimiste, à chercher à comprendre la cause de mes difficultés, et la leçon qui s'y rattache, plutôt que d'en rejeter la responsabilité sur les autres ou sur mes manques. Je m'engage à voir la vie comme une amie qui cherche à me donner le meilleur. Je m'engage à être plus indulgent envers moi-même et les autres. Je m'engage à faire davantage confiance à la vie.*
Je remercie pour tout ce que j'ai reçu jusqu'à présent et pour tout ce que je vais recevoir.

À présent que tu as pris des décisions pour te rendre là où tu veux aller, encore faut-il savoir où tu te situes.

C'est ce que je t'invite à découvrir en faisant cette fois l'inventaire de ce que tu vis.

Plan

- Qu'est-ce que j'apprécie le plus dans le travail que je fais ?
- Qu'est-ce que je trouve le plus difficile ?
- Comment a été l'année qui vient de s'écouler sur ce plan ?
- Quels sont mes souhaits les plus chers concernant mon travail ?
- Comment pourrais-je réaliser ces souhaits ?
- Quels sont les aspects de mon travail que je souhaiterais pouvoir changer ?
- Si j'avais tous les moyens nécessaires quel serait mon choix professionnel ?

Plan affectif

- Qu'est-ce qui me plaît le plus dans ma vie affective ?
- Qu'est-ce que je trouve le plus difficile ?
- Est-ce que cela me rappelle une situation passée ?
- Qu'est-ce que je souhaiterais changer sur le plan affectif ?
- Est-ce que j'entretiens de la haine ou de la rancune envers une personne ?
- Si oui, envers qui et pour quelle raison ?

Plan des réalisations

- Quelle a été ma plus grande réalisation l'an dernier ?
- Quelle a été ma plus grande réalisation jusqu'à présent dans ma vie ?
- Qu'est-ce qui m'a été le plus difficile à surmonter ?
- Ai-je déjà lâché alors que j'aurais pu persévérer ou ai-je persévéré alors que j'aurais pu lâcher ?
- Quelle serait la plus belle réalisation que je souhaite accomplir avant ma mort ?
- Dans quel domaine les autres croient-ils que je possède des talents ?
- Et moi-même dans quel domaine est-ce que je considère que j'ai le plus de talent ?

Plan personnel

- Qu'est-ce que je pense de la vie ?
- Qu'est-ce que mes parents pensaient ou disaient de la vie ?
- Ce que je vis ressemble-t-il davantage à ce que je pense, ou à ce que mes parents disaient ou pensaient de la vie ?

Voici 7 choses pour lesquelles je veux dire merci à la vie:

....

....

....

Voici 7 choses qui m'étaient difficiles et que j'ai réussies ou surmontées:

....

....

....

Lorsqu'on souhaite faire un changement dans sa vie, à quelque niveau que ce soit et *a priori* lorsqu'on veut transformer sa vie pour s'en créer une formidable, trois étapes sont essentielles.

La première étape est: la prise de conscience

Si nous avons oublié une décision prise dans le passé, comment pourrons-nous la changer? Si nous entretenons des croyances limitatives et que nous n'en sommes pas conscients, comment pourrons-nous les transformer? Si nous ignorons que nous portons une culpabilité de vivre, comment pourrons-nous nous en libérer?

On ne peut rien changer dont on ne soit conscient.

Toutefois, il serait bon de se rappeler que l'on peut faire une prise de conscience en un instant, mais changer une habitude qui ne nous est pas favorable ou intégrer une leçon de vie peut représenter un long processus qui se fera par étapes.

La deuxième étape est : l'acceptation

Accepter, c'est cesser de nier ou de combattre ce qui est, mais c'est le reconnaître, c'est l'admettre, c'est dire oui plutôt que non. « *Oui j'ai mal* », « *Oui je souffre* », « *Oui j'ai besoin d'aide* », « *Oui j'ai fermé mon cœur à cette personne* », « *Oui je suis un dépendant affectif* », etc.

C'est l'étape que franchissent les adhérents du mouvement des Alcooliques Anonymes, lorsqu'ils reconnaissent à la fois leur dépendance à l'alcool et leur difficulté à s'en libérer en avouant, lors d'une réunion de membres : « *Je suis alcoolique, je suis ici parce que j'ai échoué dans mes tentatives de m'en libérer et je reconnais que j'ai besoin d'aide.* »

Tant qu'on se ment à soi-même ou que l'on cherche à rendre les autres responsables de nos difficultés, on ne peut rien changer à sa vie.

On ne peut rien changer que l'on n'accepte pas.

Lorsque nous pouvons établir un lien de cause à effet et que nous pouvons le reconnaître, alors là nous devenons conscients. Nous pouvons dès lors chercher la solution à notre difficulté ou entreprendre un processus de transformation.

La troisième étape est : l'action transformatrice

C'est l'action qui va nous permettre de transformer un état de souffrance en un processus de guérison et de bien-être.

Être conscient est essentiel, toutefois sans action il ne peut y avoir transformation. Ce n'est pas ce que l'on sait qui peut changer notre vie, mais ce que l'on en fait. Si nous prenons conscience à quel point nos attitudes mentales négatives sont responsables des situations d'échec que nous avons rencontrées, mais que nous persistons à les entretenir, nous ne pouvons espérer une transformation positive dans notre vie. Seules la prise de conscience et la transformation de nos attitudes défaitistes pourront apporter des changements favorables dans notre vie.

Que de fois ai-je entendu de la part de mes participants : *« Claudia, je connais la cause de mes difficultés, mais je n'arrive pas pour autant à m'en libérer. »* Comprendre, savoir n'est pas tout, il faut intervenir sur la cause, à la base, à la racine de notre souffrance ou de nos difficultés.

C'est en mettant en application ces étapes que nous pourrons débuter une nouvelle vie !

Débutons à présent en découvrant comment nous avons appris à exister.

Comment ai-je appris à exister ?

Quand tu étais enfant, que devais-tu faire pour qu'on te regarde, qu'on s'intéresse à toi, qu'on te donne de l'affection ou pour recevoir la valorisation que tu souhaitais ?

❒ Martin est submergé par ses émotions

Martin vint me rencontrer parce qu'il vivait beaucoup trop d'émotions. Il se disait que c'était ridicule d'être autant chaviré pour si peu, qu'il n'y avait pas là de quoi s'en faire autant. Ce qui ne l'empêchait pas pour autant d'être perturbé et d'avoir mal. Martin, comme bien des personnes, avait appris à analyser ce qui se passait en lui, plutôt que de rechercher les sentiments qui l'habitaient. Son fils, qu'il aimait tant, avait choisi de partir en vacances avec son copain et le père de ce dernier. Martin résistait à le laisser partir sans lui, quand son fils s'approcha tendrement de lui pour lui dire : « *Ça va aller, papa…, tout ira bien, ne t'inquiète pas…* » Martin accepta et s'enfuit pour que son fils ne le voie pas pleurer. Dans son chagrin, il se disait que cela n'avait pas de sens, qu'il était naturel que les enfants en grandissant aient envie de s'éloigner de leurs parents, mais il ne comprenait pas pourquoi cela lui causait autant de chagrin. En thérapie, je lui demandai quels sentiments ou émotions avaient pu donner naissance à son chagrin ? Il me dit qu'après avoir donné le meilleur de lui-même à son fils, il avait l'impression que des étrangers comptaient plus que lui.

Je m'enquis de savoir si cette situation lui en rappelait une autre. Un souvenir lui revint. Bien avant la naissance de son fils, il avait aidé un jeune homme souffrant qui cherchait une échappatoire dans la drogue. Il l'avait écouté, encouragé, lui avait appris son métier. Il l'avait aidé à croire en lui et à voler de ses propres ailes. Des années plus tard, il l'avait revu, au cours d'un colloque. Ce jeune homme avait très bien réussi, il était un homme fort respecté dans son domaine. Martin lui dit à cette occasion : « *Je suis très heureux d'avoir contribué à la belle réussite que tu connais aujourd'hui.* » Ce dernier lui répondit : « *Tu n'y as été pour rien!* » Ces paroles firent très mal à Martin. Il eut le sentiment d'avoir été utilisé, mais pas apprécié pour autant. Maintenant avec son propre fils, il pensait : « *Oh non, pas un autre ! Pas un autre qui aura pris de moi tout le meilleur que je lui ai donné pour ensuite me dire : « Je n'ai plus besoin de toi !* »

Je poursuivis la thérapie avec Martin, en lui demandant si cette situation vécue avec ce jeune homme pouvait le ramener à un événement qu'il aurait vécu dans son enfance. Cela le ramenait en effet à un souvenir bien précis. Lorsqu'il était enfant, il arrivait que son père l'appelle pour qu'il aille lui

chercher une bière dans le réfrigérateur alors qu'il regardait un match de football à la télévision. Martin se faisait une joie d'aller chercher cette bière pour son père. Lorsqu'il la lui remettait, son père lui disait: « *C'est bien, va-t-en, maintenant!* »
Dans cette situation Martin avait le sentiment de n'avoir de l'importance pour son père que lorsque ce dernier avait besoin de lui, mais toute cette importance s'effondrait quand il n'avait plus besoin de lui. Martin aurait pu dire: « ***J'existe, quand celui que j'aime a besoin de moi.*** » L'inverse était aussi vrai: « ***Je n'existe plus quand l'autre n'a plus besoin de moi.*** »

Martin passait donc sa vie à aider les autres, il n'avait pratiquement jamais de temps pour lui-même. Si quelqu'un avait besoin de lui, même s'il n'avait pas le temps d'aider cette personne, il était prêt à modifier tout son programme plutôt que de lui opposer un refus. Il réalisa soudain qu'il passait sa vie à aider sa famille et ses amis. Il me dit: « *Même ma mère m'appelle pour me demander conseil.* » Il avait souvent eu le sentiment d'être utilisé et pas apprécié pour autant. Il en prit conscience, et décida que désormais, il allait apprendre à exister pour lui-même, plutôt que de donner continuellement aux autres en espérant être aimé en retour.

Certaines personnes confrontées au manque d'attention de leurs parents, ont compris: « ***J'existe pour ma mère ou pour mes parents lorsque je suis malade, mais lorsque je suis bien portant je n'existe plus.*** »

❐ Manon se sent délaissée

Manon est une petite brunette sans grande beauté. Lorsque naît Florence, sa petite sœur, tout le monde n'en a que pour cette petite blonde aux grands yeux bleus qui ressemble à

une vraie poupée. Manon se sent ignorée, c'est alors qu'elle développe des problèmes d'asthme. Dès que Manon montre la moindre difficulté respiratoire, on délaisse Florence pour ne s'occuper que de Manon!
Manon en conclut: « ***J'existe pour mes parents quand je fais des crises d'asthme.*** » À trente-deux ans Manon souffrait toujours d'asthme et en cherchait la cause.

❒ Stéphanie et ses problèmes d'apprentissage

Quand Stéphanie a cinq ans, sa mère est internée en psychiatrie. Son père ne croyant plus à une guérison possible de sa femme demanda le divorce et obtint la garde de ses deux filles. Il se remaria quelques années plus tard. La nouvelle compagne de son père adopta ces petites filles en se promettant bien de tout faire pour les rendre heureuses. Un petit garçon naquit par la suite, de sorte que cette nouvelle maman avait moins de temps à consacrer à ces petites filles. Elle prenait toutefois toujours le temps d'aider les filles à faire leurs devoirs.
Lorsque Stéphanie ne comprenait pas une leçon, elle s'attardait plus longtemps auprès d'elle pour l'aider. Il n'en fallut pas davantage pour que Stéphanie comprenne que lorsqu'elle avait des difficultés d'apprentissage, on lui accordait plus d'attention. Son équation se résumait à: « ***J'existe lorsque j'ai des problèmes d'apprentissage.*** *Sinon, ma belle-mère n'a pas de temps pour s'occuper de moi.* »
À 17 ans, Stéphanie fréquentait toujours une institution pour enfants en difficultés d'apprentissage.
Ses parents se préoccupaient beaucoup de son avenir. Aussi me la confièrent-ils pour que je puisse l'aider. Elle participa à l'un de mes séminaires. Au cours de ce séminaire, j'avais demandé au groupe de faire un exercice relativement simple. Tout le monde avait terminé, nous arrêtions pour la pause, lorsque je me rendis compte que Stéphanie butait

encore sur cet exercice. Je vis alors son jeu, elle cherchait à me retenir par sa pseudo-difficulté à comprendre. Elle voulait que je lui accorde une attention particulière, comme elle l'avait fait avec sa belle-mère et avec ses professeurs. Je lui en fis prendre conscience afin de l'aider à transformer ce mécanisme adopté dans l'enfance qui ne lui était pas favorable. Son mécanisme de survie découvert, elle n'eut d'autre choix que de le reconnaître. Lorsqu'elle revint chez elle, elle entra dans une véritable crise existentielle. Sa mère ne comprenant pas ce qui se passait me téléphona en toute urgence. Je lui proposai de lui parler en présence de Stéphanie qui prit un autre combiné. J'expliquai autant à sa belle-mère que je le répétai de nouveau à Stéphanie, le mode de fonctionnement qu'elle avait adopté enfant pour recevoir de l'attention. Attention particulière que sa propre mère était incapable de lui donner. Je soupçonnais que c'était un mécanisme semblable qui avait conduit sa mère en psychiatrie. Consciente de cette façon d'exister, Stéphanie pouvait à présent compter sur une alliée pour l'aider à transformer ce mode de fonctionnement.

Même lorsque nous sommes conscients de la façon dont nous avons appris à exister, nous pouvons y revenir, si nous ne savons pas comment exister autrement.

Ce n'est que lorsque nous réalisons le prix que nous coûte ce mode de fonctionnement dans notre santé, notre bonheur et nos relations avec les autres, que nous sommes prêts à tout mettre en œuvre pour le délaisser.

En utilisant ces modes de fonctionnement qui ne sont au fond que des mécanismes de survie, nous recevrons à court terme l'attention de personnes prêtes à nous aider mais qui à long terme trouveront toujours un prétexte pour s'éloigner, de sorte qu'on finit toujours par se retrouver seul et abandonné.

Alors qu'en décidant de se rendre heureux, on attire des personnes qui ont vraiment envie d'être avec nous.

L'amour se donne à ceux qui sont heureux.
La pitié va aux malheureux.
Osho Rajneesh

❒ Patrick était toujours triste

Patrick a un petit frère de trois ans qui est très souvent malade. Se sentant délaissé, Patrick s'isole dans son coin. Sa mère, se rendant compte de l'état de morosité de son fils, va vers lui et lui demande d'une voix très douce: « *Qu'est ce qui se passe mon petit homme, pourquoi es-tu si triste?* » Elle lui donne alors une attention qu'elle ne lui donne pas habituellement.

Patrick comprend: « *J'existe pour ma mère quand elle s'inquiète pour moi.* » Quand je l'ai reçu en thérapie, il avait 13 ans! Il était suivi à la fois par une psychologue et un psychiatre qui hésitaient entre une forme d'autisme ou de schizophrénie. Patrick fit un séminaire que je donnais pour des adolescents. Au cours de ce séminaire, son mode de fonctionnement est ressorti. Les enfants bien intentionnés cherchaient de toutes les façons à lui arracher un sourire ou à tenter de l'aider. Je proposai à mon petit groupe de ne pas accorder trop d'attention à Patrick lorsqu'il serait morose, mais, à l'inverse, de lui en accorder davantage lorsqu'il partagerait avec eux. Les enfants acceptèrent. Cela ne changea toutefois rien au mode de fonctionnement de Patrick.

Le séminaire se déroulait dans un chalet situé à proximité d'une rivière qu'un des parents des enfants nous avait prêté. À la troisième journée de ce séminaire, Patrick disparut avant le repas du soir. Un petit groupe proposa de partir à sa recherche. Une partie de ce groupe était déjà revenue lorsque Patrick revint. Nous attendions que notre groupe soit complet avant de débuter le repas. Voyant tous les enfants attablés qui attendaient les enfants partis à sa recherche, Patrick prit conscience de ce que son geste avait comme conséquences chez les autres. Puis les trois membres manquants revinrent à leur tour. Ils avaient été jusque dans la rivière pour le chercher. Une petite fille d'une douzaine d'années, les vêtements et les cheveux tout trempés, s'approcha de lui et lui dit : « *Patrick, nous t'avons cherché partout et jusque dans la rivière. Si tu ne vois pas que l'on t'aime, eh bien, tu ne le verras jamais !* » Ces paroles eurent un effet très positif pour Patrick, il comprit qu'il n'avait pas besoin d'être triste et renfrogné pour être aimé. Il s'ouvrit alors au groupe, découvrant ainsi une autre façon d'exister où il trouvait beaucoup plus de plaisir.

Sa mère me confia que la psychologue qui suivait Patrick lui avait dit, en le revoyant après le séminaire : « *Je dois réviser toutes mes techniques ; je ne peux m'expliquer la transformation de ce garçon !* »

D'autres ont appris à exister en étant talentueux ou en travaillant beaucoup pour mériter la fierté de leurs proches.

Ces personnes répondraient à cette question : « ***J'existais lorsque j'avais de bonnes notes à l'école.*** » « ***J'existais lorsque j'étais le premier de ma classe.*** » « ***J'existais lorsque mes parents étaient fiers de moi.*** » Et aujourd'hui : « ***J'existe lorsque je réussis bien.*** » « ***J'existe lorsque je suis champion ou que je gagne des trophées.*** » « ***J'existe lorsqu'on voit tous les efforts que je fais.*** » Mais l'inverse peut être : « ***Je n'existe plus lorsqu'on ne voit pas tous les efforts que je fais.*** » « ***Je n'existe plus quand je ne réussis pas ou quand j'échoue.*** » Ce qui peut conduire les personnes qui ont appris à exister de cette manière vers le découragement et la perte du goût de vivre lorsqu'elles rencontrent un échec ou un insuccès.

Ne plus exister, c'est avoir le sentiment de ne plus compter, de ne plus avoir d'importance ou de valeur pour la personne dont on voudrait être aimé et estimé.

Une chanteuse me confiait : « *Ce n'est que lorsque je chantais que mes parents faisaient attention à moi.* »

Cette personne avait continué à exister à travers le chant, mais en même temps elle sentait un tel vide, une telle solitude l'habiter lorsqu'elle ne chantait pas.

L'une de mes participantes fut étonnée de la réponse qu'elle donna spontanément à cet exercice. Elle avait écrit : « *J'existais lorsque j'étais enceinte.* » Soudain elle comprit pourquoi depuis son accouchement elle n'avait jamais réussi à perdre ce gros ventre de femme enceinte.

Nous avons adopté ces mécanismes de survie parce qu'étant enfant, on ne voyait pas d'autres façons d'exister, mais aujourd'hui, il nous appartient de confronter ces modes de fonctionnement qui ne nous sont pas favorables pour les transformer en de nouveaux qui nous seront favorables.

Voici d'autres exemples que des participants ont relevés dans mes séminaires.

J'existais lorsque :
Je faisais le clown ou que je faisais rire les autres.
Je prenais des responsabilités.
J'étais entouré.
Je fuguais.
Je me fâchais.
J'avais des problèmes ou que je souffrais.
Je répondais aux attentes des autres.
Je ne posais pas de problème.
J'étais gentil, obéissant et disponible.

J'étalais mon savoir.
Je faisais des crises ou que j'étais en colère.
Je faisais honte à mon père.
Un homme me regardait.
Mon père m'abusait.

Et toi comment as-tu appris à exister?

J'existais lorsque je :

....

....

....

- Existes-tu encore de cette façon?
- Si oui, dans quelles circonstances?
- Cela t'est-il favorable?
- Sinon, comment pourrais-tu le transformer?

❒ François : la responsabilité d'être l'aîné

François était l'aîné. C'est sur lui que son père s'appuyait pour le seconder dans les nombreuses tâches de l'entretien de leur ferme. Un jour, l'un de ses copains de classe l'invita à participer à une fête que ses parents préparaient pour son anniversaire. François se faisait une telle joie de cette sortie, car pour lui, sa vie se résumait à l'école et au travail. Pour s'assurer qu'il serait libéré de ses tâches pour cette sortie, il demanda la veille à son père ce qu'il avait à lui confier comme travaux, pour sa journée de congé scolaire. Il en dressa la liste. Le lendemain, il se leva dès l'aube pour exécuter tout ce que son père lui avait demandé. Vers 14 heures, son copain et son père vinrent le chercher. Son père le voyant partir lui cria: « *Mais où vas-tu comme ça?* » François: « *J'ai fait tout ce que tu m'as demandé. Tu peux vérifier...* » Le père de son copain dit: « *Monsieur, c'est*

l'anniversaire de mon fils, nous lui avons organisé une fête avec ses amis, c'est pourquoi nous sommes venus chercher François. Avec votre permission, bien entendu. »
Le père de François : « *Il n'en est pas question, François a mieux à faire que perdre son temps en galipettes avec des enfants gâtés.* » S'adressant à François : « *Change-toi vite, il y a du travail qui t'attend.* »
François avait compris dans cette expérience : « ***Je ne peux pas exister pour moi-même, je ne peux exister que pour les besoins des autres.*** » François quitta la ferme à l'âge de dix-sept ans, se donnant l'illusion d'enfin exister pour lui-même. Mais chaque fois qu'il était en relation, il redevenait le petit François qui essayait de répondre aux attentes de sa conjointe pour être aimé en retour, comme il voulait être aimé de son père, mais avait continuellement le sentiment qu'il ne pouvait exister pour lui-même dans une relation affective.
Son équation était : « ***Je n'existe pas quand je suis en relation. Je n'existe que lorsque je suis seul.*** »
François souffrait de la solitude, qu'il essayait de meubler par des relations éphémères et quand il laissait son cœur s'ouvrir pour s'engager dans une relation, il souffrait de ne pas exister dans cette relation.

François devait pardonner à son père et apprendre à exister pour lui-même dans une relation suivie.

Ne plus exister, c'est avoir le sentiment de ne pas compter, de ne pas avoir d'importance ou de valeur pour la personne dont on voudrait être aimé et estimé, ce qui peut donner naissance à un profond sentiment de dévalorisation ou nous faire perdre le goût de vivre.

Et toi, dans quelles circonstances avais-tu le sentiment de ne plus exister?

Je n'existais plus lorsque je :

....

....

....

Voici quelques exemples:

Je n'existais plus lorsque:
Mon père me battait.
Ma mère m'ignorait.
Mes parents me laissaient seul.
Mon père se mettait en colère.
Je voyais ma mère souffrir.
Mon professeur me ridiculisait.
J'étais séparé de ma famille.
On se moquait de moi.
On ne voulait pas de moi.

- Et aujourd'hui, as-tu encore ce même sentiment de ne pas exister lorsque tu te retrouves dans une situation similaire?

Fais le même exercice, mais cette fois avec:

J'existe lorsque je :

....

....

....

Voici quelques exemples :

J'existe lorsque je travaille.
J'existe lorsque je ne suis pas en relation de couple.
J'existe lorsque je suis entouré.
J'existe lorsque l'on me considère.
J'existe lorsque je suis aimé.
J'existe lorsque je suis utile aux autres.

- Ce qui laisse supposer que dans le cas inverse, tu n'as pas le sentiment d'exister.
- Cette façon d'exister t'est-elle favorable ?
- Pourquoi crois-tu que tu as besoin d'exister de cette façon ?
- Cette façon d'exister a-t-elle un lien avec ton passé ?
- Comment pourrais-tu transformer cette situation pour exister à présent dans une situation où tu avais le sentiment de ne pas exister ?

Tu verras que c'est en transformant le film de ta vie que tu y parviendras.[1]

À présent que tu as pris conscience comment tu as appris à exister, dans quelles circonstances tu n'existais plus, tu peux utiliser ton pouvoir de décision pour décider d'exister autrement.

Voici quelques exemples :

À présent, je décide que :
J'existe lorsque je m'exprime.
J'existe lorsque je suis heureux.

[1] Changer le film de sa vie sera développé au chapite 4.

J'existe lorsque je me fais plaisir.
J'existe lorsque je fais ce qui me plaît.
J'existe lorsque j'ai du temps pour moi.
J'existe lorsque je réponds à mes besoins.
J'existe lorsque je m'estime.
J'existe lorsque je prends soin de ma santé.
J'existe lorsque je défends mon territoire.
J'existe lorsque je suis moi-même, etc.

2

Je me découvre

Au commencement, il y eut la présence de soi-même.
Puis, l'amélioration du monde qui nous entoure
commença d'abord par l'amélioration de soi-même.
Enfin, il y eut la présence du Soi.
(E. B.L.)

QUI SUIS-JE ? COMMENT AI-JE APPRIS À EXISTER ? Quelle image ai-je de moi-même ? Quelles sont mes forces ? Comment puis-je le mieux développer mon potentiel ? Quelles sont les peurs qui m'habitent, comment les dépasser ? Comment développer la confiance en moi et en la vie ? Qu'est-ce qui m'empêche de réussir et d'être heureux ? Voilà les questions qu'il nous faudra nous poser si nous voulons découvrir qui nous sommes vraiment.

Quelle image ai-je de moi-même ?

Nous nous sommes tous fabriqué une image de nous-mêmes basée sur les éléments disponibles dans notre milieu. Cette image s'est construite à partir des influences reçues, des paroles que l'on disait de nous, des réflexions que l'on nous faisait ou des expériences que nous avons vécues et des conclusions qu'on en a tirées.

Des échecs répétés ou des propos dénigrants tels que : *« Tu es nul, tu ne vaux rien, tu as mauvais caractère, personne ne voudrait d'un enfant comme toi, on ne peut jamais te faire confiance. »* ont pu nous donner une image négative de nous-mêmes. À l'inverse, des commentaires valorisants tels que : *« Tu es jolie », « tu es intelligent », « tu es débrouillard », « tu iras loin dans la vie », « je suis fier d'avoir un fils ou une fille comme toi »* ont pu nous donner une image positive de nous-mêmes.

Une saine image de soi ne peut que nous aider à construire notre estime de nous-mêmes, mais une image négative aura des conséquences défavorables dans notre vie aussi longtemps que nous entretiendrons cette image négative.

Beaucoup de personnes qui entreprennent une démarche vers la connaissance de soi vivent dans la peur de découvrir un monstre caché à l'intérieur d'elles-mêmes. Cela demande du courage de se regarder bien en face, de se réconcilier avec soi et son passé ; mais les récompenses en valent largement les efforts. Pour beaucoup de personnes, ***« connais-toi toi-même »*** équivaut à ***« sache ce qu'ont pensé ceux qui avaient de l'importance pour toi dans ta vie ».***

Lorsqu'on a une piètre image de soi, on peut chercher à compenser cette image défavorable de nous-mêmes en devenant performant dans tout ce que l'on entreprend ou encore en se lançant des défis toujours plus grands pour tenter de se convaincre qu'on est quelqu'un de bien.

Mais sous cette façade d'autonomie et de réussite se cache parfois un moi malheureux qui se sent vide et qui doute qu'il puisse être aimé pour lui-même, et qui croit qu'il n'est aimé que pour ce qu'il représente et pour ce qu'il peut apporter aux autres.

J'ai vécu moi-même pendant des années derrière une façade. Déjà, enfant, pour que les autres ne voient pas la souffrance qui m'habitait, j'avais appris à me cacher derrière le masque de la personne que rien n'atteint. À l'école, je passais pour une coriace et plus tard à mon travail pour une « snob ». Ce masque était mon armure contre ma vulnérabilité. Je jouais la carte de l'indifférence. Si on me punissait en m'envoyant dans le corridor, j'y allais avec un petit sourire indifférent. Et si on me frappait dans la main droite, j'offrais la gauche avec cette même désinvolture.

À l'âge de treize ans, l'un de mes professeurs, exaspérée de mes comportements rebelles, trouva l'occasion de tenter d'atteindre ma carapace protectrice. Son sac à main avait disparu. Selon sa version des faits, il aurait été retrouvé dans l'escalier de l'église que je fréquentais. Les indices jouaient contre moi. À cette époque, j'allais à la messe tous les matins avant de débuter mes cours. J'avais déposé 5,00 $ à la petite banque de l'école, précisément la somme qu'on lui avait dérobée dans son porte-monnaie. Il ne lui en fallut pas davantage pour être convaincue que j'étais la coupable. Elle m'accusa devant toute la classe d'être une voleuse, recommandant à mes camarades de me mettre en quarantaine. Comme si ce n'était pas suffisant, elle me retint après la classe pour m'exprimer toute l'exaspération qu'elle avait accumulée depuis le début de l'année scolaire. Dans le feu de sa colère, elle me lança : *« Oh toi, toi, tu es tellement détestable ! Tes frères et tes sœurs ne t'aiment pas, tes camarades ne t'aiment pas, personne ne t'aime et personne ne t'aimera jamais, tant tu es détestable!* » Bien qu'elle m'ait atteint au plus profond de mon être, je refusai de lui révéler ma vulnérabilité et une fois de plus j'endossai ma carapace protectrice et lui répondis : « *La pluie de vos injures n'atteint pas le parapluie de mon indifférence.* » Cet événement eut sur moi les effets les plus dommageables. Pendant des années, j'ai vécu avec cette idée que je n'étais pas aimable. C'était l'image que j'avais acceptée, même si face aux propos de mon professeur j'avais affiché de l'indifférence. Avec une telle image, je ne pouvais pas croire qu'on pouvait m'aimer. Même si le monde entier m'avait dit « que j'étais formidable », moi j'en aurais encore douté. Pour survivre avec une telle image de moi-même, j'essayais de donner aux autres l'image de la personne parfaite à qui l'on ne pouvait rien reprocher. Je me faisais un devoir d'être performante autant dans mon travail que dans tout ce que j'entreprenais, ce qui supposait d'être une bonne épouse, une bonne mère, une bonne maîtresse de maison, un bon cordon-bleu, etc. Je réussissais dans tout ce que j'entreprenais, sauf évidemment dans mes relations affectives où là, ça se dégradait d'année en année et ce jusqu'à ce que je commence à étouffer complètement sous cette carapace protectrice.

Durant cette période où je vivais derrière ce masque, une personne dit à l'une de mes sœurs en parlant de moi : « *Ta sœur est une personne très sensible.* » Ma sœur en fut très étonnée, pensant : « Claudia sensible, c'est plutôt l'inverse. » Cette amie ajouta : « *Écoute-la lorsqu'elle parle, elle a une voix qui vibre; seul un être sensible peut avoir une telle voix.* » Je m'étais fabriqué un masque si bien moulé que ma propre famille ignorait toute la souffrance qui m'habitait.

Je me souviens d'une collègue de travail avec laquelle j'avais beaucoup d'affinités. Un jour, elle m'offrit une pièce qui ressemblait à de la monnaie étrangère en me disant que c'était la médaille du « Claudéisme » car, selon elle, j'avais une si belle philosophie de vie. Ce qu'elle ignorait, c'est que la veille j'avais songé au suicide. J'aurais tellement voulu lui dire : *« Si tu savais comme tu es loin de la vérité! »* mais je ne savais plus comment quitter mon personnage pour être moi-même, étant convaincue que mon véritable moi était détestable, faux et lamentable. J'avais une si piètre image de moi qu'il m'arrivait de penser que je n'étais pas vivable, tout juste fréquentable.

La façade

« Dans la vie, je découvre vite ce qu'on veut que je sois. On ne veut pas que je sois ce que je suis. Alors je me construis une façade. Il arrive que je me sente en sécurité et je me montre tel que je suis et ça m'attire des coups. J'apprends donc à soutenir ma façade. Mieux je construis ma façade, moins les autres me connaissent vraiment et moins je me connais moi-même.

Si je ne travaille pas sur moi, je bâtis une plus grande façade et ma façade sera ce que je ne suis pas. Si l'on découvre que je me cache derrière une façade, je la construis encore plus grande. Plus elle grossit, plus elle est lourde et plus je m'épuise à la soutenir. À moins de me sentir en sécurité, jamais je ne la dépose car elle pourrait être lourde à relever ou tomber et se briser et je ne pourrais plus me cacher.

Il arrive que je me construise une immense façade, tellement lourde que parfois elle tombe et m'écrase, et ça fait très mal car tous l'ont entendu tomber et savent maintenant que ce n'était qu'une façade. Parfois elle tombe à côté et me laisse à découvert. C'est dur à porter une façade, mais c'est pour me protéger contre toi. J'admets rarement que ma façade reçoive un coup, ça me fait mal. Si on lui trouve un trou, ça me fait mal et ça me soulage de signaler les trous dans les façades des autres.

Si je découvre un petit trou dans ma façade, je m'empresse de m'écrier à tous: « Il n'y a pas de trou », et alors tout le monde regarde parce que j'ai crié et ils voient le trou que je voulais cacher. Alors je crie encore plus fort: « Il n'y a pas de trou! » Quand je découvre un trou dans ma façade, je le répare. Parfois je me procure une pièce en faisant des trous dans la façade d'un autre. Je veux tellement bien cacher ce trou que je prends des morceaux trop grands, de sorte que tout le monde, sauf moi, voit le rapiéçage. Parfois la pièce est tellement grosse que la façade devient difficile à soutenir. Si j'aime la façade de quelqu'un, j'aide à la construire en fonction de mes propres goûts.

Quand un autre comprend pourquoi j'ai une façade, je la mets de côté, et ensemble, nous laissons tomber nos façades. Si je me sens aimé sans façade, alors je me vois tel que je suis et je peux m'épanouir. Plus je m'épanouis moins je dépense d'énergie à soutenir ma façade avant d'aider un autre à déposer la sienne. Je ne me connaîtrai que lorsque j'aurai compris que ma façade n'est pas moi.

Quelquefois je dis: « C'est moi, je n'ai pas de façade », mais ce n'est pas vrai et tout le monde le sait. Je ne dois pas dire à l'autre qu'il n'y a aucun danger à déposer sa façade, je dois lui montrer. Je supporte mal ma façade lorsque tu n'en as pas. Il m'est parfois facile de voir ta façade mais difficile de voir la mienne. Quand j'aide un autre à déposer sa façade, la mienne peut le blesser si j'ai oublié de la déposer, ou elle nous blesse tous les deux.

Quand j'accepte que j'aie besoin d'une façade, je découvre que j'en ai moins besoin. Quelquefois j'essaie de déposer ma façade. Il devient difficile pour les autres alors de supporter la leur. Alors ils m'aident à la relever. Ce n'est que lorsque j'ai appris à déposer ma façade que je suis en mesure d'aider les autres. Déposer sa façade, c'est se découvrir, s'affirmer et grandir. »

Auteur inconnu

❒ Le surnom de Jean-Claude

Une psycho-éducatrice qui travaillait en collaboration avec moi recevait de façon régulière un garçon de quatorze ans qui présentait de graves difficultés scolaires. Son père l'avait baptisé, à sa manière, « grand ta-ta » qui, pour Jean-Claude, équivalait à idiot. Rapidement tous ses proches adoptèrent ce surnom pour taquiner Jean-Claude. Lorsque cette psycho-éducatrice discuta avec Jean-Claude, elle se rendit compte que ce garçon était beaucoup plus intelligent qu'il ne le laissait paraître. L'image qu'il avait de lui-même était si dévalorisante qu'il se croyait incapable d'apprendre quoi que ce soit. Elle proposa de lui faire passer un test pour évaluer son quotient intellectuel. Elle fut elle-même étonnée des résultats. Le test que Jean-Claude avait passé démontrait sans aucun doute qu'il était intelligent. Elle lui en fit part et lui offrit son aide pour l'aider à transformer l'image négative qu'il avait de lui-même. En trois mois seulement, ses notes académiques s'améliorèrent de façon surprenante.

❒ Louise se croyait inférieure aux autres

Lorsque Louise entre à l'école, elle prend instinctivement son crayon de la main gauche. La religieuse qui lui enseigne étant droitière est incapable de lui apprendre à écrire de la main gauche; alors elle oblige Louise à écrire de la main droite. Louise revient instinctivement vers sa main gauche. La religieuse interprète cela comme de la mauvaise volonté de sa part et lui assène des coups de règle. Louise fait de plus en plus d'efforts pour aller à l'encontre de sa nature de gauchère. Dans un sentiment d'impuissance envers l'autorité que représente la religieuse, Louise pense: *« Moi je ne suis pas comme les autres, je ne pourrai jamais réussir comme elles. »*

Voilà l'image que Louise s'était créée et qui la poursuivit pendant plusieurs années. Persuadée qu'elle ne pouvait réussir comme les autres, elle s'attira toutes sortes d'événements qui justifiaient ses pensées. Lorsque je l'ai reçue en consultation, elle n'arrivait pas à conserver un emploi. Chaque nouvel emploi était toujours plus dévalorisant. Je l'aidai à retrouver une image saine d'elle-même, à accepter sa différence pour qu'elle ne se sente plus inférieure à qui que ce soit. Graduellement elle parvint à rebâtir sa confiance en elle-même.

Comment croire que l'on est digne d'être aimé lorsque l'on a cru qu'on était détestable, méchant ou que personne ne voudrait de nous?

Comment croire que nous sommes une personne agréable, lorsque l'on a cru qu'on avait un mauvais caractère?

Comment croire que l'on a de la valeur lorsqu'on nous a dit que l'on était nul, qu'on était une femme bête ou sans cervelle?

Comment croire qu'on est jolie lorsqu'on se moquait de nous, qu'on mettait l'accent sur ce que n'acceptions pas de nous-mêmes, tel que notre grosseur, notre grandeur, la texture ou la couleur de nos cheveux ou de notre poitrine?

À l'âge de 12 ans, je me baladais quand un garçon qui passait près de moi à vélo me lança : *« Sais-tu que tu es jolie ? »* Je reçus sa remarque comme une insulte, convaincue qu'il se moquait de moi.

Alors que, lorsque je regarde des photos prises à cet âge, je ne peux que constater que j'étais plutôt mignonne. Mais comment pouvais-je y croire alors que mon frère ne cessait de me dire que j'avais un gros nez et qu'il me surnommait « jarrets secs » parce que j'étais toute menue.

Le drame, c'est que nous les avons crus et qu'aujourd'hui, nous ne pouvons croire ceux qui nous disent que nous sommes merveilleux. Nous tentons par tous les moyens de démontrer aux autres ce dont nous sommes capables, mais lorsque les autres nous apprécient, nous mettons en doute ce qu'ils nous disent. Pire, nous croyons qu'ils cherchent à nous manipuler ou à nous séduire.

Comment retrouver une image saine de nous-mêmes ?

En retrouvant notre enfant blessé dans une situation où il s'est senti rejeté, dévalorisé, critiqué ou humilié.

En laissant ressurgir ces images de notre passé, sans forcer mais simplement en accueillant les souvenirs qui refont surface. On pourra ensuite voir la personne que nous sommes aujourd'hui entrer dans cette image pour accueillir l'enfant que nous étions, qui se sentait honteux, malheureux ou qui aurait voulu disparaître. On pourra le prendre dans nos bras pour le consoler, pour lui dire que ce n'est pas vrai ce qu'on lui a dit, qu'il n'est pas méchant, qu'il n'a pas mauvais caractère, qu'il est aimable. On pourra l'aider à réaliser que ce n'étaient que des paroles d'impatience, de colère ou l'expression de la souffrance de l'autre. On pourra l'aider à rendre les paroles blessantes à celui qui l'a culpabilisé, dénigré ou humilié.

Voici comment j'ai rendu à mon professeur ces paroles : *« Oh toi ! Tu es tellement détestable, personne ne t'aime et personne ne t'aimera jamais... »* Après qu'elle m'eut dit ces paroles, je suis allée au bord de la rivière où j'habitais, là je m'étais assise sur les grosses roches pour pleurer. J'étais en colère contre Dieu et, en m'adressant à lui (selon ma conception de cette époque), je lui disais : *« Comment peux-tu être juste et bon si tu donnes tout aux uns et rien aux autres ? »* (Je comparais ma situation à celle de ma meilleure amie que je considérais plus privilégiée que moi.) *« Comment as-tu permis que je sois accusée alors que tu sais que je n'ai jamais pris ce sac ? »*

Je retrouvai l'image de la petite fille de 13 ans que j'étais, assise sur les roches. Je me vis, moi l'adulte, entrer dans cette image et aller près d'elle. Je la consolai en lui disant qu'elle n'était plus toute seule, que moi sa grande j'étais là et que je comprenais sa peine. Je lui demandai : *« L'année dernière, cela se passait bien avec ton professeur, tu lui essuyais son tableau, tu lui transportais ses livres. Pourquoi crois-tu que cela se passait bien avec elle ? »* Ma petite fille : *« C'est parce que je me sentais aimée d'elle. » « Se pourrait-il que cette année, tu aies cherché à attirer l'attention de ton professeur par des comportements qui la dérangeait ? »* L'adolescente : *« Oui c'est vrai. » « Un enfant qui a besoin d'attention est-il un enfant détestable ou un enfant qui a besoin d'amour ? »* L'adolescente : *« Un enfant qui a besoin d'amour. »*

« Viens. Donne-moi la main, on va retourner rendre ces paroles à ton professeur. » J'imaginai mon professeur qui rangeait ses effets, pour quitter la classe. Je me vis amener ma petite fille près d'elle pour l'aider à rendre ces paroles blessantes à son professeur.

Dialogue entre ma petite fille de 13 ans et son professeur.

Petite fille: « *Madame, je suis revenue parce que j'ai des choses à vous dire.* »
Professeur: « *Que veux-tu me dire?* »
Petite fille: « *Madame, ce n'est pas moi qui suis détestable, c'est vous qui êtes une mauvaise pédagogue. Parce que si vous aviez été une bonne pédagogue, vous auriez cherché à me comprendre plutôt qu'à me condamner. Je n'ai pas de père, ma mère n'est pratiquement jamais à la maison, et j'ai un frère qui me fait tellement peur que je n'ose rentrer chez moi quand ma mère n'y est pas. J'avais tellement besoin qu'un adulte me comprenne, mais je ne savais pas comment le dire, c'est pourquoi j'essayais d'attirer votre attention. Votre sac, je ne l'ai pas volé, vous m'avez accusée sans même vérifier avec moi si je l'avais pris! Vous m'avez accusée de voleuse devant toute la classe et demandé à toutes mes compagnes de me mettre en quarantaine. Croyez-vous que vous, vous êtes aimable?* »
Professeur: « *Je ne savais pas ce que tu vivais chez toi, tout ce que je savais c'est que tu dérangeais continuellement la classe et comme j'ai à cœur que mes élèves réussissent, je ne pouvais supporter tes comportements. Mais c'est vrai que je n'ai pas cherché à te comprendre et que je n'ai pas vérifié avec toi si tu avais pris mon sac et pour cela je te demande pardon. Lorsque je t'ai dit que tu étais détestable, ce n'était que des paroles d'exaspération et lorsque je t'ai dit que personne ne t'aimera, ce que je voulais dire c'était que, si tu continuais à avoir ces comportements rebelles, tu risquais qu'on te rejette. Mais lorsque tu montres ton vrai visage, on découvre que tu es plutôt aimable.* »
Petite fille: « *Merci Madame de m'avoir écoutée et pour ce que vous m'avez dit.* »

Professeur : « *Merci d'être revenue et m'avoir expliqué pourquoi tu agissais ainsi. Maintenant, je comprends beaucoup mieux.* »

Après avoir fait ce travail avec cette petite fille de 13 ans qui vivait toujours en moi, dans mes souvenirs, il me fut beaucoup plus facile de percevoir l'amour des autres pour moi.

On peut croire que l'on est aimable seulement lorsqu'on s'est vraiment senti aimé et on ne peut se sentir vraiment aimé que lorsque l'on croit que l'on est aimable.

D'où l'importance de se libérer de ces paroles qui ont pu nous laisser croire que nous n'étions pas aimables.

Par la suite, on pourra l'appliquer à notre vie présente, car si l'on s'est senti accusé, culpabilisé, humilié ou dévalorisé, on a tendance à croire que lorsqu'il y a quelque chose qui ne va pas, c'est de notre faute sans même vérifier si ça l'est vraiment.

Pendant des années, je me suis sentie coupable de toutes les difficultés relationnelles qui survenaient dans mes relations de couple. Je me souviens d'un jour où je me préparais à recevoir un groupe de participants à la maison. Je m'absentai pour faire une petite course chez le quincaillier quand je me rappelai que j'avais un rendez-vous chez le coiffeur. Rapidement, je me rendis au salon de coiffure. Comme j'étais déjà en retard, je ne voulus pas faire attendre mon coiffeur une seconde de plus et m'en remis aussitôt à ses soins. Je revins trois heures plus tard. En rentrant, je trouvai mon conjoint très maussade. Je lui expliquai ce qui s'était passé et pourquoi je ne lui avais pas téléphoné. Je l'aidai à préparer la salle pour nos participants et préparai le repas qu'il refusa en me disant qu'il n'avait pas faim.

Le temps passa, j'avais oublié cet événement lorsque, au cours d'une discussion à caractère conflictuel, il m'accusa de ne jamais tenir compte de lui. Je lui demandai de me donner un exemple. C'est alors qu'il ramena cet incident en me disant: *« Moi, j'avais passé la journée à faire le ménage de la salle pour accueillir ton groupe et toi, tu ne t'étais même pas souciée de m'informer où tu allais. De quoi avais-je l'air lorsque je répondais au téléphone? Je ne savais même pas où était ma femme. De plus, je n'ai même pas eu le temps de manger avant l'arrivée des participants… »* Je me suis alors sentie bien ingrate, lui qui était si gentil d'avoir fait le ménage. Je m'en voulus d'avoir agi aussi égoïstement. J'allai me coucher. Une fois allongée dans mon lit, il me revint en mémoire ce qui s'était réellement passé cette journée-là. Il avait passé une partie de la journée à installer un garage saisonnier. À mon arrivée, il commençait tout juste à faire le ménage de la salle qu'il devait préparer. Je l'avais aidé à terminer. Se sentant coupable d'être en retard, il me projeta sa propre culpabilité.

C'est exactement ce que je vivais avec ma mère, lorsqu'elle cherchait à me culpabiliser et qu'elle ajoutait: *« Après tous les sacrifices que je fais pour vous élever… »* Dans ces moments-là je me sentais ingrate de ne pas répondre à ses attentes, de ne pas être celle que je croyais qu'elle voulait que je sois. Et lorsqu'elle me rendait responsable des difficultés qu'elle vivait avec son second mari, là encore, je la croyais et je m'en attribuais les torts. Par la suite, chaque fois que je vivais un conflit avec mon conjoint, je continuais à croire que c'était de ma faute.

Comme je me culpabilisais, mon conjoint me donnait raison d'avoir tort en me culpabilisant à son tour. Par exemple, un conflit majeur avait éclaté entre nous au cours d'une sortie et sur le chemin du retour, je lui avais demandé: *« Dis-moi que je ne suis pas la seule responsable de cette soirée gâchée? »* Il m'avait alors répondu, en colère: *« Oui, c'est de ta faute, il faut toujours que tu gâches tout, c'est ta jouissance les problèmes, eh bien moi, j'en ai ras le bol, tu vas les vivre avec quelqu'un d'autre que moi! »*

Je m'étais alors rejetée, m'attribuant une fois de plus tous les torts.

Pour me libérer de cette croyance que j'étais ingrate, égoïste, capricieuse ou jamais satisfaite que m'attribuait mon conjoint, il a fallu me libérer de mon passé et de ce que j'avais cru par rapport aux propos que me tenait ma mère.

Il m'a fallu retrouver ma petite fille qui avait cru ces choses pour qu'elle puisse se libérer de ces croyances erronées. Ce n'est pas parce qu'elle ne voulait pas toujours répondre aux attentes de sa mère qu'elle était pour autant égoïste et sans reconnaissance pour ce que faisait sa mère. Ce n'est pas parce qu'elle ne voulait pas d'un mets qu'elle était pour autant capricieuse et jamais satisfaite.

Trop souvent, celui qui ne sait pas s'apporter à lui-même accuse l'autre d'être égoïste. Celui qui ne se donne pas le droit de se reposer accuse l'autre d'être paresseux. Celui qui a peur de refuser accuse l'autre d'être capricieux. Celui qui ne sait pas prendre sa place accuse l'autre de vouloir tout contrôler.

J'ai aussi appris à me demander : ***« Suis-je vraiment coupable ? »*** et à confronter ce qu'on me dit pour ne prendre que la part qui me revient sans croire que tout est de ma faute.

Dans cet événement chez le coiffeur, j'ai pris la part qui me revenait. Il est juste que j'aurais dû prendre quelques minutes pour prévenir mon conjoint que j'avais oublié ce rendez-vous chez le coiffeur, mais s'il n'avait pas mangé, c'est parce qu'il était en colère et non parce qu'il n'avait pas eu le temps.

En cessant de m'attribuer tous les torts, je ne m'attire plus d'être culpabilisée. Et lorsque mon nouveau compagnon veut m'attribuer des perceptions que je considère erronées, je ne le laisse pas faire, je défends ma position, c'est ainsi que je me respecte et me fais davantage respecter.

Nous approfondirons dans un prochain chapitre le sentiment de culpabilité pour savoir comment nous libérer une fois pour toutes de ce sentiment qui ne peut que nous gâcher notre joie de vivre.

Je découvre mes forces

Quelles sont tes forces? Pour ce faire, dresse la liste de ce que tu considères être tes qualités et tes défauts. Commence par ceux que tu t'octroies, puis écris ceux que les autres voient en toi.

Mes qualités	*Mes défauts*
....	....
....	....
....	....
....	....

Regarde ces qualités. Qu'est-ce qui te laisse croire que ce sont des qualités?

Par exemple, si tu as écrit: « Je suis gentil. »
- Pourquoi crois-tu que tu es gentil?
- Serait-ce ce que ton entourage dit de toi?
- Es-tu bien avec cette image de toi-même?

Pour être aimé, il est fréquent que nous cherchions à maintenir une image qui plaît à notre entourage, mais cette image peut nous empêcher d'être nous-mêmes.

❒ Luc rejette la violence de son père
Luc a eu un père dominateur et violent. Pour rien au monde, il n'aurait voulu ressembler à ce père. Luc a donc

développé sa partie féminine au détriment de sa partie masculine en devenant davantage passif et conciliant.
Tout le monde dit de Luc qu'il est très gentil. Luc veut maintenir cette image du bon « gars », mais, en même temps, il vit un terrible conflit intérieur.
En se montrant aussi conciliant, il a l'impression que ses besoins passent toujours après ceux des autres. Quand il fait une demande, il insiste si peu devant une objection que l'autre croit que ce n'est pas très important pour lui et n'y accorde pas l'importance que cela a pour Luc. Ce qui lui laisse le sentiment d'être toujours perdant dans ses échanges avec les autres.
Las d'être le gentil perdant, il devient alors intransigeant et s'éloigne de tous ceux qui, selon lui, ont abusé de sa bonté.

Luc est-il lui-même? Ou est-il en réaction à la violence de son père?

La gentillesse de Luc lui est-elle favorable ou le maintient-elle dans une image qui l'empêche d'être vrai?

De l'adolescence jusqu'au début de la trentaine, je voulais maintenir la croyance qu'on avait de moi que j'étais généreuse. Si une amie me disait comment elle aimait mes jolies chaussures, je les lui donnais. Si une autre s'extasiait devant l'un de mes tableaux, je trouvais l'occasion de lui offrir. Je prêtais tous mes vêtements à ma sœur sans restriction, mais lorsqu'elle me refusait un vêtement, je lui faisais une scène, la traitant d'égoïste.

Ma générosité était-elle une vraie qualité? M'était-elle favorable? Ma générosité reposait-elle plutôt sur la peur d'être égoïste?

J'ai souvent dit: « *Il faut être bon, mais pas con.* » Eh bien, moi, j'ai été souvent conne pour nourrir la croyance que j'étais généreuse! Pour moi, à présent, la véritable générosité consiste à transmettre aux autres ce qu'on a pu découvrir pour leur faciliter l'accès à la connaissance et à leur autonomie, ce qui n'exclut pas de leur apporter une aide matérielle.

« La véritable générosité, c'est de croire en l'autre. »
Yvan Herin

Regarde à présent ce que tu crois avoir comme défauts. Qu'est-ce qui te laisse croire que c'est un défaut ?

- Énumère les défauts que l'on te reprochait enfant ou adolescent et confronte-les afin de savoir si c'étaient vraiment des défauts. Très souvent, quand les enfants sont petits, on leur reproche d'avoir trop de caractère, et une fois qu'ils sont devenus grands on leur reproche de ne pas en avoir assez.
- Quels sont les défauts dont tu te taxes ? Est-ce vraiment un défaut ou est-ce un mécanisme de défense ou de protection ?

Une personne était persuadée d'avoir un mauvais caractère. Lorsqu'elle était petite, elle avait un oncle qui venait leur rendre visite. Chaque fois il voulait la prendre sur ses genoux. Il en profitait pour chercher à lui caresser le sexe. Comme elle cherchait à s'éclipser, sa mère lui disait de rester tranquille. Ne sachant pas exprimer son malaise, elle finissait par se montrer très désagréable et même rebelle parce qu'elle ne se sentait pas entendue, comprise ou protégée. On lui disait alors qu'elle avait très mauvais caractère.

Avait-elle réellement mauvais caractère ou exprimait-elle un sentiment désagréable ? Et toi, crois-tu que tu es agressif parce qu'il t'arrive de te mettre en colère ? La colère est une émotion, tu as peut-être de la difficulté à maîtriser tes émotions, ce qui ne fait pas de toi un être agressif pour autant.

Une participante me disait que l'un de ses plus gros défauts était qu'elle avait mauvais caractère. On lui avait souvent répété qu'elle avait mauvais caractère comme son père et comme tous les membres de sa famille paternelle. Je lui demandai : *« Se pourrait-il que ton père et sa famille soient des personnes si déterminées, que lorsqu'ils ont une idée en tête, ils vont jusqu'au bout ? »* Elle me répondit par l'affirmative. Je lui dis alors : *« Être déterminé est-ce avoir du caractère ou un mauvais caractère ? »* Elle me répondit : *« Du caractère ! » « Et toi, serais-tu aussi une personne déterminée lorsque tu veux vraiment une chose ou que tu es convaincue de quelque chose ? » « Oui. » « Se pourrait-il que tu aies du caractère et non un mauvais caractère ? »*

Elle respira, il lui était bien plus facile de s'accepter avec cette nouvelle perception.

Lorsque j'étais enfant, on me reprochait d'être bavarde. Pendant des années, j'ai cru que c'était là un de mes défauts. J'essayais de le corriger en tentant tant que je le pouvais de me retenir de parler. Puis, j'ai compris que ce que je considérais comme un défaut était en fait l'une de mes grandes forces. Je n'étais pas bavarde, j'étais une grande communicatrice. Lorsque j'ai reconnu cette force en moi, j'ai cessé de me rejeter et j'ai utilisé cette force qui m'a permis de devenir conférencière, animatrice de groupes de croissance, psychothérapeute, formatrice d'intervenants en Méta-médecine et écrivain.

Que se serait-il passé si j'avais continué à considérer que m'exprimer facilement était un défaut ? Je n'aurais jamais développé tout ce potentiel qui était en moi. Ce qui n'excluait pas que j'avais aussi à apprendre à écouter.

Mes précédents partenaires me reprochaient d'être changeante. Je recevais ce commentaire comme une critique à mon égard. La crainte qu'on me reproche de changer d'avis m'amenait dans l'inaction et l'indécision. Dans cette indécision, j'avais tellement peur de me tromper, qu'immanquablement je ne prenais pas la bonne décision, ce qui m'obligeait à me raviser. Ce qui équivalait pour eux à un changement d'idée. En en prenant conscience, je l'ai transformé comme j'avais fait avec l'étiquette de bavarde qu'on m'avait collée. J'ai vu ce côté de moi qui était changeant comme étant de la flexibilité. Je peux m'adapter facilement à différents milieux, à différentes personnes et à différentes situations, mais je devais aussi apprendre à me donner certaines structures pour avancer, plutôt que de toujours recommencer.

Ce qu'on appelle un défaut est en réalité une force non maîtrisée.

Cherche la force contenue dans ce que tu crois être tes défauts. Cette recherche te permettra de réaliser qu'en fait nous n'avons pas de défauts, nous avons simplement des forces, qui parfois s'expriment en excès et qu'il nous faut apprendre à maîtriser.

Connaître ses forces est un atout majeur pour réussir dans la vie. Tant que tu ne connais pas tes forces, tu essaies de faire de ton mieux ou comme quelqu'un d'autre. Imiter quelqu'un d'autre c'est passer à côté de son propre potentiel. Les imitateurs ne connaissent que de piètres succès. Seuls ceux qui ont reconnu leurs forces et les ont exploitées ont atteint de grands succès.

Lorsque j'étais étudiante, mon professeur de philosophie nous répétait : « *Ce sont les meilleurs qui réussissent.* » Ne me considérant pas comme l'une des meilleures, je n'avais pas grand espoir de réussir. Pourtant, je connais une très belle réussite dans mon domaine et cependant je n'étais pas la meilleure.

Mes observations en ce domaine m'ont démontré sans l'ombre d'un doute que ce ne sont pas nécessairement les meilleurs qui réussissent. Ce sont bien plus les personnes qui ont reconnu leurs forces et qui ont les exploitées.

Lorsqu'on cherche à découvrir ses forces, il est tout à fait normal d'être inspiré par une personne que l'on admire ou qui fait ce que l'on souhaiterait faire. C'est en général la première étape sur la voie de notre réalisation.

La seconde étape consiste à expérimenter des façons de faire qui sont différentes des autres, qui sont à l'image de qui nous sommes et dans lesquelles on se sent parfaitement à l'aise.

La troisième étape consiste à se concentrer sur ces forces plutôt que de disperser son énergie à vouloir exceller dans plusieurs domaines.

Mieux vaut exceller dans un domaine que d'être médiocre dans plusieurs.

Nous avons tous des forces, des limites et des faiblesses, la seule différence c'est que ce ne sont pas les mêmes.

Il fut un temps où je me comparais défavorablement aux autres. Si j'étais en présence d'une personne qui avait bien réussi dans son domaine ou qui détenait une formation universitaire supérieure à la mienne, je me sentais inférieure à cette personne et je me dévalorisais. Lorsque j'ai compris que nous sommes tous connaissants et ignorants, mais que nous ne connaissons et n'ignorons pas tous les mêmes choses, je me suis appliquée à reconnaître chez les autres leurs forces et leurs limites, tout en reconnaissant les miennes. Ainsi je pouvais bénéficier de leurs connaissances et les faire profiter des miennes. Depuis, je ne me suis plus jamais sentie inférieure ou supérieure à qui que ce soit. Je reconnais mes forces et je n'ai plus honte de mes limites ou de mes faiblesses.

Je dis je n'ai plus honte car il fut un temps où j'en avais honte. Lorsque j'étais enfant, j'étais en réaction à toute forme d'autorité, ce qui me valait de me retrouver avec mon pupitre dans le corridor. Ce qui m'a obligée à développer mon côté autodidacte, compte tenu que cela m'a fait manquer plusieurs cours. Pour tous les cours demandant de la logique, de l'analyse ou de la lecture, je m'en sortais assez bien. Mais pour ce qui était des cours de grammaire c'était une autre histoire. L'orthographe était mon talon d'Achille. Lorsque j'ai commencé à donner des cours de croissance personnelle, j'avais peur d'écrire au tableau de crainte de faire des fautes d'orthographe. Mais comme il me fallait écrire à certains moments, il s'agissait qu'un de mes participants relève l'une de mes fautes d'orthographe pour que j'en éprouve de la honte.

Après m'être donné le droit d'avoir cette faiblesse, je prévenais mes participants en leur disant que je ne leur donnais pas des cours de grammaire mais des cours de découverte de soi et que si je faisais des fautes d'orthographe c'était avec joie que j'acceptais l'aide d'un correcteur dans le groupe et nous en riions tous ensemble.

Et toi, connais-tu tes forces et tes faiblesses?

Mes forces sont :	*Mes faiblesses sont :*
....	....
....	....
....	....

Par exemple :

- Comment pourrais-tu utiliser davantage ces forces et dépasser ces faiblesses? Opte pour des activités où tu pourras utiliser tes forces mais dans lesquelles tu pourras être aidé au niveau de tes faiblesses.

Mes forces	*Mes faiblesses*
convaincre	dispersion
avoir beaucoup d'idées	temporiser
communiquer	action avant réflexion
débrouillardise	impatience
bon organisateur	gestion
humoriste	comptabilité
leadership	tendance à me dévaloriser
ordonné	indécision
chanter	confiance en moi
danser	prendre ma place
mettre de l'ambiance	travailler en groupe
créer un décor	insécurité financière
motiver les autres	doutes de moi-même
créer avec pratiquement rien	rancunier
découvrir les besoins de l'autre	peur de la critique
enseigner	difficulté à écouter les autres
écrire	orthographe

- Par exemple, si je réalise que je suis trop spontané dans mes décisions, je pourrai prendre conseil d'une personne qui a l'habitude de réfléchir avant d'agir.
- Si j'ai de la difficulté à me discipliner, j'accepterai qu'une personne m'aide à établir un certain programme que je suivrai.
- Si j'aime écrire, mais que j'aie de la difficulté avec l'orthographe, je chercherai une personne qui maîtrise bien cette discipline pour corriger mes textes.

Maintenant, écris ce que tu admires chez les personnes que tu fréquentes:

Par exemple :

J'admire la sincérité chez telle personne.
J'admire la simplicité chez telle autre.
J'admire le sens de l'humour de celui-là.
J'admire le sens de l'organisation de…
J'admire le respect de…
J'admire l'honnêteté chez…
J'admire la douceur…

À présent, fais de même avec les aspects qui te dérangent ou que tu as de la difficulté à accepter chez des personnes que tu connais.

Par exemple :

Je déteste les menteurs.
Je déteste les gens qui sont toujours en retard.
Je déteste les gens qui s'énervent.
Je déteste les gens impatients.
Je déteste les boudeurs.
Je déteste les personnes qui veulent toujours avoir raison.
Je déteste les personnes qui changent continuellement d'idée.
Je déteste les personnes qui se mêlent des affaires des autres.
Je déteste les personnes qui attendent la dernière minute.
Je déteste les personnes orgueilleuses.
Je déteste les personnes qui se positionnent en victime.
Je déteste les personnes qui critiquent constamment.

Maintenant, dépose ton livre et permets-toi quelques instants de réflexion, pour découvrir en quoi ces aspects te ressemblent.

Tout ce que l'on admire chez les autres est la partie de nous-mêmes qui nous appartient. Si elle ne nous appartenait pas, nous ne la verrions même pas. C'est en la reconnaissant que nous pourrons graduellement la manifester.

Il fut un temps où j'admirais la capacité qu'avait mon instructeur spirituel de répondre adéquatement à presque toutes les questions. Jamais, à ce moment, je n'aurais pu penser que j'arriverais un jour à répondre aussi adéquatement à tant de questions. Lorsque je l'ai accepté, sans même vraiment m'en rendre compte, j'ai développé cette qualité. Et voilà que ce sont les autres qui me font cette même remarque que j'avais faite à mon instructeur. La vérité est au fond de chacun de nous, lorsqu'on se fait confiance elle émerge.

Si ce qu'on admire est une partie de nous que bien souvent nous n'avons pas reconnue, l'inverse est aussi vrai, tout ce qui nous dérange chez les autres correspond également à une partie de nous-mêmes. Partie que nous ne croyons pas avoir ou que parfois nous ne voulons pas reconnaître. C'est seulement en l'acceptant que l'on peut parvenir à la dépasser.

Jésus disait : ***« Il est plus facile de voir la paille dans l'œil de son voisin que la poutre dans le sien. »***

L'un des aspects qui me dérangeait le plus chez les autres c'était les gens qui ne se mêlent pas de leurs affaires. Pourtant, j'étais convaincue que moi je me mêlais des miennes. Combien de fois ai-je voulu aider ma famille sans qu'on me le demande, ou ai-je donné des opinions ou des conseils qu'on ne m'avait pas demandés ? Je ne me mêlais pas plus de mes affaires que les personnes à qui je le reprochais.

Cet aspect de nous-mêmes peut se manifester d'une façon différente, mais le résultat est le même. Je peux détester les menteurs et me mentir à moi-même. Mais comment puis-je à la fois admirer les gens honnêtes et détester les gens malhonnêtes ? Suis-je donc à la fois honnête et malhonnête ?

En fait, comme la majorité des êtres humains, nous possédons la dualité d'un mental supérieur et d'un mental inférieur, c'est l'équivalent de l'ange et du diable en nous. Lorsque nous sommes dans notre mental supérieur ou notre ange, nous sommes en accord avec nous-mêmess. Tandis que lorsque nous basculons vers notre mental inférieur, ce petit diable en nous, nous sommes en désaccord avec notre nature supérieure.

Ainsi, lorsque je suis honnête je me sens bien avec moi-même. Mais lorsqu'il m'arrive d'agir malhonnêtement (par mensonge ou tricherie), je ne me sens pas bien.

Lorsqu'on se montre indulgent vis-à-vis d'une faiblesse que l'on observe chez une personne, c'est que nous avons reconnu cette faiblesse en nous-mêmes et que nous nous sommes donné le droit d'avoir cette faiblesse.

À l'inverse, lorsque nous ne pouvons accepter un trait de caractère chez une autre personne, c'est que nous ne nous donnons pas le droit d'être ainsi. Nous y résistons en le projetant chez une autre personne. Cette personne est foncièrement égoïste dirons-nous, ce qui sous-entend « pas nous ».

Ce refus de reconnaître que nous avons tel trait de caractère nous fait réagir très fortement lorsqu'on nous compare à une personne à laquelle on ne voudrait ressembler pour rien au monde. On n'a qu'à penser à des paroles du genre : *« Tu es comme ton père, tu es comme ta mère ou ta grand-mère… »*

À présent, associe ces aspects que tu admires ou qui te dérangent à des personnes qui ont eu ou ont actuellement de l'importance dans ta vie. La question à se poser est : *« Quelle personne de mon entourage a cet aspect que j'admire ou qui me dérange ? »*

Ce second exercice, en plus de nous aider à nous découvrir, a aussi comme avantage de nous aider à nous libérer des jugements et des critiques à l'égard des autres.

Exemples :

ordonnée =	ma tante Angèle
douce =	une religieuse au couvent
généreuse =	ma sœur Louise
ne se mêle pas de ses affaires =	mon frère Pierre
personne violente =	mon père
personne orgueilleuse =	mon oncle Paul
personne tricheuse =	mon oncle Charles

Dans les prochains chapitres, tu découvriras que l'on reproduit très souvent soi-même les comportements qu'on a rejetés ou critiqués chez nos parents ou des personnes qui ont eu une influence sur nous.

Toutes les personnes qui sont près de nous sont à notre image, qu'il s'agisse de nos enfants, notre conjoint, nos amis, nos collègues de travail, nos patients et même nos voisins. Nous les avons attirées parce qu'elles nous ressemblent. À leur insu elles agissent comme un miroir ou un révélateur de qui nous sommes.

Tant que nous les critiquons ou les rejetons, c'est une partie de nous-mêmes que nous rejetons. On ne peut jamais être libre de ce que l'on rejette, car cela va à l'encontre de notre divinité qui est amour.

Si nous rejetons une personne, nous allons nous en attirer une pire encore pour mieux nous faire découvrir ce que cette personne a à nous révéler de nous-mêmes.

Si nous en prenons conscience,
nous pourrons le transformer en nous-mêmes.

Quand on change intérieurement,
le monde autour de nous change aussi.

Lorsque nous changeons, il est remarquable de voir que les autres changent vis-à-vis de nous ou s'éloignent. Notre conjoint change, notre relation avec nos enfants se transforme, nous perdons certains amis et en connaissons de nouveaux. Il en va de même pour les situations. Nous obtenons un nouvel emploi, les voisins désagréables déménagent, nos travaux qui dormaient sont reconnus, nous achetons une nouvelle maison, nous changeons de voiture, etc.

Plusieurs personnes qui entreprennent un cheminement personnel craignent de perdre leur conjoint si elles changent. Cela représente en effet un risque. Il faut se rappeler que nous ne sommes pas venus sur terre pour être accouplés, mais pour évoluer.

Ce travail de découverte de moi-même m'a amenée à vivre des séparations dans mes relations de couple. Toutefois, chacune de mes relations de couple a toujours été de plus en plus merveilleuse. Il y a quelques années, j'ai divorcé de l'homme avec lequel je pensais bien vivre jusqu'à la fin de mes jours. Cela m'a fait vivre le deuil le plus difficile de ma vie. Que de larmes j'ai versées, que n'aurais-je pas donné pour revenir en arrière ?

Mais la vie ne va pas en arrière, sinon, comme disait ma fille : *« Dieu nous aurait placé des yeux derrière la tête. »* J'ai beaucoup grandi dans cette précédente relation. La relation que je connais à présent avec mon nouveau compagnon dépasse tout ce que j'aurais pu même rêver.

Je bénis tout ce que j'ai vécu avec chacun de mes précédents conjoints. Chacun d'eux avait été sur ma route pour me permettre de me découvrir et de grandir, comme j'étais sur la leur pour la même raison.

Il ne faut pas croire que pour grandir et évoluer nous devons changer de conjoint. Tant que deux partenaires demeurent sur la même fréquence vibratoire, le couple peut continuer, c'est lorsque le couple cesse d'être en syntonie que les événements les conduisent à vouloir s'éloigner l'un de l'autre ou à se quitter. Deux partenaires peuvent autant stagner ensemble qu'ils peuvent s'entraider sur la voie de leur évolution.[2]

Quelles sont les peurs qui t'habitent ?

Quelles sont les peurs qui t'empêchent d'être toi-même? Tu peux penser à des situations qui t'ont chagriné, blessé ou qui ont laissé des marques.

En général, nous avons peur de revivre des situations qui furent douloureuses et c'est par protection que nous élevons des façades autour de nous. Si nous avons peur de revivre une situation de rejet, nous laisserons difficilement les autres s'approcher de nous. De loin ça va, mais trop près de notre intimité, nous devenons méfiants. Et si nous recevons de l'amour, nous devrons en donner et cela peut nous faire peur. Qu'exigeront-ils en retour? Si j'aime cette personne et qu'elle me rejette, pourrais-je surmonter un nouveau rejet? Aussi, je préfère être en sécurité dans ma tour que je connais, plutôt que de risquer d'être anéanti par un nouveau rejet. Chacune de nos peurs fait que nous voulons nous protéger et c'est bien ce qui nous empêche le plus d'être nous-mêmes.

Observe bien et tu verras que chaque fois que tu te sens aimé et en sécurité, sans qu'il y ait danger d'être manipulé, possédé ou rejeté, il t'est facile d'être toi-même. Et plus tu es toi-même, plus les autres sont eux-mêmes avec toi, car eux

[2] Pour en savoir davantage, lire *Métamédecine du couple : réussir sa relation amoureuse,* du même auteur.

aussi se sentent en sécurité. Donc, pour arriver à être de plus en plus toi-même, tu auras à prendre le risque de révéler ce que tu as peur de dévoiler.

J'ai vécu une expérience très révélatrice à ce sujet alors que j'étais étudiante. J'avais décroché un emploi d'été qui consistait à enseigner le français à des enfants allophones. Nous étions un groupe à recevoir la formation préalable. À la fin de cette formation, le groupe fut partagé en quatre sous-groupes d'une dizaine de personnes qui auraient à travailler ensemble dans une même école. Parmi les membres du sous-groupe auquel j'appartenais, l'un d'eux a eu la brillante idée de jouer au jeu de la vérité. Ce jeu consistait à se dire franchement et sans retenue tout ce que nous avions pensé de chacune des personnes de notre groupe durant la formation.

On se retrouva donc pour un pique-nique sur l'herbe. À la fin du repas, les membres furent invités à révéler leurs impressions. J'étais l'avant-dernière à prendre la parole. À tour de rôle, chaque personne y alla de ses critiques à mon égard, en disant comment elles m'avaient trouvée hautaine, snob, désagréable, imbue de moi-même, etc. Voilà comment ces personnes avaient perçu ma carapace de protection! Plutôt que d'admettre que je doutais qu'on puisse m'aimer, je préférais me convaincre que je valais plus que ceux qui pouvaient me rejeter. En ce sens, je les rejetais avant même qu'ils puissent le faire. Mon orgueil était sauvé et mon complexe d'infériorité bien dissimulé.

Si je n'avais pas tant tenu à cet emploi d'été, j'aurais certainement fait ce que j'ai fait nombre de fois, c'est-à-dire : tout plaquer et partir ! Mais là, je n'avais pas vraiment le choix, j'avais besoin de cet emploi pour payer mes études. J'ai donc pris un risque. Le risque de retirer mon masque, de montrer ma vulnérabilité en leur révélant les peurs qui m'habitaient. Aussi, quand vint mon tour, je leur ai avoué que je ne savais pas et que je n'avais jamais su comment être à l'aise dans un groupe, parce qu'au fond de moi j'étais paralysée par la peur d'être rejetée. Je leur ai aussi demandé s'ils voulaient m'aider.

Ce fut un été extraordinaire que je n'oublierai jamais. Tous me tendirent la main. C'était la première fois que je pouvais être parfaitement à l'aise dans un groupe.

On ne peut raisonner une peur. On la fuit ou on y fait face. La fuir ne règle rien. On se retrouve toujours tôt ou tard confronté à cette peur. De plus, quand on prend une décision basée sur la peur, ce n'est jamais une bonne décision.

À titre d'exemples, voici quelques mécanismes de défense qu'on peut emprunter :

- Tu as peur d'être rejeté face à un groupe = *tu t'isoles ou tu les rejettes.*
- Tu as peur d'être déçu = *tu n'entreprends rien.*
- Tu as peur de déplaire = *tu essaies de plaire à tout le monde et tu déplais à tous.*
- Tu as peur de dire non = *tu dis oui et tu as le sentiment de te faire avoir ou tu en veux aux autres de t'exploiter.*
- Tu as peur de faire de la peine = *tu ravales ce que tu as à dire et lorsque tu le dis c'est dans une explosion de colère qui blesse encore plus l'autre.*
- Tu as peur de devoir quelque chose = *tu ne veux rien recevoir.*
- Tu as peur d'avoir plus que les autres = *tu détruis ce que tu as ou tu te prives d'avoir ce que tu désires.*
- Tu as peur de déranger = *tu t'arranges tout seul, alors que tu aurais besoin d'aide.*
- Tu as peur de manquer d'argent = *tu achètes le prix et non pas ce que tu désires.*
- Tu as peur de ce qu'on va dire ou penser = *tu agis en fonction des autres.*

- Tu as peur de recevoir une critique = *tu passes à côté d'une belle occasion de te dépasser.*
- Tu as peur d'être abandonné = *tu étouffes celui que tu aimes, et il s'en va.*

Pour sortir de ces pièges, prends le risque:

– de déplaire ;
– de décevoir ;
– de dire non ;
– de déranger ;
– d'être déçu ;
– de devoir quelque chose ;
– d'être rejeté ;
– d'être refusé ;
– d'être critiqué ;
– d'être abandonné.

Tu te rendras vite compte que c'est lorsqu'on se plaît à soi-même qu'on plaît le plus aux autres. De plus, c'est lorsqu'on veut le moins faire de la peine qu'on en fait le plus.

Donc, à partir de maintenant, chaque fois que tu hésiteras à dire ou à faire quelque chose, demande-toi: « *Quelle est la peur qui se cache derrière cette hésitation?* » Lorsque tu n'as rien à perdre et tout à gagner, fais-le sans hésiter.

Parmi toutes ces peurs que nous vivons, la peur de se tromper est souvent celle qui paralyse le plus nos actions. Lorsque j'étais en microbiologie, j'avais très envie de m'orienter vers les médecines douces. Mais la peur de faire une erreur, de perdre ce que j'avais mis des années à acquérir me paralysait. Je n'arrivais pas à me décider. Puis, un jour, un instructeur pour qui j'avais une haute estime me dit: « *Tu sais Claudia, dans la vie on ne fait jamais d'erreurs, on ne fait que des expériences.*

Qu'es-tu venue faire sur la terre, sinon vivre des expériences dans ton évolution ? » Ces paroles m'encouragèrent à passer à l'action. Je pris la décision de quitter mon emploi pour rejoindre le Centre de croissance personnelle que je fréquentais.

Lorsque j'évoquais la possibilité de prendre une nouvelle orientation professionnelle, mes proches me disaient : « *Penses-y, tu n'auras jamais le salaire que tu gagnes maintenant, ce serait une grave erreur de quitter un si bon emploi, tu n'es pas sérieuse, on t'a fait un lavage de cerveau…* » C'est tout juste si on ne m'a pas dit que j'étais entrée dans une secte. Lorsque nous avons peur, ou que nous doutons de nous-mêmes, nous attirons des personnes qui nous projettent nos propres peurs et nos propres doutes. Le jour où j'ai pris ma décision, bien résolue à faire face à mes propres peurs, mon conjoint m'a donné son accord. Aujourd'hui, mes proches me disent : « *On est très fiers de toi Claudia, très fiers de tout ce que tu as accompli…* »

Ce fut l'un des plus beaux risques de ma vie car il m'a permis de développer ma confiance en la vie, de choisir la voie de l'amour plutôt que celle de la peur.

La confiance est le meilleur antidote à la peur, et pour développer cette confiance il faut développer la volonté de croire en soi et de croire en la vie.

La volonté de croire en soi

Cette volonté peut être temporaire ou maintenue. Cependant, c'est cette volonté maintenue qui te conduira où tu veux aller, qui t'aidera à développer les talents qui sont en toi et qui te permettra de monter sans écraser les autres. Cette volonté ne nous est pas donnée à la naissance, c'est à travers nos expériences de vie que nous la développons.

Lorsque je me suis inscrite à des cours de croissance personnelle, je l'avais fait tout d'abord pour moi-même, pour me guérir de ces dépressions dans lesquelles je m'enfonçais d'année en année. Puis cette découverte de moi-même me passionna, ce qui me motiva pour continuer. Je découvris également qu'en aidant les autres je m'aidais moi-même, puisque lorsque j'encourageais une personne, c'est moi que j'encourageais et lorsque j'aidais une personne à voir ce qui se passait en elle, c'est également en moi que je voyais plus clair. Arriva le temps où j'eus l'opportunité de donner mes premiers cours de croissance personnelle. Je n'avais aucune confiance en moi et j'avais très peur. J'avais surtout peur de ne pas être à la hauteur, d'être jugée, critiquée ou dénigrée.

Toutes ces peurs me nouaient l'estomac, me donnaient des bouffées de chaleur, et me faisaient trembler, bégayer ou me répéter. Parfois, je me demandais pourquoi m'étais-je engagée dans une telle aventure alors que je réussissais si facilement en microbiologie ?

Pour surmonter ces peurs, je m'étais fait des affirmations positives qui m'ont beaucoup aidée.

Par exemple, pour surmonter ma peur de ne pas être à la hauteur, ou de l'échec qui pourrait survenir si je ne réussissais pas, je me suis répété des centaines de fois : ***« J'ai tout en moi pour réussir et je réussis en tout. »***

Je me répétais cette affirmation au volant de ma voiture tout le long de la route en me rendant au Centre de croissance pour offrir un atelier. Au début, je n'y croyais pas, mais j'observai qu'en me répétant cette affirmation, cela avait comme effet de m'aider à surmonter cette peur de ne pas être à la hauteur. De plus, j'observais que cette affirmation m'aidait à avoir un peu plus confiance en moi. En gagnant de la confiance en moi, cela se passait mieux et m'aidait à croire graduellement à cette affirmation et plus j'y croyais, plus je réussissais dans ce que j'entreprenais.

La seconde peur qui m'habitait était celle d'être jugée et rejetée. J'ai également utilisé une affirmation positive pour surmonter cette peur en me répétant cette fois : « ***Je suis une personne formidable, aussi importante que les autres. Je réalise que je peux beaucoup et que les autres m'apprécient beaucoup. Chaque jour ma vie est de plus en plus merveilleuse.*** »

L'une de mes participantes de couleur craignait continuellement le rejet des blancs. Je lui racontai que l'un de mes amis de couleur s'était arrêté un jour en se disant : « *Si je continue à regretter d'être né noir, je risque d'être malheureux toute ma vie. Le mieux que je puisse faire est de l'accepter et d'apprendre à être heureux avec ma couleur.* » Cet ami était le premier à se moquer gentiment de sa couleur. Par exemple, il pouvait dire : « *Moi et mes plans de nègre !* » Toute personne raciste perdait rapidement son racisme avec cet homme qu'on ne pouvait qu'aimer.

J'ajoutai pour cette personne que la couleur de la peau n'est qu'une question de soleil. Moins une personne est exposée au soleil, plus sa peau est blanche, car elle n'a pas besoin de la protection contre les rayons solaires qu'assurent les pigments de mélanine. Plus une personnes a la peau foncée, plus elle ou ses ancêtres ont absorbé de soleil. Le racisme résulte de la peur, de l'ignorance, et des comparaisons qu'établit notre cher **ego** pour se sentir supérieur ou inférieur.

Cette personne décida de cesser de se dévaloriser par rapport aux blancs. Elle observa dans les semaines et les mois qui suivirent qu'elle ne se retrouvait absolument plus confrontée à des personnes racistes et qu'au contraire les blancs qu'elle rencontrait ne faisaient aucun cas de sa peau plus foncée, mais lui disait comment il la trouvait très belle. Pour elle ce fut une découverte. Lorsque je la revis, elle m'en fit part, ajoutant : « *C'est ce que je dis à présent à mes proches de couleur.* »

Le monde qui nous entoure n'est autre que le reflet de ce que nous cultivons à l'intérieur de nous-mêmes.

Change l'image que tu as de toi-même et tu verras le monde qui t'entoure changer vis-à-vis de toi.

La seule personne que tu puisses changer, c'est toi!

En résumé, pour développer cette volonté de croire en soi et en la vie, il nous faudra:

- Reconnaître que nous avons des forces, des limites et des faiblesses.
- Chercher à développer nos forces, à dépasser nos limites et à surmonter nos faiblesses.
- S'apprécier au lieu de se déprécier.
- Dépasser la peur des jugements des autres.
- Se considérer aussi important que les autres.
- Voir la vie comme notre amie.
- Être ouvert à apprendre de chacune de nos expériences.
- Garder une attitude positive face aux difficultés que nous rencontrons.
- Se lancer des défis en prenant des risques.

Risquer

Montrer ses sentiments, c'est risquer
d'être incompris ou de ne pas être accueilli.
Pleurer, c'est prendre le risque d'être vulnérable.
Rire, c'est prendre le risque de paraître un peu fou.
S'amuser comme un enfant, c'est prendre le risque,
de paraître ridicule.
Partager ses idées et ses rêves, c'est risquer
d'être critiqué ou découragé.
Montrer sa joie et son bonheur,
c'est risquer de s'attirer de l'envie ou de la jalousie.
Exprimer ses désirs, c'est risquer d'être déçu.
Être vrai, c'est risquer de déplaire ou de décevoir.
Aimer, c'est prendre le risque de ne pas être aimé en retour
ou d'être abandonné.
Oser, c'est risquer d'échouer.
Espérer, c'est risquer de désespérer.
Vivre, c'est risquer de souffrir.

Un haut degré de confiance en soi et une saine image de soi sont les caractéristiques essentielles au bonheur et à la réussite.

3

Je suis en accord avec moi-même !

« On est libre de ce que l'on accepte, de ce à quoi on dit oui. On est prisonnier de ce qu'on refuse, de ce à quoi on dit non. »
Arnaud Desjardins

QUAND UN PETIT ENFANT ARRIVE DANS CE MONDE, il est totalement lui-même. C'est un bébé et il n'essaie pas d'être autrement. Il a des besoins et il les réclame sans se demander s'il va déranger papa et maman. La seule manière qu'il possède pour s'exprimer, ce sont ses pleurs. Malheureusement, on n'a pas appris aux mamans à décoder ce langage ; pire, on leur a parfois appris que les pleurs d'un bébé étaient l'expression d'un caprice ou d'une manipulation.

Quand j'étais enceinte de ma fille, ma mère avait cru bon de me donner des conseils qu'elle croyait avisés. Elle me disait, entre autres : « *Si ton bébé a été bien nourri, que tu l'as changé et qu'il pleure une fois dans son berceau, laisse-le pleurer, car si tu réponds à ses pleurs tu vas le gâter*[3] *et après, tu auras des problèmes avec lui.* » C'est sans doute ce que sa propre mère lui avait appris et qu'elle avait cru.

Lorsque je suis rentrée de la maternité, je me suis rappelé ce conseil de ma mère. Aussi après avoir allaité mon enfant et l'avoir changée, je l'ai déposée dans son joli petit berceau. Ma petite s'est mise à pleurer, pour me réclamer. Dans ma crainte de la gâter, je l'ai laissée pleurer. La première soirée, elle a pleuré pendant plus de 2 heures. Cela m'était très pénible de l'entendre pleurer sans intervenir. J'aurais voulu aller la chercher, mais je me retenais et retenais son père, croyant bien faire. La seconde soirée, elle pleura de nouveau, environ 1 heure et la troisième, environ 15 minutes. Après elle n'a plus jamais pleuré quand je la mettais dans son petit lit. J'étais persuadée d'avoir eu « la bonne technique ».

Ce n'est que bien des années plus tard, après avoir entrepris un travail sur les blessures de mon enfant intérieur, que j'ai réalisé les répercussions de ce que j'avais cru être « une bonne technique ». Lorsque ma fille vivait des émotions, elle s'enfermait dans sa chambre, comme moi-même j'avais caché mes émotions pendant une grande partie de ma vie, jusqu'à ce que ce trop-plein d'émotions me conduise à vouloir mourir. Ce travail sur mon enfant intérieur m'a permis de comprendre qu'un bébé a besoin de plus que de lait et de langes propres, il a aussi besoin de la chaleur du corps de sa maman pour se sentir aimé et en sécurité.

L'enfant qu'on laisse pleurer peut abdiquer en pensant : « *À quoi bon appeler, de toute façon, ils ne viendront pas !* » Alors

[3] Gâter est ici une tournure canadienne et signifie *rendre capricieux.*

il cesse de pleurer et se cherche un objet de consolation, qui pourra être son pouce, sa sucette, une peluche ou un bout de tissu qui deviendra sa doudou. Devenu adulte, il ne saura pas demander de l'aide, habitué qu'il est à ne compter que sur lui-même. Lorsqu'il vivra des émotions il s'isolera dans sa souffrance, se cherchant de nouveau un objet de consolation qui pourra être la cigarette (c'est mieux accepté qu'un pouce dans la bouche), la nourriture (chocolat, gâteaux, chips...), l'alcool, le travail, les achats, le jeu, le sexe... Ne dit-on pas des personnes qui sont dépendantes de l'alcool que ce sont des alcooliques et de celles qui ne font que travailler que ce sont des *workooliques*[4]. On pourrait ajouter le suffixe « oolique » à toute forme de compulsion, qui n'est autre que l'expression d'un grand vide intérieur.

D'autres bébés, devant le refus d'attention de leur maman, vont crier aussi fort que cela leur est possible pour briser le mur du silence, ce qui va forcer un des parents à aller vers l'enfant. Certains parents peuvent devenir énervés au point de secouer vivement leur enfant et parfois même le frapper. Cet enfant pourra comprendre: *« Pour qu'on réponde à mes besoins il faut que je crie. »* En grandissant, ce sera l'enfant qui insistera pour avoir ce qu'il désire ou qui fera des crises chaque fois qu'il ne se sentira pas entendu ou ignoré. S'il ne se sent pas aimé ou qu'il reçoit des coups, il croira que c'est de sa faute, qu'il n'est pas digne d'être aimé.

Enfin d'autres enfants, devant ce refus d'attention, peuvent aller jusqu'à se laisser mourir. Ce sera l'enfant qui fera une méningite ou une pneumonie en bas âge. Malade, il aura droit à de l'attention supplémentaire. Aussi, il pourra comprendre : *« Pour qu'on s'occupe de moi, il faut que je sois malade. »* En grandissant cet enfant sera continuellement malade pour qu'on s'occupe de lui.

[4] *Workoolique* vient du mot anglais *work*, qui signifie *travail.*

Un enfant croit qu'il ne peut pas vivre s'il n'est pas aimé, puisqu'il dépend entièrement de ceux qui prennent soin de lui. Il peut croire que si ces derniers ne l'aiment pas, ils ne prendront plus soin de lui et il risque de mourir.

L'enfant cherchera donc de différentes façons à recevoir l'attention et l'affection dont il a besoin. Il pourra chercher à plaire à ses parents en leur offrant ses sourires, ses petits bras ou en utilisant différents stratagèmes. En grandissant, cet enfant va essayer d'être ce qu'il croit que sa maman attend de lui. Aussi, quand sa maman va lui présenter sa nourriture en disant : *« Une cuillère pour papa, une cuillère pour maman, une cuillère pour mamie »,* il mangera pour faire plaisir à papa, à maman, à mamie et à tous les autres. C'est ainsi qu'il continuera à vouloir plaire à son entourage, pour être le gentil petit garçon à maman ou la petite fille obéissante que tout le monde aime.

L'enfant soumis est très obéissant à l'extérieur, mais vit ses colères à l'intérieur. C'est l'enfant qui fait un grand sourire à sa mère et tord l'oreille de son frère ou saccage la pelouse du voisin.

À l'âge adulte, ces personnes sont souvent celles qui parlent peu, qui ne vous refusent jamais rien, se montrent très compréhensives, mais qui au fond d'elles sont remplies de colère. Une mauvaise haleine, une odeur corporelle désagréable, des infections à répétition ou des problèmes de foie peuvent parfois les trahir. Comme elles ne savent pas dire non, elles se servent d'excuses ou de faux-fuyants pour refuser. Elles vivent très souvent dans la peur de s'engager ou d'être possédées. C'est pourquoi elles ne s'impliquent que très superficiellement ou préfèrent fuir une situation plutôt que de risquer d'y subir une emprise.

À l'inverse, il y a des enfants qui déjà en bas âge ont un caractère indépendant. C'est l'enfant à qui l'on présente la cuillère en disant : *« Une cuillère pour maman, une cuillère pour… »* et avant qu'on ait prononcé le mot papa, nous a déjà craché la nourriture au visage.

Plus on va tenter d'imposer quelques règles de conduite à ce type d'enfant, plus il va se rebeller et plus il fera l'inverse de ce qu'on attend de lui. C'est l'enfant de qui l'on dira qu'il a une tête de mule, qu'il n'a pas de cœur, qu'il a un mauvais caractère, etc. Plus on tentera de le mater, plus il s'endurcira et plus il résistera.

Pour s'endurcir, il se coupe de ses sentiments et de ses émotions, et se réfugie dans sa tête pour avoir raison de celui qui tente de le mater.

Ses comportements expriment : *« Je ne ferai pas ce que tu attends de moi. » « Je ne serai pas ce que tu veux que je sois. » « Je ne changerai pas pour te plaire. » « Tu devras m'aimer comme je suis. » « Je ne te donnerai pas la joie d'être ce que tu veux que je sois. »*

Cet enfant peut résister :

- à faire ce qu'on lui demande ;
- à se coiffer correctement ;
- à se vêtir comme on le souhaiterait ;
- à avoir une chambre bien ordonnée ;
- à avoir de bonnes notes à l'école.

Si l'enfant **docile** est facile à aimer parce qu'ayant renoncé à lui-même, l'enfant **rebelle** est bien souvent celui qui s'attire les coups et les reproches, qu'il reçoit comme si rien ne l'atteignait, mais en réalité c'est très souvent un hypersensible qui cache sa vulnérabilité sous le masque de l'indifférence. Devenu adulte, l'enfant rebelle vit dans la peur d'être dominé ou rejeté. Pour se protéger, il réagit en dominant ou en rejetant les autres. Au fond de lui il se sent méchant, se déteste et finit parfois par s'autodétruire de différentes façons: soit par l'alcool, les drogues, la maladie, les accidents et parfois même par le suicide.

Soumission et rébellion sont deux extrêmes

La personne soumise est une dépendante affective. Dans sa crainte de perdre l'amour de ceux qu'elle aime, elle passe sous silence des comportements de l'autre qui ne lui conviennent pas, jusqu'à ce qu'une goutte d'eau fasse déborder un vase bien plein et là, elle se ferme, elle résiste ou elle explose.

Quand elle explose, elle réalise que cela blesse les êtres qu'elle aime, elle se sent alors coupable et reprend auprès de ces personnes sa position de soumise, jusqu'à ce qu'elle n'en puisse plus de vivre ces situations. Alors elle met fin à la relation en se donnant l'illusion de s'appartenir de nouveau. Mais ce n'est qu'une illusion car tant qu'elle n'aura pas appris à s'aimer suffisamment elle s'attirera continuellement ces situations où elle aura l'impression d'être perdante.

Peut-on être à la fois l'une et l'autre ?

On peut utiliser l'un ou l'autre de ces comportements simultanément, soit soumission à l'école ou au travail, et rébellion à la maison. Tout comme on a pu être soumis enfant et rebelle à l'adolescence, ou encore aujourd'hui osciller entre les deux en étant tantôt soumis tantôt rebelle.

J'avais environ 11 ans, lorsque j'ai commencé à gagner par moi-même un peu d'argent de poche. J'eus envie de faire plaisir à ma mère. Comme son anniversaire approchait, je lui demandai ce que je pourrais lui offrir qui lui ferait plaisir, elle me répondit : *« Oh ! Tout ce que je veux, c'est que tu sois gentille. »* Il aurait été plus simple qu'elle me demande une boîte de chocolats, car être gentille, cela commençait où et s'arrêtait quand ? J'essayais donc d'être gentille pour faire plaisir à maman. Lorsqu'il m'arrivait de me quereller avec ma sœur ou de ne pas faire ce qu'elle attendait de moi, elle me disait : *« Regarde comme tu n'es pas gentille, moi je t'ai offert ce beau manteau que tu souhaitais, je t'ai acheté cette belle bicyclette que tu voulais tant »* (même si cela remontait à deux années passées), et elle continuait ainsi à énumérer tout ce qu'elle m'avait offert, quand ce n'était pas le : *« Après tous les sacrifices que je fais pour vous élever… »*

Lorsqu'elle me disait ces mots, je me sentais coupable comme si je venais de lui retirer le cadeau qu'elle m'avait demandé. Je me sentais ingrate, pas une bonne fille, alors je revenais à ma position de petite fille soumise pour être aimée d'elle. Puis, lasse d'essayer de lui plaire et de ne pas y parvenir, je suis devenue très rebelle envers elle et par ricochet à toute forme d'autorité.

Ma rébellion exprimait : *« Aime-moi donc comme je suis, cesse donc de me demander d'être parfaite ! »*

Je me le disais aussi au sujet de mes premiers conjoints dont j'avais le sentiment qu'ils me demandaient à leur manière : *« Sois belle, sois gentille et tais-toi ! »* Et cela m'amenait à me rebeller. C'était exactement ce que j'avais cru que ma mère me demandait. Mais en vérité, c'est moi qui me demandais d'être parfaite, car j'avais cru que pour être aimée, je devais être parfaite.

La personne soumise autant que la personne rebelle n'est pas elle-même. La première renonce à elle-même pour être aimée, la seconde est continuellement en réaction vis-à-vis toute forme d'autorité.

Tant que nous sommes en réaction, nous ne sommes pas nous-mêmes et nous ne pouvons être en accord avec nous-mêmes.

Être en réaction

As-tu déjà dit : « *Moi, je ne ferai pas comme ma mère ; moi, je ne veux pas être comme mon père ou comme cette personne…* » ?

❐ **Olivier idolâtre son père**

Olivier souffrait de sclérose en plaques depuis près de dix ans. Tout petit, Olivier voulait être comme son papa. Il éprouvait une grande admiration pour son père, un avocat brillant et homme politique respecté. Olivier avait grand plaisir à entrer dans le somptueux bureau de ce père qui était son héros.

Puis Olivier vit ce puissant héros s'effondrer. Il ne comprenait pas pourquoi son père délaissait son bureau pour passer de longues heures au salon, allongé sur le divan, le regard dans le vide. Il apprit de sa mère que son père faisait une dépression nerveuse. D'année en année, il assista, impuissant, à la dégradation de son père et de leur jolie propriété. Sa mère critiquait de plus en plus son père, le traitant de lâche, disant qu'il ne faisait pas d'efforts pour s'en sortir, qu'il les abandonnait. Olivier se promit bien que lui ne ferait pas comme son père, que quoi qu'il arrive il ferait preuve de courage.

Il réussit de brillantes études universitaires, puis s'engagea dans des projets d'envergure qui lui demandaient de longues heures de travail. Même épuisé, il refusait d'écouter sa fatigue, se poussant toujours à la limite de ce qu'il pouvait donner.

Quand se déclara sa sclérose en plaques, il refusa de s'arrêter, se limitant aux traitements qu'on lui proposait. Plus sa maladie évoluait, plus il avait de la difficulté à marcher. Ses jambes lui disaient: « *On ne veut plus te suivre, arrête!* » Pour ne pas écouter sa souffrance et ne pas se laisser aller comme il avait cru que son père l'avait fait, il s'était poussé dans l'autre extrême. S'il n'avait pas compris à quel point il agissait en réaction à ce que son père avait vécu, il se serait probablement retrouvé, comme son père, incapable d'assumer ses responsabilités. Il comprit que ce n'était pas par lâcheté que son père s'était enfoncé dans cette dépression, mais que c'était suite à un profond découragement. Il cessa d'agir en réaction à ce que son père avait vécu et décida de prendre le temps de vivre.

Être en réaction, c'est aller dans l'autre extrême pour s'assurer de ne pas agir comme une personne que l'on n'a pas acceptée ou pour s'assurer de ne pas vivre une situation que l'on n'acceptait pas.

Enfant, je comparais ma mère, qui travaillait à l'extérieur, à la mère de ma meilleure amie, qui travaillait chez elle. Je trouvais ma mère bien désordonnée en comparaison de cette dernière. Je ne voulais pas ressembler à ma mère, voulant plutôt être une femme ordonnée et avoir ma maison toujours impeccable. Que de temps ai-je consacré à astiquer ma maison, alors que j'aurais pu m'octroyer un peu plus de temps pour me détendre et avoir du plaisir!

Lorsqu'on est en réaction, on passe à côté de l'équilibre.

À force d'être en réaction à l'un de nos parents que l'on n'a pas accepté, on finit par être en conflit avec soi-même.

Le paradoxe des hommes trop gentils

« Je vois mon père qui fait souffrir ma mère. Je le déteste, de faire souffrir ma mère et je déteste ma partie masculine, car pour moi, être un homme égale faire souffrir les femmes.

Moi je ne veux pas être comme mon père. Moi je veux être un bon garçon doux, gentil et compréhensif. Pour rien au monde je ne voudrais faire souffrir maman. Je veux être un bon fils, celui qui lui demande peu et qui fait tout pour la rendre heureuse.

Mais avec le temps, j'ai l'impression de n'exister que pour elle, qu'elle ne tient pas compte de mes besoins ou de mes désirs à moi.

Lorsqu'il m'arrive d'avoir le sentiment de lui avoir fait de la peine, je me sens coupable. Pour ne pas ressentir ce sentiment de culpabilité, je m'éloigne d'elle autant que je le peux.

Puis je cherche à être reconnu par d'autres femmes. Lorsqu'enfin je rencontre celle qui fait battre mon cœur, c'est merveilleux, je me sens revivre, je suis prêt à faire tout pour être aimé de cette femme.

Mais comme je n'ose pas vivre dans mon masculin, car aller vers ma polarité masculine, ce serait être comme père, à qui je ne veux ressembler pour rien au monde, alors je renonce à m'affirmer en tant qu'homme.

Je me dénie, je passe sous silence des attitudes de ma compagne qui me dérangent et je serre les dents. Je me sens envahi, étouffé, pas entendu dans mes besoins par cette femme que j'aime. Pour survivre, je lui résiste, je me ferme et je la fuis comme je voulais fuir ma mère. Parfois je me sens prêt à exploser. Je réagis alors plus fortement que je ne l'aurais voulu, je lui tiens des propos qui la blessent et je lui crie : « *Laisse-moi vivre…* », sans penser une seconde que c'est moi qui m'empêche de vivre. C'est alors que je me vois agir comme mon père agissait avec ma mère, et je me rejette de la même façon que je rejetais mon père.

Prisonnier de ce conflit en moi, je reprends ma position de soumis et je reviens vers celle que j'aime, en tentant de me faire pardonner. Je lui apporte des fleurs, des cadeaux et je recommence à être gentil pour lui plaire.

Elle me pardonne et j'ai l'impression de nouveau que je suis un bon garçon.

Par ces luttes qui se passent en moi, parce que je ne sais pas comment me réconcilier avec ma polarité masculine, je suis tantôt gentil, tantôt rebelle et de plus en plus mal dans ma peau et dans mes relations avec les autres.

Puis arrive un moment où j'en ai assez d'être gentil. J'en ai assez d'exister pour l'autre, de ne pas être reconnu dans ce qui a de l'importance pour moi. J'en ai assez qu'on abuse de ma faiblesse. Je deviens alors intransigeant, rigide et fermé. J'impose mes vues et j'entends me faire respecter.

Ma compagne se demande ce qui arrive et où est passé le gentil mari que j'étais. Comme je maintiens ma nouvelle position elle se ferme à son tour, remettant notre relation de couple en question. J'entre alors dans une colère folle, je la rejette, je la déteste. Quand elle s'en va parce qu'elle n'en peut plus de mes comportements extrémistes, je me sens abandonné, rejeté et trahi. Je la rends responsable de ma souffrance, responsable d'avoir brisé notre relation de couple et je lui en veux. Je la hais et toutes les femmes avec elle. Je ferme mon cœur, me promettant bien qu'on ne m'y reprendra plus.

Je m'enfonce alors dans une profonde amertume et je veux mourir.

Lorsque l'on cherche son équilibre, il est fréquent de passer d'un extrême à l'autre.

Quand une personne soumise décide de se faire respecter, il est fréquent qu'elle le fasse en voulant s'imposer aux autres ou les dominer, comme elle s'est sentie elle-même dominée. Ce qui ne peut que lui créer de sérieux problèmes relationnels.

Beaucoup de femmes ayant développé leur polarité masculine au détriment de leur polarité féminine vivent un paradoxe similaire à ces hommes trop gentils. Ayant vu leur mère soumise ou dominée par leur père, elles se disent : « Moi, il n'y a aucun homme qui lèvera la main sur moi ou qui aura de l'ascendant sur moi. » Elles ne veulent en aucun temps dépendre d'un homme, c'est ce qui les motive à vouloir gagner leur autonomie au plus tôt. Elles développent ainsi leurs qualités masculines au détriment de leurs qualités féminines. Si cela leur réussit bien sur le plan professionnel, sur le plan affectif c'est l'échec le plus total. Car elles agissent exactement comme ces hommes qu'elles avaient rejetés, en devenant elles-mêmes exigeantes, rigides et intolérantes. Comme elles ont besoin d'affection, elles tentent de l'obtenir par les jeux de séduction, le sexe ou par des stratagèmes de petite fille malade. Certaines de ses femmes se plaignent de ce que leurs conjoints ont très peu de désirs sexuels vis-à-vis d'elles, sans réaliser qu'en agissant comme un homme, leur partenaire réagit comme une femme, et se sent utilisé comme un objet de satisfaction.

Ces femmes se retrouvent inévitablement avec leur semblable, soit un homme qui a rejeté son masculin, qui leur laisse assumer toutes les décisions et toutes les responsabilités. Certains couples s'arrangent de cette inversion des polarités, mais pour la plupart un malaise profond les habite. La femme peut avoir l'impression de porter tout le poids des responsabilités du ménage et l'homme n'avoir pas une grande estime de lui-même. Dans son sentiment de dévalorisation, l'homme pourra chercher à déstabiliser cette femme qui se sent sûre d'elle en essayant de semer le doute chez elle ou chez ceux qui l'apprécient. Elle, de son côté, perdra graduellement l'estime qu'elle avait pour lui.[5]

D'autres femmes sont en réaction aux agissements de leur mère qui dominait leur père, se promettant bien de ne jamais agir comme elle. Ces femmes prennent alors la position soumise de leur père et se retrouvent avec des hommes qui agissent comme leur mère en voulant les dominer.

On peut être également en réaction à ce qu'on nous a dit

Une femme avait des dents qui présentaient une inclinaison qui ne la mettait pas en valeur. Sa mère lui avait dit un jour: « *Avec des dents pareilles, tu ne trouveras jamais un homme qui veuille t'épouser.* » Elle refusa de faire corriger ses dents. Elle voulut prouver à sa mère qu'elle pouvait se marier avec ses dents mal inclinées. Elle rencontra un bel homme et l'épousa. Ce défaut dentaire l'amenait à se dévaloriser et à vivre continuellement dans la crainte que son mari tombe amoureux d'une femme plus jolie qu'elle.

Il y a des personnes qui peuvent passer leur vie obèses, parce que, lorsqu'elles étaient jeunes femmes, elles avaient une mère qui leur disait qu'elles devraient faire attention, qu'elles étaient rondes ou des propos de ce genre. Leur obésité peut exprimer: « Tu vas m'aimer comme je suis, même si je suis grosse. »

Une autre forme de réaction consiste à vouloir prouver aux autres qu'ils se sont trompés sur notre compte.

[5] Pour savoir comment se réconcilier avec sa partie masculine et féminine, lire "Psychologie masculine et féminine", dans le livre *Métamédecine du couple,* du même auteur.

❒ Georges était conditionné par l'échec

À l'âge de neuf ans, Georges subit un accident de bicyclette où il a les deux jambes fracturées. La longue hospitalisation fait qu'à son retour à l'école, on le place dans une classe d'enfants présentant des difficultés d'apprentissage. Comme ses difficultés ne sont pas à ce niveau, il est par conséquent le premier de sa classe. À la fin de l'année scolaire, tous les parents sont conviés dans la grande salle pour la remise des résultats scolaires. À tour de rôle, l'élève qui est premier de sa classe est présenté à la salle et applaudi chaleureusement. Lorsqu'on présente Georges, personne n'applaudit. Il est profondément déçu et en colère. Dans son for intérieur, il pense : « *Attendez, vous verrez un jour ce que je vais devenir ! Je vais me venger de vous tous.* » Et pendant des années, Georges travaille d'arrache-pied pour avoir ce qu'il désire réellement. Sa seule motivation : montrer au monde de quoi il est capable. Pour ce faire, il sacrifie une bonne partie de sa jeunesse, néglige sa femme et ses enfants et se retrouve finalement seul, complètement ruiné, avec de sérieux problèmes cardiaques. Sa femme et ses amis l'avaient laissé à sa folle ambition.

Adroitement, l'un des rares amis qui lui restaient, s'organise pour que Georges me rencontre, car bien qu'écroulé, Georges ne sait pas demander de l'aide. Au cours de notre rencontre, Georges me confie : « *Depuis que j'ai perdu mes entreprises, j'ai une maîtresse à qui j'ai consacré plus de temps en trois mois que je n'en ai donné à ma femme en dix ans. Et pourtant j'aimais tellement ma femme.* »

En fait, Georges voulait détruire l'image du handicapé qu'il portait en lui. Il voulait prouver ce dont il était capable, mais personne n'était intéressé par ses preuves. Tout ce que ses proches désiraient, c'était qu'il prenne le temps de vivre avec eux. Georges a compris que le prix de sa vengeance était bien lourd à payer. J'ai aidé Georges à transformer la compréhension de cet événement vécu alors qu'il avait neuf ans. Si les gens n'avaient pas applaudi, c'est peut-être qu'ils ne savaient pas que cette classe était comme les autres.

Georges comprit également que ce que les autres pensaient ou avaient pensé n'était pas le plus important. Ce qui était le plus important, c'est ce que « lui » pensait de lui-même.

J'ai vécu une situation similaire à celle de Georges, à l'âge de quinze ans, avec mon second père. Dans un moment d'exaspération, il nous lança à ma sœur et à moi : *« Vous êtes des ratées, vous ne ferez jamais rien de bon dans la vie. »* Je ne me souviens pas si je lui répondis ou si je pensai ces mots : *« Un jour, Jos, vous verrez, vous me ferez de grands houlas, houlas »*, dans le sens de s'incliner devant moi. Il me fallut des années avant de comprendre ce que mon second père avait voulu dire à travers ces paroles. À cet âge, ma sœur et moi prenions plaisir à provoquer nos professeurs. Comme nous ne fréquentions pas les mêmes institutions, c'est à la maison qu'on riait de nos tribulations scolaires. Mon second père avait certainement le sentiment que nous perdions notre temps en dérisions plutôt que d'utiliser ce précieux temps pour nos études. Et il avait bien raison. Depuis, j'ai compris le sens des paroles de mon beau-père. Elles voulaient très certainement dire : « Lorsque je vous entends tourner en dérision vos professeurs, que je constate à quel point vous perdez votre temps à l'école, j'ai vraiment peur que vous ne réussissiez ni à l'école, ni dans la vie et ce n'est pas ce que je voudrais pour vous. »

Comme Georges, j'ai voulu prouver à ce second père ce dont j'étais capable. Je me suis jetée dans les études. J'étudiais même les jours de congé alors que ma sœur et mes amies s'amusaient. J'ai terminé mes études à un âge avancé et je n'ai jamais cessé d'étudier. Il y avait aussi en moi cette folle ambition de réussir ; j'en ai été quitte pour plusieurs « épuisements professionnels ». Je me suis spécialisée en microbiologie, j'ai acquis une formation d'agent de voyage, ouvert des centres de croissance personnelle…

Dans sa chanson « Les Jardins du Luxembourg », Joe Dassin dit : « *Je voulais réussir dans la vie et j'ai tout réussi, sauf ma vie.* » À une certaine période de ma vie, c'est ce que j'aurais pu chanter moi-même.

*« **On enseigne le mieux ce que l'on a le plus besoin d'apprendre.** »*
Richard Bach

Cette maxime illustre bien l'expérience que j'ai vécue lorsque j'ai fondé le Centre d'Harmonisation Intérieure. Pour moi harmonie signifie équilibre. À cette époque, je travaillais plus de cent heures par semaine ; je n'entrevoyais mon mari et mes enfants que quelques heures pour leur offrir mes épuisements. Je payais le prix de celle qui veut forcer la chance. Étais-je en harmonie, en équilibre ? Tout comme Georges, j'ai dû me retrouver au bord de la faillite avant de réaliser que je ne le faisais pas pour moi-même, mais davantage pour gagner la fierté de ma mère et de mon second père.

Lorsque je rendais visite à ma mère et qu'elle me demandait comment fonctionnait mon Centre, si je gagnais de l'argent (pour elle, argent égalait succès), cela me mettait en colère. Car derrière ses paroles, j'entendais celles de mon second père, pourtant décédé. Je luttais contre cette image d'être une ratée (enfouie dans ma mémoire émotionnelle) et le désir de prouver qu'elle était fausse. Cette image, amplifiée par la culpabilité d'avoir reçu plus que les autres, a eu raison de moi et m'a conduite à devoir abandonner le Centre dans lequel j'avais investi tout mon avoir et tout mon être.

D'un côté, j'étais témoin de tant de merveilleuses transformations chez les participants que j'accueillais dans ce Centre et qui m'avaient offert leur confiance, mais de l'autre, comme je ne réussissais pas aussi bien financièrement, cela équivalait à n'avoir pas de succès. Et lorsque je me suis retrouvée confrontée à de graves difficultés financières, pour moi, c'était là l'échec qui me ramenait aux paroles de mon beau-père, comme si je pouvais l'entendre, au fond de moi, me dire : « *Tu vois bien que ça ne fonctionne pas, tes affaires ; tu vois que j'avais raison quand je te disais que tu ne réussirais jamais rien de bon dans ta vie* » et là, je me dévalorisais complètement.

Fort heureusement, j'avais appris à **écouter mon Maître intérieur.** Il me fit comprendre de tout laisser et de partir. C'est ainsi que je suis partie trois mois à l'étranger. Ce voyage m'a été des plus salutaires. Il m'a permis de faire le point dans ma vie, d'être à l'écoute de ce qui se passait en moi-même. J'ai découvert qu'étant davantage à l'écoute de moi-même, je devenais davantage à l'écoute de ce que les différentes expériences de ma vie avaient à m'apprendre. Ce voyage m'a introduite au cœur de la solitude et du détachement. Pendant mon périple, j'ai appris à être heureuse avec presque rien, à apprécier tout ce que je recevais et tout ce que j'avais reçu dans le passé. J'ai appris à bénir, à croire et à remercier.

Au retour de ce voyage, je n'avais plus envie de prouver quoi que ce soit à qui que ce soit. J'ai fait ce que j'avais envie de faire, ce qui m'apportait de la joie et une satisfaction personnelle, même si j'étais la seule à le savoir. Que les autres sachent ou voient ce que je faisais n'était plus important, et c'est ainsi qu'en renonçant à vouloir **être** je suis **devenue**.

« Si tu cours après ton ombre, elle sera toujours devant toi ; mais marche dans la lumière et retourne-toi doucement, tu verras que l'ombre te suit. »

Sagesse hindoue

Tant que nous voulons prouver aux autres ce que nous valons, c'est que nous n'y croyons pas nous-mêmes. Lorsque l'on s'est reconnu, on a plus besoin que les autres nous reconnaissent.

On peut être en réaction à un choix que l'on a fait pour nous.

❒ **Viviane était dominée par sa mère**

Viviane fréquentait un homme qui plaisait beaucoup à sa mère. Cette dernière considérait qu'il était le parti idéal pour sa fille. Viviane ne se sentait pas prête pour le mariage ; elle voulait voyager, vivre sa vie. Sa mère, craignant qu'elle laisse passer un si bon parti, la poussa à accepter la demande en mariage de cet homme. C'est également sa mère qui orchestra son mariage en se chargeant autant des invitations que de l'organisation des préparatifs du mariage.

Viviane sentit rapidement que ce mariage répondait aux aspirations de sa mère plus qu'aux siennes et pensa: « *Tu as voulu choisir l'homme que j'allais épouser, l'organisation de mon mariage, mais tu vas le regretter, car je ne serai jamais heureuse avec cet homme.* »

Gérard, l'époux de Viviane, fit tout son possible pour la rendre heureuse, mais Viviane demeurait fermée à l'amour qu'il lui offrait. Las de tous ces efforts pour vivre une belle relation avec elle, il demanda le divorce. C'est alors que Viviane réalisa qu'elle aimait Gérard, qu'elle ne voulait pas divorcer. Gérard avait mûri sa décision depuis un bon moment, le retour en arrière pour lui était inconcevable. Viviane fut anéantie de chagrin. C'est ce qui l'amena à entreprendre une thérapie. Elle prit conscience combien cette réaction à sa mère l'avait empêchée d'ouvrir son cœur à cet homme avec lequel elle aurait pu être heureuse.

❒ Louis était aussi en réaction à sa mère
Chaque fois que Louis présentait une jeune femme à ses parents, il avait droit aux commentaires de sa mère. Lorsqu'il leur présenta Christine, sa mère la dénigra à un point tel que Louis décida de l'épouser. Il n'épousa pas Christine par amour, mais en réaction à sa mère. C'était sa manière de lui dire : « *Tu ne décideras pas de ma vie.* » Louis n'était pas heureux avec Christine, mais il ne pouvait se résoudre à la quitter, car cela eut donné raison à sa mère.

Comme Louis, nous cherchons parfois à avoir raison de l'un de nos proches qui nous a dit que cette personne n'était pas pour nous et nous voulons lui démontrer qu'il a tort.

Au début de 1991, je débutais une relation de couple dans laquelle je plaçais beaucoup d'espoir. Au cours d'une participation à un Salon des médecines douces, je revis un médium qui m'avait fait dans le passé des révélations qui s'étaient avérées. Il m'avait également annoncé, à ce moment-là, que j'allais vivre un très grand amour comme très peu de personnes sur terre pouvaient en connaître. Il ajouta : « *J'aimerais être cet homme avec lequel tu vivras ce grand amour.* » Comme cela remontait à cinq années passées, je voulus savoir si, en lisant de nouveau dans les lignes de ma main, il y verrait encore ce grand amour qu'il m'avait prédit. Je lui présentai donc ma main. Comme le lieu et la lumière s'y prêtaient mal, il me proposa de le rencontrer plutôt chez lui lors de mon prochain passage à Montréal. Quand je le revis, il me confirma ce qu'il m'avait déjà dit au sujet de ce grand amour sans même que je le lui aie rappelé. J'enchaînai donc pour savoir si ce nouveau compagnon était celui avec lequel je vivrai ce grand amour. Il regarda bien les lignes de ma main et me répondit : « *Non, ce n'est pas lui.* » ajoutant : « *Cette relation que tu vis en ce moment ne durera pas trois années.* » J'en fus plus qu'étonnée. Me voyant très sceptique, il prit son pendule, qui confirma ce qu'il avait vu. Comme je demeurais sceptique, croyant qu'il pouvait donner l'orientation qu'il voulait à son pendule, il me proposa d'interroger les cartes du jeu, l'Oracle de Béline. La réponse allait dans le même sens. Il ajouta qu'il ne s'était jamais trompé. Je sortis de cette rencontre complètement remuée. J'en parlai à mon nouveau compagnon, qui me répondit que je ne devais pas me laisser influencer par ce qu'il appelait des « futurologues ». Je n'ai pas voulu croire ce que m'avait dit ce médium. Mieux, j'ai voulu lui démontrer qu'il s'était trompé.

Lorsque nous voulons prouver aux autres qu'ils ont eu tort ou qu'ils se sont trompés dans ce qu'ils nous ont dit, nous y mettons tant d'efforts que, lorsque nous n'avons plus la force de continuer, nous abdiquons pour leur donner raison.

Chaque fois que nous traversions des difficultés relationnelles, je repensais à ce que m'avait dit ce médium et je redoublais d'ardeur pour sauver notre couple et pour ne pas lui donner raison. Je croyais que passé ces trois années, j'aurais gagné la partie. Mais même au-delà de ces trois années, je continuais à vouloir avoir raison de ce médium. Au bout de 12 années de vie commune, j'en arrivai à la conclusion que depuis des années, j'avais fait tout ce que je pouvais pour rendre mon mari heureux, tout comme je savais qu'il avait fait de son côté tout pour me rendre heureuse, mais le résultat était que nous étions trop différents pour pouvoir vraiment nous épanouir ensemble. Dans des moments de remise en question, il m'arrivait de penser que je m'acharnais peut-être à faire avancer une embarcation qui prenait l'eau pendant qu'un beau navire m'attendait quelque part. Notre embarcation a fini par être submergée. Nous l'avons abandonnée pour reprendre chacun notre route.

Avec du recul, je me suis rendu compte qu'en mettant autant d'efforts à vouloir faire mentir ce médium, j'ai donné de la force à ce qu'il m'avait dit et j'ai fini par lui donner raison.

Depuis cette expérience, je n'ai jamais plus voulu connaître mon avenir par le biais de médiums, car je suis bien consciente que ces personnes peuvent engendrer en nous des doutes ou des peurs qui, entretenues, vont tôt ou tard se matérialiser. Je sais également que vouloir prouver aux autres qu'ils ont eu tort dans ce qu'ils nous disaient nous place en porte-à-faux avec nous-mêmes.

Je ne regrette pas cette relation de couple, je la bénis même, car elle m'aura permis d'élever mon niveau d'amour et de guérir bien des blessures de mon passé pour enfin me choisir au lieu d'essayer d'être ce que je croyais que les autres attendaient de moi.

De plus, aujourd'hui je sais que le grand amour qu'il avait vu dans ma main n'était pas un amour qui se limitait à une relation de couple, mais un amour encore bien plus grand.

Et toi, es-tu en accord avec toi-même ?

- Es-tu en réaction vis-à-vis de l'un de tes proches ?
- Qu'est-ce qui t'a conduit à être en réaction ?
- Comment pourrais-tu cesser de l'être ?
- Cherches-tu à prouver aux autres ce dont tu es capable ou qu'ils se sont trompés sur ce qu'ils ont pu te dire ?
- Est-ce que tu agis en fonction de ce que les autres peuvent penser ou dire de toi ?
- Est-ce que tu agis en fonction de ce que les autres attendent de toi ?
- Est-ce que tu agis pour plaire aux autres ou pour gagner leur amour ou par amour de toi-même ?
- Tes choix sont-ils basés sur la peur ou la confiance ?

Comment être soi-même et en accord avec soi ?

Cesse d'attendre l'approbation ou la reconnaissance des autres

Vouloir être ce que nous croyons que les autres attendent de nous nous empêche d'être nous-mêmes. Se libérer du besoin continuel d'être approuvé nous permet d'exprimer davantage qui nous sommes vraiment. Lorsqu'on veut plaire à tout le monde, on renonce à soi-même. Ce besoin de plaire, d'être approuvé, a également ses racines dans notre enfance. Être approuvé équivalait à être aimé, être correct.

❐ **Philippe a un père exigeant**
Philippe est le fils aîné de sa famille. Son père, un homme bien en vue dans la société, nourrit de grandes ambitions pour son fils. Lorsque Philippe apporte son carnet de notes, ce n'est jamais suffisant pour son père. S'il a 80 %, son père lui dit : *« Tu aurais pu avoir 90 %. »* Philippe redouble d'efforts, mais c'est chaque fois pareil. S'il n'a pas 100 %, alors ce n'est pas suffisant. Philippe s'effondre et pense : *« Je n'arriverai jamais à plaire à ceux que j'aime ; je ne suis pas suffisamment bon. Mon père mérite un meilleur fils que moi. »* Voilà l'image que Philippe a de lui-même : celle de ne pas être à la hauteur de ce qu'on attend de lui. Et plutôt que de revivre ce sentiment d'infériorité vécu face à son père, il préfère ne rien entreprendre. Bien qu'il soit rempli de possibilités, il choisit un emploi routinier où il n'a pas à prendre de décisions par lui-même. Mais en même temps, il vit avec un profond sentiment d'échec et de dévalorisation.

Philippe a pu regagner l'estime de lui-même lorsqu'il comprit que, dans son amour, son père voulait qu'il soit parfait. Lui aurait-il demandé 100 % s'il avait pensé qu'il ne pouvait donner que 70 % ?

❒ **Aline a tout pour réussir**

Aline réussit très bien à l'école. Elle arrive toujours parmi les premières. Chaque fois qu'elle montre son carnet de notes à sa mère, celle-ci lui répète : *« Tu peux faire mieux. »* Aline fait des efforts pour faire mieux, mais sa mère ne les souligne pas. Aline se décourage et perd confiance en elle, pensant : *« À quoi bon faire des efforts si elle ne les remarque même pas! »* À la fin de son secondaire, son père lui demande de renoncer à son projet de faire des études supérieures au profit de son frère, alléguant qu'elle n'a pas besoin d'être aussi instruite pour élever des enfants, compte tenu que c'est son mari qui la fera vivre.

Pendant une grande partie de sa vie, Aline se disait : *« Je peux faire mieux »*, mais n'entreprenait rien si elle n'avait pas l'appui de quelqu'un, ou bien elle se décourageait si elle n'était pas complimentée pour son travail et ses efforts. Elle était remplie de possibilités mais elle se contentait d'un emploi qui ne convenait pas à ses capacités intellectuelles.

Comment Aline a-t-elle pu s'en sortir ?

En admettant qu'elle avait toujours compté sur l'appui ou l'approbation des autres pour poser un geste, entreprendre une démarche seule ou affronter l'inconnu. Elle dut, comme Philippe, se libérer de son besoin d'être approuvée et appréciée pour tout ce qu'elle entreprenait. C'est en prenant des risques calculés, en tentant des expériences nouvelles qu'elle réussit à se prendre en main et cesser d'avoir des attentes envers son entourage.

Fais ta propre évaluation

- Demande-toi : « Suis-je satisfait de ce que j'ai fait ? » « Ai-je fait du mieux que je pouvais ? » « Qu'est-ce que je pourrais améliorer une prochaine fois ? »

Cela n'exclut pas de prendre l'opinion des autres, mais ne la prends que si elle peut t'aider ; ne la prends surtout pas pour te dévaloriser ou pour te décourager.

Apprends à te féliciter plutôt que d'attendre toujours les félicitations des autres

- Chaque fois que tu considères avoir eu une bonne idée ou avoir posé une action, n'hésite pas à te dire : Je me félicite... Par exemple : « Je me félicite d'avoir pensé à... » « Je me félicite d'avoir osé... » « Je me félicite de m'être respecté... » Je me félicite d'avoir écouté mon intuition... » « Je me félicite de ne pas avoir écouté la peur de... », etc.

Apprends à poser tes limites

- Apprends à dire calmement : « Ça ne me convient pas. » « Je ne suis pas d'accord. » « Si je veux me respecter... » ou encore « J'ai décidé de me choisir. »

Détache-toi de l'opinion des autres

Avant mon départ vers de nouveaux horizons en 1988, j'allai voir ma mère pour lui annoncer que j'allais fermer le Centre de croissance personnelle que j'avais mis sur pied deux ans plus tôt et que j'allais partir pour Findhorn, en Écosse. Ma mère me dit à cette occasion : « *Ma pauvre fille, tu n'as vraiment pas de chance ! Tout ce que tu entreprends ne fonctionne jamais, tu as ouvert une poissonnerie et tu as tout perdu ce que tu avais investi dans cette entreprise. Tu avais un bon emploi en microbiologie médicale avec de bonnes conditions salariales, tu l'as quitté. Tu as ouvert une filiale de ton Centre de croissance personnelle, et là encore tu es partie. Et maintenant tu es au bord de la faillite avec ton Centre de Montréal...non vraiment tu n'as pas de chance !* »

En 1989, je sortais mon premier livre, *Participer à l'Univers sain de corps et d'esprit,* ma mère était présente au lancement. À cette occasion, je racontai une histoire tirée d'un dessin animé que j'avais vu à la télévision, des années auparavant. Une maman oiseau dont les oisillons avaient quitté le nid s'inquiétait de ce que son petit dernier tardait à prendre son envol. Elle le poussa quelque peu à partir. La nuit tombée, tous les oisillons étaient de retour, à l'exception de ce petit dernier. La maman pensa à lui et se mit à pleurer, se disant qu'elle aurait dû le garder près d'elle. Le petit oisillon revint tard dans la nuit. Quand il rentra, sa maman ne lui révéla pas qu'elle s'était tellement inquiétée, mais lui dit plutôt : « *Pourquoi rentres-tu si tard ? Pourquoi n'as-tu pas comme tes frères et sœurs rapporté un petit bout de paille ou un petit ver ? Pourquoi reviens-tu les mains vides ?* » Le petit oisillon regarda sa maman et, avec un sourire, dit : « *Je ne dirais pas cela, moi !* » Il tenait dans son dos la queue d'un dinosaure.

Après la sortie de ce premier livre, j'ai connu beaucoup de succès. Ma mère me disait cette fois : « *Toi, tu as eu beaucoup de chance dans la vie... Ce qui n'est pas le cas de ton pauvre frère, qui lui n'a pas eu autant de chance que toi...* »

Un jour, je n'avais pas de chance et l'autre, j'en avais trop par rapport à mes frères et sœurs. Si j'avais voulu plaire à ma mère, je travaillerais sans doute encore en microbiologie médicale et je serais probablement encore aux côtés de mon premier époux. À ses yeux, j'aurais été une personne stable, plutôt qu'une instable. Mais je suis heureuse d'avoir choisi ma vie, et si c'était à refaire je recommencerais, car j'ai eu le grand privilège de toujours aimer le travail que j'ai fait et de vivre ma vie à ma manière.

Les gens de la génération de ma mère qui ont connu la guerre vivaient beaucoup dans la peur du manque, c'est ce qui leur faisait préférer la sécurité à l'inconnu. Ma mère n'en était pas moins une femme de grand cœur qui a toujours été très fière de tout ce que j'ai accompli, même si elle ne comprenait pas toujours ce qui me motivait dans ma quête d'authenticité.

Cherche des personnes qui peuvent te soutenir dans tes choix

Lorsqu'on veut divorcer ou que l'on apprend qu'on souffre d'une grave maladie, il n'est pas toujours facile d'être confronté à l'opinion ou aux peurs de nos proches.

Marguerite souffre d'un cancer du sein. Son médecin lui recommande l'ablation de son sein avec des séances de chimiothérapie. Marguerite voudrait se donner du temps, essayer une approche plus douce. Peut-être y a-t-il d'autres moyens moins radicaux se dit-elle? Au fond d'elle-même, elle sent qu'elle ne doit pas aller trop vite vers la chirurgie, mais voilà que ses proches lui disent: *« Mais tu n'y penses pas? » « Tu joues avec ta vie! » « Tu prends de gros risques! » « Fais-le au moins pour nous! »*

C'est parfois très difficile de résister à la pression de nos proches. C'est pourquoi il peut être bon de chercher une personne en qui l'on a confiance, qui peut nous soutenir et nous encourager dans le choix qui nous semble juste. Cette personne peut être un ami, un médecin ou quelqu'un qui a vécu l'expérience que l'on traverse. S'il y a un moment où il est important d'être en accord avec soi, c'est bien lorsque cela concerne notre santé, notre bien-être et notre vie.

Apprends à te demander : « Moi, qu'est-ce que je veux ! »

- Demande-toi : « Si toutes les situations étaient idéales, quel est le choix que je ferais ? » « Serais-je avec ce conjoint ? » « Vivrais-je à cet endroit ? » « Est-ce que je ferais ce travail ? » «Vivrais-je cette vie ? »
- « Qu'est-ce qui fait que je persiste avec cette personne ou dans cet emploi ? »
- « Qu'est-ce qui m'empêche d'aller vers ce à quoi j'aspire ? »

Tant que nous avançons dans une voie en respectant nos besoins, nos désirs et nos aspirations, nous sommes en accord avec nous-mêmes. Mais lorsqu'on fait continuellement des compromis pour répondre aux attentes des autres ou pour leur faire plaisir en faisant abstraction de soi, nous ne sommes pas en accord avec nous-mêmes.

Lorsque l'on renonce à soi de crainte de perdre l'autre, c'est là que nous sommes portés à vouloir changer l'autre pour qu'il corresponde à ce à quoi l'on aspire. On peut alors avoir le sentiment de traîner l'autre comme un boulet.

Si par exemple l'un est sédentaire et aime bien son chez-soi alors que l'autre rêve de voyages et d'expériences nouvelles, au début, la personne sédentaire essaiera de suivre son partenaire ou le laissera libre de partir pour vivre des expériences sans lui, mais ce dernier aura le sentiment d'être seul, de ne pas avoir un compagnon pour partager ses découvertes et ses passions. Aussi aura-t-il tendance à insister pour que l'autre l'accompagne en voyage ou le suive dans ses expériences de vie. Il se retiendra de prendre son envol pour demeurer auprès de son compagnon. De son côté, la personne sédentaire se sentira toujours forcée d'accompagner son conjoint et ne se sentira pas entendue ni respectée dans ses besoins à elle.

Un poisson et un oiseau peuvent beaucoup s'aimer, mais où vivront-ils ?

Aimer l'autre au détriment du respect de soi,
ce n'est pas de l'amour, c'est de la dépendance.

Plus tu seras en accord avec toi, plus tu seras une source d'inspiration pour ton entourage. Tu peux prendre modèle sur une autre personne pendant un certain temps, si cela peut t'aider et te motiver à te dépasser. Mais attention au piège de l'idolâtrie car lorsque tu places une personne sur un piédestal, toi tu es toujours en dessous et cela limite ce que toi-même tu pourrais exprimer.

Souhaiter être autre que toi-même, agir en fonction de ce que tu crois que l'on attend de toi ou essayer d'être comme une autre personne, c'est t'appauvrir toi-même et priver ton entourage de la vraie valeur que tu es : **toi**.

Sois en action plutôt qu'en réaction

Ce qui nous a conduits à être en réaction est soit l'émotion, soit le jugement né de l'incompréhension.

Lorsqu'Olivier a compris ce qui avait conduit son père dans ce profond sentiment de découragement qui a donné naissance à sa dépression nerveuse, il a pu mieux comprendre son père et voir aussi tous les bons côtés de cet homme. Ce qui lui permit de cesser d'aller dans l'autre extrême pour ne pas ressembler à son père.

Lorsque j'ai accepté que je pouvais donner la priorité à autre chose qu'à une maison toujours impeccable, je n'ai plus eu de difficulté à accepter d'être comme ma mère, c'est-à-dire ranger quand j'en ai le temps ou quand j'en ai assez de voir le désordre.

Quand j'ai vu tous les beaux aspects de la féminité, j'ai cessé d'être en réaction avec la femme en moi.

Quand un homme qui a rejeté son père, parce que ce dernier était dominateur et dur, comprend que c'était la peur de perdre le contrôle ou le respect de ses enfants qui le faisait agir ainsi, il cesse d'être en réaction à son père en reconnaissant les qualités masculines qui sont la volonté, l'action, les décisions, l'audace, la force, le courage et bien d'autres.

Lorsque j'ai compris ce que voulait dire mon second père lorsqu'il nous avait dit : « *Vous êtes des ratées, vous ne ferez jamais rien de bon dans votre vie* », j'ai cessé d'être en réaction vis-à-vis de ces mots.

Quand cette femme qui avait les dents mal inclinées a com pris que sa mère ne voulait que son bonheur, elle a cessé d'être en réaction à sa mère et a accepté l'intervention visant à corriger cette anomalie dentaire. Cette amélioration de son apparence l'aida à avoir une plus grande confiance en elle-même.

Lorsque j'ai choisi de regarder la situation que je vivais dans ma relation de couple, plutôt que de vouloir avoir raison de ce médium, j'ai cessé d'être en réaction à ce qu'il m'avait dit et je me suis choisie.

Quand on n'a plus peur de ressembler à la personne qu'on avait rejetée, on sait qu'on n'est plus en réaction vis-à-vis d'elle, on est alors réconcilié avec une partie de nous-mêmes et on est en paix.

Être en accord avec soi :

- *c'est se choisir,*
- *c'est se donner le droit de vivre à sa manière,*
- *c'est quitter la cage de ses peurs pour prendre son envol,*
- *c'est trouver la paix en soi,*
- *c'est suivre la voie qui nous inspire,*
- *c'est choisir de vivre plutôt que de survivre !*

4

Je découvre l'existence de la mémoire émotionnelle

« La souffrance est un correctif qui met en lumière la leçon que nous n'aurions pas comprise par d'autres moyens et elle ne peut jamais être éliminée, tant que cette leçon n'a pas été apprise. »

Dr Edward Bach

Au début de mon cheminement personnel, je me demandais bien : « *Pourquoi certaines personnes semblent prédestinées au bonheur, alors que d'autres semblent vouées à la maladie, à l'échec ou au malheur? Est-ce la destinée? Le karma? Pourquoi naissons-nous dans une famille plutôt que dans une autre? Pourquoi, lorsque je désire tant être aimée d'un homme, ce dernier me fuit-il, alors que ceux qui s'intéressent à moi ne m'intéressent pas ? Pourquoi, chaque fois que je suis heureuse, un événement équivalent en tristesse survient-il très peu de temps après ou encore après un succès, je rencontre l'échec ?* »

Un jour, j'ai pensé : « *J'ai sûrement décidé que je ne méritais pas d'être heureuse !* » Mais alors ! Quand et pourquoi ? Où trouver mes réponses ? J'ai fréquenté plusieurs écoles de pensée avant de découvrir que la source de nos souffrances a ses racines dans notre mémoire émotionnelle.

Qu'est-ce que la mémoire émotionnelle ?

La mémoire émotionnelle relève d'une zone de notre cerveau appelée cerveau limbique ou système limbique. C'est la plaque tournante du cerveau qui assure la mémorisation des événements et des émotions.

Prenons l'exemple suivant :

Un petit garçon de cinq ans est en vacances au bord de la mer avec son père. Le petit garçon joue dans le sable quand le père lui crie en nageant rapidement sur le dos : « *Papa s'en va à la maison.* » Le petit garçon pris de panique se met à crier et à pleurer. Le père revient vers la plage et donne une tape à son fils en lui disant : « *Ce que tu peux être idiot de pleurer comme cela…* » sans lui expliquer pourquoi c'est idiot de pleurer.

Dans la mémoire émotionnelle de cet enfant, l'événement sera retenu puisqu'il a été vécu avec une intensité émotionnelle. De plus les paroles du père seront retenues telle une équation :

pleurer égale être idiot. Que se passera-t-il par la suite dans la vie de cet enfant? Il pourra avoir très peur d'être abandonné, mais ne l'exprimera pas. De plus il est fort probable qu'il n'osera plus pleurer.

Imaginons à présent la même situation, mais cette fois, quand le père revient sur la plage, il prend son petit garçon dans ses bras et lui dit: « *Oh mon chéri, tu as eu peur! Papa te faisait une blague, papa n'allait pas partir sans toi, jamais je ne ferais cela. Te souviens-tu que nous avons pris un avion pour venir ici. Un avion, ça va très vite, papa n'aurait jamais pu nager jusqu'à la maison. Ce n'était qu'une blague. Viens, on va jouer à présent.* » Que se passera-t-il cette fois dans la vie de cet enfant? L'enfant aura compris que c'est ok d'avoir peur et d'exprimer ses émotions. Et l'équation qui pourra en résulter c'est: exprimer ses émotions = être accueilli et compris. Cet enfant aura-t-il peur par la suite d'exprimer ses émotions? Non !

Toutes les expériences à coloration émotionnelle que nous avons vécues ont été mises en mémoire dans cette zone de notre cerveau appelée le cerveau limbique.

Elles sont mémorisées de la façon suivante: cette expérience est à renouveler ou cette expérience est à éviter.

Lorsqu'une personne se retrouve devant une situation qui lui rappelle une expérience mémorisée comme étant à éviter, cela a comme effet d'activer le système inhibiteur d'action. C'est ce système qui nous bloque, nous paralyse ou nous empêche d'agir.

La majorité de nos peurs relèvent de ce système inhibiteur d'action. Si nous avons eu très peur de nous noyer ou avons été témoin d'une noyade qui nous a fait mémoriser l'équation: eau = danger de noyade, cela pourra nous maintenir dans la peur de l'eau. Et nous faire paniquer lorsque nous ne sentirons plus le fond sous nos pieds.

Toute expérience passée mémorisée comme étant **désagréable ou menant à l'échec,** va nécessairement activer en nous ce **système inhibiteur d'action.** Nous aurons toujours peur de revivre ces expériences désagréables. Pour nous en protéger nous allons développer une panoplie de mécanismes de protection qui peuvent être aussi bien la fuite, la fermeture, la résistance, le mensonge, la manipulation, la carapace protectrice et encore d'autres…

À l'inverse l'expérience mémorisée comme étant **à renouveler** va, elle, activer le ***système motivateur d'action.***

Dans l'exemple où le père revient vers son petit garçon en lui donnant une tape, lui disant qu'il est idiot de pleurer de cette façon, cette expérience aura été mémorisée comme étant désagréable, donc à éviter. L'enfant aura très bien pu comprendre que pleurer lorsqu'on a peur équivaut à fâcher papa (il me donne une tape) et, en plus, c'est idiot.

Par la suite, lorsqu'il aura peur ou sera triste, son système inhibiteur d'action l'empêchera d'agir ou de pleurer. Il sera figé dans ses émotions sans comprendre pourquoi, ni comment s'en libérer. Il pourra pour survivre, dans sa difficulté à exprimer ses émotions, adopter un mécanisme de protection qui pourra être celui de tourner en dérision les émotions qui l'habitent ou encore de s'enfuir ou de se cacher lorsqu'il a peur ou lorsqu'il est triste.

Dans le second exemple où le père rassure et console son enfant d'avoir eu peur, l'enfant aura pu enregistrer : « *Quand tu as peur ou que tu pleures, on t'accueille, on te console.* » Cette expérience sera-t-elle mémorisée comme étant à éviter ou à renouveler ?

À renouveler bien sûr, puisqu'il s'agit d'une expérience agréable. Que se passera-t-il lorsque cet enfant aura peur ou aura de la peine? Son système motivateur d'action le poussera à aller vers son père ou une personne de confiance pour être accueilli et compris.

Qui ne connaît pas l'expression : *« Chat échaudé craint l'eau froide! »* Pourquoi le chat craint-il l'eau froide? Parce que dans sa mémoire émotionnelle, il y a l'image: eau = danger, brûlure.

Lorsque notre chat reçoit quelques gouttelettes d'eau inoffensives, ces gouttelettes d'eau lui rappellent l'événement où il a reçu de l'eau bouillante. La réaction qu'il a eue lorsqu'il a reçu cette eau bouillante fut la fuite. La fuite fut quelque chose de favorable pour notre chat, puisque cela l'a protégé. Elle fut donc mémorisée comme étant à renouveler. C'est ce qui explique que lorsque le chat reçoit quelques gouttelettes d'eau, s'active le système motivateur d'action qui travaille en étroite relation avec le système endocrinien. Ce dernier va libérer de l'adrénaline dans le sang du chat pour qu'il ait un surplus d'énergie pour s'enfuir.

Si, par contre, un jour de pluie, le chat rentre tout trempé et que sa maîtresse le câline plus qu'à l'habitude parce qu'elle l'a oublié dehors, l'équation pourrait être: être trempé = avoir de l'affection. Il existe plus de chances que notre chat recherche les occasions d'être trempé.

Il est important de savoir que le rôle du cerveau limbique se limite à la **sélection** et la **mémorisation** (événements, émotions), il ne réfléchit pas, il n'analyse pas, il se contente de nous faire réagir lorsque nous sommes de nouveau confronté à une situation agréable ou désagréable. Aussi, parfois nous motive-t-il à répéter des actions qui ne nous seront pas favorables ou nous bloque-t-il vis-à-vis des actions qui nous seront favorables.

Voici un exemple :

❐ **Marcel et l'équation « aimer = souffrir »**

Marcel a vingt ans. Il travaille comme vendeur et caresse le rêve d'épouser Lucie, qu'il fréquente depuis bientôt deux ans. Lorsque les parents de Lucie se rendent compte que la relation de leur fille avec Marcel devient plus sérieuse, ils font pression sur Lucie pour qu'elle mette fin à cette relation. Lucie finit par briser sa relation avec Marcel pour mettre fin aux conflits que cela lui crée avec ses parents.

Marcel en est profondément malheureux. Six mois plus tard, il apprend que Lucie est fiancée à un jeune homme dont le père est très riche.

Qu'est-ce que Marcel va enregistrer dans sa mémoire émotionnelle ? Suite à la rupture avec la femme qu'il aime, il peut enregistrer l'équation suivante : aimer = souffrir. Lorsqu'il apprend que Lucie est fiancée à un jeune homme dont le père est très riche, que va-t-il en conclure ? Il en conclura que s'il avait été riche, il aurait pu épouser Lucie, or comme il ne l'est pas, les parents de Lucie ne le considéraient sans doute pas comme un bon parti pour leur fille.

Les équations qui peuvent résulter de ces expériences sont les suivantes : aimer = souffrir, mais être riche = être aimé. Si Marcel avait été riche, la famille de Lucie l'aurait probablement apprécié et il aurait pu vivre cet amour avec Lucie.

À partir de ces équations, aimer sera-t-il à renouveler ou à éviter ? Ce sera à éviter pour ne plus revivre l'expérience de la souffrance.

Et être riche sera-t-il à renouveler ou à rechercher dans le cas de Marcel ? Bien entendu ce sera à rechercher pour être ensuite renouvelé, car selon la compréhension de Marcel, pour avoir de l'amour, il faut être riche.

Que se passera-t-il par la suite dans la vie de Marcel? Marcel va travailler d'arrache-pied, motivé par le désir d'être riche, de plus en plus riche pour qu'on l'aime. Marcel deviendra très riche, mais à 54 ans, il m'avouera en thérapie qu'il n'y a que les riches qui savent que l'argent ne fait pas le bonheur. Marcel ne comprend pas pourquoi il a rencontré tant de femmes qui ont été amoureuses de lui, mais lui, me dit-il, n'a jamais rencontré la femme qui aurait pu faire battre son cœur. Même celle qu'il a épousée il y a plus de 20 ans n'a jamais fait battre son cœur.

Marcel ne savait pas qu'il avait fermé son cœur à l'âge de 20 ans pour se protéger de souffrir. Il ignorait l'existence de la mémoire émotionnelle, mais sa vie n'en était pas moins en relation avec ce qu'il y avait mémorisé.

Marcel ignorait que son système inhibiteur d'action lui avait fait poser les actions pour ne jamais permettre à l'amour de grandir entre lui et une compagne. De sorte que chaque fois qu'il commençait à éprouver un sentiment amoureux pour une femme, il créait inconsciemment un conflit qui mettait fin à la relation. S'il était demeuré aussi longtemps marié, c'est que sa femme avait appris avec les années à ne rien attendre de lui sur le plan affectif.

Marcel ignorait également que son système motivateur d'action l'avait poussé à vouloir gagner toujours plus d'argent.

On voit ici qu'en fonction de ce qu'il avait mémorisé, ce par quoi il était motivé ne lui avait pas été favorable puisque ça ne l'avait pas rendu heureux et ce qui l'avait protégé de souffrir (son système inhibiteur d'action) ne lui avait pas été non plus favorable car cela l'avait empêché d'ouvrir son cœur à l'amour.

D'où l'importance de découvrir ce que nous avons pu enregistrer dans notre mémoire émotionnelle pour être en mesure de transformer nos équations, afin que notre système motivateur d'action nous pousse à poser des actions qui nous soient favorables, et que notre système inhibiteur d'action cesse de nous bloquer dans les actions qui nous seraient favorables.

« Rien dans notre inconscient n'est à rejeter, mais tout simplement à réaligner et à transmuter. »
Carl Gustav Jung

❒ **Marie et les hommes violents**
Le père de Marie ne communique que très rarement avec elle. Ses affaires occupent la majorité de son temps. Quand il est à la maison, il ne faut pas faire de bruit car il est fatigué et renfrogné. Les seuls moments où il fait attention à Marie, c'est pour lui administrer une fessée ou la gronder. Mais après l'avoir fessée, il s'en veut et cherche à réparer en lui offrant quelque chose pour lui faire plaisir.
Dans sa mémoire émotionnelle, Marie enregistre deux équations dans l'expérience qu'elle vit avec son père. La première est : être ignorée = souffrir. La seconde est : être battue ou grondée = on cesse de t'ignorer et on se montre gentil avec toi par la suite. Marie s'attire un conjoint peu communicatif. Elle ressent ces manques de communication comme étant de l'indifférence, ce qui lui fait mal. Inconsciemment, pour faire cesser ce qu'elle ressent comme de l'indifférence, elle va pousser son mari au summum de son exaspération pour qu'il finisse par sortir de ses gonds pour la frapper. Après il s'en veut, il lui demande pardon, il se montre plus ouvert et communique avec elle. Elle revit avec cet homme la relation qu'elle a vécue avec son père.

Le sentiment de rejet

Nombre de personnes se sentent rejetées! Pour vivre un tel sentiment, il y a une ou des émotions qui n'ont pas été libérées. Parfois ces émotions peuvent nous sembler ridicules à nos yeux d'adulte, mais lorsqu'elles furent vécues en tant qu'enfant, elles ont pu susciter de la terreur ou une grande souffrance. Pensons au Bonhomme Sept Heures[6] ou au Père Fouettard qui nous créa tant de frayeurs et dont on rit à présent! Si l'on pouvait rire aussi facilement de chacune de nos émotions passées, cela nous aiderait sûrement à nous en libérer. Mais peut-on rire d'avoir été battu, abusé, accusé injustement? Et si en plus on en a conservé du ressentiment ou de la haine, c'est loin d'être drôle.

❒ **Bernadette se sent de trop**

Bernadette a 58 ans. D'aussi loin qu'elle se souvienne, elle a toujours vécu avec un sentiment de rejet sans vraiment savoir pourquoi. Toute sa vie, elle a agi pour plaire à tout le monde, s'effaçant le plus possible avec un sentiment d'être de trop.

Lors d'une séance de détente profonde, elle se revoit à l'âge d'un an et demi près de la rivière avec son père, sa mère, ses frères et sœurs. Son père la prend dans ses bras et, se tournant vers sa mère, il dit: « *Qu'est-ce qu'on en fait de celle-là? Tu ne penses pas qu'on en a assez? Si on la jetait à la rivière?* » Et, dans un mouvement purement fictif, il fait semblant de la lancer à la rivière.

---

[6] Au Québec, tel le Père Fouettard, le Bonhomme Sept Heures était un personnage imaginaire destiné à faire peur aux enfants pour obtenir leur obéissance : on racontait que Bonhomme Sept Heures enlevait les enfants qui n'étaient pas rentrés à la maison à 19 heures !

Lorsque le père de Bernadette a prononcé ces paroles, il plaisantait ; il n'était nullement sérieux. Mais comme l'enfant qui croit au Père Noël, Bernadette ne pouvait faire la différence entre la plaisanterie et la réalité. Pour elle, c'était la réalité. Elle avait interprété que son père ne voulait pas d'elle, qu'elle était de trop. C'est ainsi qu'à chaque situation de sa vie, elle interprète qu'on ne veut pas d'elle, alors qu'en fait c'est elle qui s'isole.

Comment Bernadette peut-elle se libérer de son sentiment de rejet ? Nous le verrons au prochain chapitre, « **Je change le film de ma vie** ».

❒ Sylvie rejette sa féminité

Sylvie a une allure garçonnière. Elle porte les cheveux très courts et souffre d'acné. On ne la voit jamais en robe qu'elle dit détester. Sylvie est du genre solitaire, on la compare souvent à une tigresse. En fait, Sylvie vit avec la certitude que personne ne l'aime, qu'on ne veut pas d'elle. Ses seules amies sont celles de sa sœur. Elle n'est pas facilement approchable, cependant lorsqu'elle aime une personne, son amour est total et possessif. Dans cette relation étouffante l'autre finit toujours par s'en aller et Sylvie, qui se sent rejetée, élève de plus en plus ses barrières entre les autres et elle. Qu'est-ce qui explique que Sylvie vive constamment du rejet de ceux qu'elle aime ? Lorsque la mère de Sylvie était enceinte d'elle, elle avait déjà une fille et elle désirait ardemment offrir à son mari le fils qui porterait son nom. À sa naissance, sa mère fut des plus déçues de ne pas avoir exaucé le souhait de son mari. Sylvie comprit : *« On ne voulait pas de moi, c'était d'un garçon qu'on voulait. »* Ce sentiment d'être rejetée en tant qu'élément féminin l'amena à rejeter son aspect féminin, espérant que si elle agissait comme un garçon, elle pourrait peut-être être aimée.

Mon propre film sous le signe du rejet

Ma vie fut une longue série de rejets, jusqu'à ce que je transforme ce que j'avais enregistré dans ma mémoire émotionnelle. J'ai mentionné au début de ce chapitre que je me demandais pourquoi, lorsque je désirais être aimée d'un homme, ce dernier me fuyait, me laissant avec un sentiment de rejet. La réponse était inscrite dans ma mémoire émotionnelle.

Lorsque ma mère me portait, mon père lui dit, en parlant de l'enfant qu'elle portait : *« Ce veau qui va naître, je vais le tuer sur le coin de la maison. »* Comme sa violence s'amplifiait au cours des mois qui passaient, ma mère dut le quitter quelques mois avant ma naissance pour assurer sa survie et la mienne.

Dans ces émotions que nous vivions, ma mère et moi, je compris que mon père ne voulait pas de moi, d'où le sentiment d'être rejetée. Ainsi, dans ma vie je tentais de conquérir l'amour des hommes qui ne désiraient nullement s'engager avec moi. Inconsciemment, j'étais persuadée que si j'arrivais à être aimée de cet homme, c'est comme si j'avais réussi à être aimée de mon père. Il m'a fallu des années avant de renoncer à cette illusion.

De plus, comme mon père représentait l'autorité (de par sa violence), je rejetais toutes formes d'autorité (professeurs, patrons) et même ma propre autorité. Pour rien au monde je n'aurais voulu être une figure d'autorité. Quelle étrange ambivalence je vivais ! Je n'acceptais pas qu'on me dirige et je ne voulais pas avoir à diriger les autres. Le compromis dans lequel je me satisfaisais bien était la situation d'adjointe ou de bras droit du patron. Ainsi je pouvais lui parler presque d'égale à égal, mais je ne risquais pas de subir le rejet auquel s'expose parfois celui qui prend les décisions.

Il va sans dire que je fuyais le genre d'homme trop **yang** (aspect masculin = action, décision), car je n'acceptais aucune forme d'autorité. Je me sentais en sécurité seulement lorsque je pouvais dominer. Alors je suis devenue moi-même très **yang**, tout en me plaignant que les hommes de ma vie, eux, étaient trop **yin** (aspect féminin = passif, réceptif).

D'un côté j'aurais tant voulu être aimée de mon père, et de l'autre je le haïssais. Et c'est bien ce qui se passait avec les hommes que j'essayais de conquérir: je finissais par les haïr de ne pas m'aimer.

Comment m'en suis-je sortie? En changeant le film de ma vie. Sois rassuré, je reviendrai sur chacun des cas présentés et je t'expliquerai comment changer le film de ta vie.

Le sentiment de rejet peut aussi être vécu sous d'autres formes, par exemple un manque de communication avec l'un ou l'autre de nos deux parents.

Quand j'étais enfant, ma mère travaillait beaucoup à l'extérieur et, lorsqu'elle rentrait, j'aurais tellement souhaité avoir avec elle les longues discussions qu'elle avait quelquefois avec ma sœur aînée. J'avais sûrement le don de le lui demander dans un moment inopportun puisque les rares fois où j'ai essayé, elle m'a répondu: *« Ah, laisse-moi tranquille, je suis fatiguée! »* Frustrée dans mon désir d'échanger avec elle, j'en conclus qu'elle ne voulait pas de moi. Aujourd'hui, je suis convaincue que si je m'y étais reprise à d'autres moments, elle se serait fait une joie d'échanger avec moi, mais dans mon sentiment de rejet, je comprenais que je n'étais pas assez intéressante pour elle et je décidai que puisqu'elle ne voulait pas de moi, eh bien, moi non plus je ne voulais plus d'elle. Et je lui fermai mon cœur. Jusqu'à l'âge de trente-deux ans, j'ai pensé qu'elle ne m'avait jamais aimée.

Je me suis attirée des conjoints qui ont eu des comportements identiques à ceux de ma mère. Mon premier mari était un mordu de politique ; tout comme ma mère, il n'était jamais là et quand il était là, il était soit devant le poste de télévision, soit au téléphone pour organiser une réunion à caractère politique. Je me sentais tellement seule avec cet homme que j'ai fini par le quitter, me promettant bien que le prochain serait très différent. Il fut différent physiquement parlant, mais ce que j'ai vécu avec lui, les sentiments et les émotions que j'ai éprouvés étaient identiques à ce que j'avais vécu avec ma mère et mon premier mari. Lui aussi travaillait beaucoup et quand il rentrait, il s'installait devant le poste de télévision et il n'était pas question de l'interrompre. Le dernier de cette catégorie était un mordu de religion. J'avais le sentiment de passer après sa passion. Les seuls moments où je les avais bien à moi ces hommes, c'était dans le lit. C'est donc avec cette arme de séduction que je tentais de conquérir les hommes de ma vie jusqu'à ce que leur conquête ne m'intéresse plus.

Je parle de mes expériences en tant que femme, mais il y a tout autant d'hommes qui vivent un sentiment de rejet en essayant de conquérir la femme qu'ils désirent. J'ai aussi vécu cet aspect inversé alors que des hommes ont tenté de me conquérir au moyen de fleurs, de cadeaux et de la sexualité. Voilà que, me sentant incapable de répondre à leurs attentes, je vivais dans la hantise de leur faire de la peine et c'est bien ce qui arrivait. Dans tout cet amour possessif c'était moi qui me sentais étouffée et qui les fuyais. Ils en étaient quittes pour un sentiment de rejet.

Toi-même, as-tu observé que des comportements de tes parents ou d'autres personnes (frère, sœur, oncle, professeur, seconde mère ou second père, curé, etc.), qui te blessaient ou te faisaient de la peine, continuent de se reproduire dans ta vie actuelle avec d'autres personnes, soit ton patron, ton conjoint, ta belle-mère, ton beau-père, etc. ? Par exemple, si tu as un père alcoolique, as-tu l'impression que les seules personnes que tu peux attirer ce sont des alcooliques ?

❐ Judith a eu un père alcoolique

Sous l'effet de l'alcool, le père de Judith devient très vulgaire et tapageur. Elle épouse un homme qui est la réplique de son père. Elle vit neuf années d'enfer avec lui jusqu'à ce que, n'en pouvant plus, elle le quitte. Après sa séparation, tous les hommes qu'elle attire ont toujours des problèmes avec l'alcool ou les drogues. Elle en vient à penser qu'il vaut mieux fermer l'écran sur lequel se déroule le film de sa vie en renonçant à une vie de couple.

Puis un jour, elle a une excellente occasion d'acheter une maison à deux logements. Elle y occupe celui du rez-de-chaussée et met des annonces pour louer celui à l'étage. Un homme très poli et gentil se présente pour la location ; il vit seul. Judith accepte de lui louer le logement. Après quelques semaines seulement, elle découvre que son locataire est alcoolique et que, sous l'effet de l'alcool, il se montre très désagréable, comme son mari et son père. Et le film continue. Imaginons pour un moment que Judith n'ait pas acheté cette maison ou qu'elle n'ait plus voulu avoir d'autres hommes dans sa vie : est-ce que son film se serait arrêté ? Judith n'avait qu'un seul fils, qui sait si ce dernier n'aurait pas été alcoolique comme son père ou n'aurait pas épousé une femme alcoolique ?

Non seulement le film de notre vie se poursuit chaque fois avec de nouvelles personnes, mais en plus il se perpétue de génération en génération. Nous vivons très souvent des situations qu'ont vécues nos parents. Et nos enfants vivent souvent ce que nous avons vécu nous-mêmes.

❐ Jacinthe en veut à sa mère

Jacinthe est abusée par son père à l'âge de onze ans et conserve beaucoup de ressentiment envers sa mère. Assez étrangement, elle n'en veut pas à son père, mais c'est envers sa mère que se retourne son ressentiment, car elle

pense : « *Ma mère le savait, elle ne faisait rien, elle jouait à l'autruche.* »
Jacinthe en veut à sa mère de ne pas être intervenue, de ne pas avoir empêché les visites nocturnes de son père. Ce que Jacinthe ne sait pas, c'est que sa mère fut elle-même victime des abus de son grand-père. À travers sa fille, elle revit sa propre honte et la peur que l'on sache. Elle se tait comme elle le faisait lorsqu'elle était enfant, parce qu'elle est paralysée par la peur. Lorsque Jacinthe sait pourquoi sa mère n'intervenait pas, elle la comprend et lui pardonne.

Il est fréquent qu'un enfant abusé sexuellement ait un parent qui a été lui-même abusé, et il n'y a pas que les filles qui le soient.

Cela peut surprendre certaines personnes abusées, mais très souvent, la mère ou le père vit avec ce secret qu'elle ou qu'il ne leur a jamais révélé.

Il y a également les enfants battus qui ont pour bourreaux des parents ayant été battus eux-mêmes. Une publicité sur la violence montrait une petite fille qui bat sa poupée en lui disant : « *Vas-tu écouter maman ? Vas-tu écouter maman ?* » et le message qui suivit disait : « *Cette enfant est battue. Aujourd'hui, elle bat sa poupée et demain, elle battra ses enfants.* »

Pourquoi donc ces situations continuent-elles de se produire jusque chez nos enfants ? La raison en est très simple :

Nous projetons sur l'écran de notre vie ce que nous avons nous-mêmes rejeté !

Comment projetons-nous ces situations dans notre vie ?

En devenant ou en agissant comme la personne que l'on n'a pas acceptée !

❐ **Marthe imite sa mère**

Marthe a une mère obèse qui refuse d'aller au pique-nique des parents que l'école organise ou encore à la plage avec les mères de ses amies, à cause de sa gêne face à son obésité. Marthe en ressent beaucoup de chagrin. Après sa seconde grossesse, Marthe n'arrive pas à perdre le poids gagné et cette frustration la conduit à en gagner davantage. Voilà qu'elle se retrouve obèse comme sa mère. Et lorsque sa petite fille pleure parce que l'une de ses petites amies s'est moquée de sa mère, Marthe en a doublement de chagrin, car elle revit sa propre tristesse d'enfant en plus de la tristesse de sa fille.

Lorsque j'avais douze et treize ans, je gardais occasionnellement des enfants. L'une des dames pour lesquelles j'assumais un service de gardiennage avait deux charmants petits garçons que j'aimais beaucoup. Quelquefois, j'étais témoin de la violence de leur mère qui les battait. Après les avoir battus, elle les prenait contre elle et en les berçant elle pleurait à chaudes larmes en leur disant: « *Maman n'a pas voulu.* » Je pensais en mon for intérieur: « *Peut-on être plus folle? Elle les bat et après elle pleure!* » C'est exactement ce que faisait mon père qui avait été lui-même un enfant battu. Après avoir battu ses enfants, il se jetait à genoux et, en pleurant, il leur disait: « *Les enfants, priez pour votre père qui est malade.* » J'ai moi-même agi comme cette dame. Je voulais que ma fille soit parfaite pour qu'on l'aime. J'étais donc très exigeante envers elle, ce qui me valait de la résistance de sa part. Lorsque je perdais patience, il m'arrivait de lui donner une bonne fessée. Après l'avoir fessée, je m'enfermais dans ma chambre et je pleurais à chaudes larmes. Je crois que j'avais encore plus mal qu'elle. Je me voyais agir comme mon père et comme mon frère aîné que j'avais tant rejetés, et je me rejetais à mon tour m'attirant des situations de souffrance pour me punir.

C'est en chaussant les mêmes souliers qu'une autre personne que l'on peut le mieux la comprendre, lui pardonner et se libérer. Voilà la raison pour laquelle nous revivons ces situations que nous n'avons pas acceptées.

Parfois, nous pouvons aller dans l'autre extrême et croire que nous n'agissons pas comme cette personne que nous n'avons pas acceptée.

❒ Amélie et sa mère absente

Amélie a eu une mère qui est absente pendant une grande partie de son enfance. Elle grandit sous les soins des gouvernantes et gardiennes. À l'adolescence, elle se dit : « *Moi, quand j'aurai des enfants, je ne les ferai pas élever par les autres.* » Voilà qu'Amélie se marie, a des enfants et reste au foyer ; mais au fond d'elle-même, elle ne rêve que de poursuivre ses études de droit qu'elle a abandonnées à la naissance de son premier enfant. Amélie agit en réaction à sa mère, car au fond d'elle-même, elle ne rêve qu'à cette carrière de droit qui la fascine. Elle n'a pas accepté que sa mère soit une femme de carrière, ainsi se le refuse-t-elle à elle-même. Plus les années passent, plus elle devient frustrée et dépressive.

Je te suggère de t'arrêter ici et de dresser la liste de tous les aspects que tu n'as pas acceptés chez ton père, ta mère ou d'autres personnes qui ont eu de l'importance pour toi lorsque tu étais enfant. Cela peut aussi concerner le milieu où tu vivais.

- Il peut s'agir de la condition financière. Tu voyais tes parents discuter toujours au sujet de l'argent et voilà que tu fais la même chose avec ton conjoint.
- Ou bien tes grands-parents paternels regardaient ta mère comme étant moins bien qu'eux parce qu'elle provenait d'un milieu modeste et voilà qu'à ton tour tu te sens mise à part par ta belle-famille.

Lorsque je te suggère de retrouver des aspects de ton père ou ta mère que tu n'as pas acceptés, je ne parle pas de ton père ou ta mère d'aujourd'hui, car avec les années ils ont eu le temps de changer. Ce sont des comportements que tu n'acceptais pas d'eux lorsque tu étais enfant.

Par exemple:

- Ton père se coupait de sa famille en se réfugiant derrière son journal.
- Ton père ne communiquait jamais avec toi.
- Ta mère t'adressait des reproches devant les autres.
- Ta mère assumait les dépenses du foyer parce que ton père n'arrivait pas à garder un emploi.
- Ton père était autoritaire et dominateur, il t'imposait continuellement ses vues.
- Ta mère ne t'écoutait jamais, elle voulait seulement que toi, tu l'écoutes.
- Ta mère t'étouffait dans son amour.

- Ton père ne te croyait pas lorsque tu racontais quelque chose ; tu avais toujours tort à ses yeux.
- Ta mère était toujours malade ou toujours fatiguée.
- Ton père t'avait confié la charge de la famille parce que ta mère ne pouvait l'assumer.
- Ta mère voulait diriger tout le monde.
- Ton frère ne se mêlait jamais de ses affaires.
- Tes parents te demandaient d'être le modèle pour tes plus jeunes frères et sœurs.
- Ton oncle était arrogant et prétentieux.
- Ta grand-mère était agressive.
- Ta sœur était jalouse de toi.

Complète cette liste par ton propre vécu.

En revivant une situation qu'on n'a pas acceptée

❒ Ginette fuit les marins

Le père de Ginette est marin. Il part parfois pour plusieurs semaines en mer. C'est elle qui doit seconder sa mère en s'occupant de la maisonnée. Ginette se promet bien que jamais elle n'épousera un marin. Elle fuit donc tout prétendant qui s'intéresse de près ou de loin à la pêche. C'est alors qu'elle fait la rencontre de Jean-Luc, un technicien en électronique. Peu de temps avant leur mariage, Jean-Luc perd son emploi et accepte de se joindre à deux de ses amis qui ont récemment acheté un bateau. Elle revit exactement ce que sa mère a vécu, jusqu'au jour où elle le comprend et l'accepte. C'est alors que les choses changent. Jean-Luc obtient un emploi de technicien en électronique sur les bateaux de recherche. Il n'a plus à s'éloigner pour des jours ou des semaines.

En s'attirant des personnes qui vivent des situations dont on était témoin et qui nous faisaient de la peine ou que l'on trouvait injustes

❒ **Bernard vit un sentiment d'impuissance**
Bernard a une mère continuellement malade et dépressive. Toutes les tentatives qu'il fait pour aider sa mère s'avèrent vaines. Ne pouvant plus supporter la déchéance de sa mère, il quitte la maison paternelle à l'âge de dix-sept ans, se trouve du travail, économise sou par sou pour se construire un chez soi, afin d'y installer confortablement une famille un jour. Sa mère s'est toujours plainte de sa condition. Bernard désire que sa femme et ses enfants vivent dans l'aisance.
À l'âge de vingt-quatre ans, il fait la connaissance d'Annie. C'est le grand amour, le mariage et les enfants. Après le troisième enfant, Annie ne se remet pas de cet accouchement et sombre graduellement dans la dépression. Bernard fait tout ce qu'il peut pour aider Annie comme il a tellement voulu aider sa mère. Il revit avec Annie le sentiment d'impuissance qui l'a poursuivi enfant, mais cette fois, il ne peut plus fuir cette situation. Il prend tout sur lui, souffrant de lombalgies qui le font souffrir pendant des années, jusqu'à ce qu'il comprenne que sa mère, tout comme sa femme, avait cela à vivre et qu'il n'avait pas à le prendre sur lui. Seules ces personnes étaient en mesure de s'aider. Sa seule présence et son amour étaient ce qu'il pouvait leur apporter de mieux.

❒ **Nicole en veut à la société**
Nicole a un père alcoolique qui bat sa mère. Elle ne peut supporter de voir sa mère souffrir et elle en veut à la société d'être indifférente face au sort des femmes battues. Elle en veut également à la société de vendre cet alcool qui rend son père violent.

À l'âge de vingt-deux ans, elle épouse Guy, un gentil garçon, de qui elle a un fils qui devient schizophrène. Voir son fils emmuré dans sa souffrance l'atteint au plus haut point, et la voilà en révolte contre la société qu'elle juge indifférente face au problème qu'elle vit. Elle me dira : « *Ma vie est un combat continuel pour faire accepter mon fils et pour qu'on l'aide à travers ses souffrances.* » Nicole aurait voulu changer le monde pour ne pas voir souffrir sa mère ; voilà qu'elle part en guerre contre les lois en place pour ne pas voir souffrir son fils.

En s'attirant une ou des personnes qui vont agir comme la personne que l'on n'a pas acceptée

❒ **Agnès : l'enfant chérie**

Agnès est l'enfant chérie de son père et ses frères, eux, sont les souffre-douleur de ce dernier. Elle aime son père mais souffre de voir ses frères battus. Elle épouse donc un homme qui est gentil avec sa fille et dur avec son fils.

Maintenant, regarde au niveau de ta famille, comment se répartissaient les rôles ?

- Qui avait le pouvoir ?
- Qui était l'autorité ?
- Qui était le mouton noir ?
- Qui était l'enfant sage ou le gentil ?
- Qui était le modèle ?
- Qui était le responsable ?
- Qui était l'irraisonnable ?
- Qui était le raisonnable ?
- Qui était l'oublié ?
- Qui était le martyr ?

- Qui était le clown ?
- Qui était le séducteur ?
- Qui était l'idiot ?
- Qui était le souffre-douleur ?
- Qui était la beauté ?
- Qui était le cerveau ou l'intelligent ?
- Qui était le remplaçant de l'autorité ?
- Qui était le persécuteur ?
- Qui était le jaloux ?
- Qui était le soumis ?
- Qui était le rebelle ?

Et toi, quel rôle jouais-tu ? Comment te sentais-tu par rapport à chacun des membres de ta famille et le rôle qu'ils avaient ?

Enfin, il est possible que ce soit nos enfants qui vivent ce que nous avons vécu nous-mêmes ou ce que vivait l'un de nos proches et qui nous faisait de la peine. À moins qu'ils ne deviennent comme la personne que l'on n'a pas acceptée

Très souvent, nous répétons avec nos enfants les mêmes schémas que ceux que nous n'avons pas acceptés et parfois sans même en prendre conscience.

Quand j'apportais mon carnet de notes à la maison pour le faire signer par ma mère, elle ne prenait pas vraiment le temps de le regarder, elle le signait distraitement en me disant : « *C'est bien beau, c'est bien beau.* » Que j'aie eu 40 % ou 90 %, je recevais la même réponse. Toutefois lorsque j'avais bien travaillé pour obtenir une bonne note, j'espérais qu'elle allait être contente et qu'elle me féliciterait, mais elle n'en faisait pas plus de cas que si j'avais eu une mauvaise note. Je pensais : « *À quoi bon travailler autant, elle ne voit pas tous les efforts que j'y mets.* »

Pendant des années, je me suis dit exactement les mêmes paroles face à mes patrons ; eux non plus, selon ma perception, ne voyaient pas tous les efforts que je mettais dans mon travail. Puis je suis devenue mère à mon tour. Lorsque ma fille me présentait son carnet de notes, je lui disais en n'y jetant qu'un rapide coup d'œil : « *Chérie, dis-moi, où dois-je signer ?* » Et elle me répondait : « *Maman tu n'as pas besoin de le signer, simplement le regarder.* » C'est là que je réalisai que j'agissais exactement comme ma mère vis-à-vis de ma fille, et je me suis demandé pourquoi j'agissais ainsi ? Il m'est venu que pour moi ma fille était tellement intelligente que je n'avais pas besoin de regarder son carnet de notes pour en être convaincue. Je crois que si elle avait eu une mauvaise note, je n'en aurais pas fait plus de cas que ma mère. C'est là que je compris que ma mère n'avait jamais été indifférente à mes résultats scolaires mais qu'elle avait totalement confiançe en moi et qu'il en avait été de même pour mes patrons.

Mais j'avais tant besoin d'être reconnue car je ne m'étais jamais reconnue moi-même. Après en avoir pris conscience, j'accordai davantage de temps aux carnets de notes de mes enfants sachant que même si j'avais confiance en eux, ils avaient quand même besoin de sentir que je m'intéressais à leurs travaux scolaires.

Le plus merveilleux, c'est que, lorsqu'on comprend avec son cœur ce que l'on avait mal interprété avec sa tête, le sentiment négatif disparaît automatiquement. Peut-on être indifférent vis-à-vis d'une personne qui avait confiance en nous ? Offre-t-on sa confiance à quelqu'un que l'on n'aime pas ?

Un de mes stagiaires réalisa qu'il agissait avec son fils exactement comme son père avait agi avec lui. Il était le cinquième fils de la famille et le sixième enfant fut la petite fille tant attendue. Lorsque son père rentrait à la maison, il n'y en avait que pour cette petite fille. Lui se sentait rejeté par son père. Quand à son tour il se maria, il eut d'abord un petit garçon. Puis, quatre ans plus tard, quand arriva une petite fille, il se comportait envers ses enfants de la même façon qu'avait agi son père, repoussant sans pouvoir se l'expliquer son petit garçon au profit de cette petite fille qui l'enchantait. Quand il admit qu'il aimait autant son petit garçon que sa petite fille, mais que cette petite le fascinait, il comprit également son père et devint à la fois plus attentif à son fils. Il n'avait plus besoin de répéter ce comportement puisqu'il avait appris ce qu'il avait besoin d'apprendre pour son évolution.

❒ **Françoise chagrinée par un fils agressif**

Françoise a un père agressif, autant dans ses paroles que dans ses gestes. Elle ne peut supporter aucune forme d'agressivité, aussi se sent-elle attirée par les hommes doux et gentils. Elle épouse Florent qui appartient à cette catégorie. Quelquefois, c'est elle qui devient agressive, surtout dans ses paroles, mais elle les regrette aussitôt. Françoise fait d'ultimes efforts pour ne pas laisser monter l'agressivité en elle. Lorsqu'elle me consulte, c'est pour un problème qu'elle vit avec son fils aîné qui, lui, est très agressif et même violent envers elle. Il va même jusqu'à la frapper. Elle en est très malheureuse.

Elle n'a jamais réalisé que son fils agissait comme son propre père. Ces deux personnes, son père et son fils, étaient incapables d'exprimer leurs sentiments et c'est dans l'agressivité qu'ils exprimaient leurs peines et leurs frustrations. Quand elle comprit la souffrance que son père exprimait dans son agressivité, et qu'elle lui pardonna, elle put mieux comprendre son fils et leurs relations s'améliorèrent de beaucoup. Se sentant davantage compris sans avoir besoin de s'exprimer, son fils manifesta de moins en moins d'agressivité envers elle.

Si nous résumons :

Pour toute situation ou toute personne non acceptée, il est possible :

- ***que nous vivions la même situation, ou que nous agissions comme la personne que nous n'avons pas acceptée.***
- ***que nous attirions des personnes qui vont agir comme la personne que nous n'avons pas acceptée.***
- ***que nos enfants vivent ce que nous avons vécu nous-mêmes ou qu'ils agissent comme la personne que nous n'avons pas acceptée.***
- ***les rôles peuvent également être inversés. Notre enfant peut agir envers nous comme nous avons agi nous-mêmes envers l'un de nos parents.***

Lors de mes séminaires de Libération de la mémoire émotionnelle, que de fois ai-je entendu des participants me dire : « *J'ai dit tant de fois des paroles blessantes à mes enfants : je les ai peut-être marqués pour une bonne période de leur vie !* » Sommes-nous responsables de ce que vivent nos enfants ?

Un événement : trois interprétations

Prenons l'exemple d'une famille où il y a trois enfants et un père alcoolique. Le père rentre, complètement ivre, et se sent coupable d'avoir consommé une grande partie de sa paye. Par crainte d'être « engueulé » par sa femme, il prend les devants et c'est lui qui « l'engueule » en lui disant : « *Tu es une salope, tu es une traînée, tu ne sais même pas faire à manger, tu passes tes journées à paresser devant le poste de télévision…»* Les trois enfants sont témoins de cette scène. L'un pense : *« Je hais mon père, il est bête et méchant. »* L'autre trouve son père drôle et tourne la situation en blague. Le troisième regarde sa mère qui pleure et pense : *« Si je peux devenir grand, je vais la sortir d'ici, l'amener loin de cet homme qui la fait souffrir. »*

Qu'adviendra-t-il de ces enfants dans leur vie adulte ? Il y a de fortes chances que le premier devienne alcoolique comme son père ou encore s'attire des partenaires ou des enfants alcooliques ou narcomanes. Le second tournera en dérision chaque situation qui pourrait l'atteindre dans ses sentiments. Le troisième, lui, s'attirera continuellement des personnes souffrantes qu'il cherchera à aider. Il en vivra probablement un sentiment d'impuissance, se demandant bien comment est-ce possible qu'il puisse aider autant de personnes mais que celle qu'il voudrait le plus aider, il en soit incapable. On retrouve une forte proportion d'intervenants tels que psychologue, psychiatre, infirmière, thérapeute appartenant à cette catégorie de personnes.

Il faut se rappeler que ce n'est pas par hasard que nos enfants vivent de telles situations : cela fait partie de ce qu'ils ont à vivre et à dépasser dans leur évolution.

Dans l'exemple du père alcoolique et des trois enfants, le premier avait peut-être à apprendre à pardonner, le second à ne pas nier ce qu'il ressentait, et le troisième à se détacher de la souffrance des autres. Il ne s'agit pas pour autant d'agir de n'importe quelle façon avec nos enfants en se disant : *« Bah ! Il a cela à apprendre. »* Cela est certes juste mais en tant que parent nous pouvons être un bon guide pour nos enfants, à condition bien entendu d'être éveillé à cette réalité.

Une lectrice m'écrivit ceci : *« J'ai un problème avec ma fille aînée de 5 ans. Sophie a un grand besoin d'affection. À l'école maternelle par exemple, elle est toujours assise sur les genoux de ses maîtresses. Personnellement, je suis très souvent en conflit avec elle, et ce, depuis sa naissance où elle ne cessait de pleurer. Vers l'âge d'un an, elle a commencé une série de maladies (infection urinaire, conjonctivite, otite, varicelle, etc.) De plus elle a un problème de poids. Depuis la naissance de sa sœur, Sophie cherche toutes les occasions possibles pour lui faire mal ou l'embêter. Il ne se passe pas un jour sans que les filles ne se querellent. Lucie pleure, m'appelle à son secours et je gronde Sophie. J'ai le sentiment que Sophie est l'élément perturbateur de notre famille. Quand elle est à l'école et que je suis toute seule avec Lucie, tout va si bien. Lucie joue des heures seule dans sa chambre, je ne l'entends pas. Que dois-je faire pour que l'harmonie règne dans notre famille ? »*

Voici ce que je lui répondis :

« Dans ce que vous me décrivez du comportement de votre fille, je serais portée à croire que cette enfant s'est sentie abandonnée. Je ne dis pas que vous l'avez abandonnée. Non je crois que c'est ce qu'elle vient dépasser dans cette vie. Dans sa peur d'être abandonnée, elle tente de monopoliser toute l'attention vers elle, comme s'asseoir sur les genoux de ses maîtresses, embêter sa sœur, se créer des maladies.

Dès qu'elle croit que sa sœur reçoit plus d'attention qu'elle, elle voudrait presque la faire disparaître pour récupérer l'attention. Et elle y parvient puisque Lucie semble demander très peu sinon d'être protégée par vous des coups de sa sœur.

Les deux ont des leçons différentes à apprendre. Lucie aura sans doute à se donner le droit d'exister même si elle reçoit plus d'amour qu'une autre. Sophie devra apprendre à s'apporter plutôt que de toujours dépendre des autres. Ce sont très probablement leurs leçons de vie, donc ne comptez pas qu'elles apprennent ces leçons en quelques mois ou quelques années. Toutefois en les connaissant vous saurez comment mieux agir.

Voici ce que je vous suggérerais. Lorsque Lucie vous appelle parce que sa sœur lui fait du mal, ne prenez pas le parti de Lucie car cela attise la colère de Sophie et lui fait vivre un sentiment d'abandon, elle peut croire que vous préférez sa sœur à elle. Quand elles se querellent mieux vaut leur dire "si vous ne pouvez vous entendre et bien choisissez-vous chacune un lieu pour jouer, quand vous pourrez jouer en paix toutes les deux, vous reviendrez ensemble".

Pour aider Sophie, je vous suggérerais de lui accorder du temps privilégié, pour qu'elle sente qu'elle est importante à vos yeux et que vous l'aimez puis graduellement apprenez-lui à partager, en accordant aussi du temps privilégié à Lucie en disant bien à Sophie que ce sera chacune leur tour.

Enfin il serait aussi important que vous cessiez de penser que Sophie est l'élément perturbateur de la famille. C'est une enfant qui a peur d'être abandonnée et qui a des comportements relatifs à cette crainte. Je crois que si vous suivez ces conseils vous retrouverez graduellement l'harmonie dans votre famille. »

Cette personne me répondit : *« Le plus triste, c'est que votre réponse je la connaissais déjà au fond de moi-même, mais je ne voulais pas changer mon attitude par rapport à Sophie. C'est toujours plus simple d'exiger un changement chez l'autre que de changer soi-même.*

Merci de tout cœur. »

Aussi étonnant que cela puisse paraître, j'ai eu en thérapie des enfants qui ont eu de merveilleux parents et qui veulent mourir parce qu'ils pensent : « Mes parents sont si merveilleux, ils méritaient un bien meilleur enfant que moi. » En voici un exemple concret.

❒ André est un enfant choyé

André est le fils unique tant attendu… Il arrive après huit ans de mariage dans un couple heureux. Madeleine et Jacques sont à son écoute, et ne le réprimandent jamais sans lui expliquer pourquoi ils le font. Ils comblent tous ses désirs. Leur désir à eux, c'est qu'André soit heureux.
À vingt-trois ans, André se marie avec Chantal qui, comme sa mère, tente de le comprendre, de l'encourager, sans jamais lui faire aucun reproche, car à vingt-trois ans André est toujours à l'université et n'arrive pas à se décider sur un choix de carrière. Les parents d'André aident le jeune ménage à vivre; Chantal fait sa part. André pense: « *Mes parents méritaient un meilleur fils qui aurait fait leur fierté. Moi, je ne suis qu'un bon à rien.* » Il pense de même envers Chantal et fait tout pour qu'elle le quitte. Mais Chantal supporte tout sans aucune envie de le quitter, redoublant même de compréhension. C'est ainsi qu'il en vient à penser au suicide pour ne pas être la honte de ses parents et qu'enfin Chantal se trouve quelqu'un de mieux que lui.

Nous avons ici l'attitude parentale idéale et, en dépit de cela, André vit des expériences douloureuses qu'il doit dépasser, en l'occurrence la dévalorisation de lui-même.

Il est important de se rappeler que nous attirons les enfants dont nous avons besoin pour notre évolution. Tout comme eux s'attirent les parents et les situations en fonction de leur évolution. Nous sommes l'occasion pour eux de vivre ces situations qu'ils ont à dépasser.

« Fais de ton mieux et laisse le reste à Dieu. »

5

Je change le film de ma vie

« La haine, la rancune et la culpabilité enchaînent, alors que la compréhension, le pardon et l'amour libèrent. »
C.R.

À L'ÉTAT FŒTAL, NOUS CONSTRUISONS NOTRE CORPS avec des matériaux mis à notre disposition par les gènes de notre père et de notre mère. Nous construisons également notre psychisme avec les matériaux disponibles dans notre environnement familial, social et religieux.

Imaginons un instant que dans notre cerveau, nous ayons une caméra vidéo. Nos yeux seraient la partie visuelle et nos oreilles la partie auditive. Au début de notre conception, notre mémoire émotionnelle, telle une cassette vidéo, aurait la propriété d'enregistrer tout ce que nos yeux vont voir et nos oreilles entendre à coloration émotionnelle. Si notre caméra enregistre des scènes de violence, qu'est-ce qu'il y aura sur le film de cette cassette ? Il y aura de la violence.

Que se passera-t-il lorsque cette cassette vidéo sera placée dans un magnétoscope ? Que verrons-nous sur l'écran de notre téléviseur ? De la violence ! Et si un jour, j'en ai assez de voir de la violence à l'écran, je détruis le magnétoscope et le téléviseur, pour m'en acheter de nouveaux et que j'y replace ma cassette ? Qu'est-ce que j'y verrai cette fois ? Des scènes d'harmonie ? Non, j'y verrai à nouveau de la violence. Comment ne pas comprendre que le nouveau magnétoscope correspond aux situations nouvelles et le téléviseur, c'est l'écran de notre vie qui projette les images contenues sur le film de la cassette vidéo qui n'est autre que le film de notre vie.

À quoi bon briser le magnétoscope et le téléviseur ? À quoi bon fuir les situations ou les personnes qui nous font souffrir si c'est pour revivre continuellement avec d'autres personnes les mêmes sentiments et émotions ? Mieux vaut changer le film. Mais comment ? C'est cette réponse que j'ai cherchée pendant des années.

80 % de notre film s'est enregistré de zéro à douze ans. Zéro pourrait tout aussi bien se définir comme l'infini, donc tout ce que nous avons vécu avant notre naissance.

Comment expliquer que presque tout notre film va s'enregistrer de zéro à douze ans ? Cela s'explique par le fait qu'un enfant jusqu'à six ans vit davantage au niveau émotionnel qu'au niveau rationnel. On définit en général l'âge de sept ans comme étant l'âge de raison, c'est-à-dire l'âge où l'enfant commence à utiliser son propre raisonnement et sa logique. On n'a qu'à penser à l'enfant qui croit au Père Noël. À l'âge de trois ou quatre ans, il est bien convaincu que celui qui dépose les cadeaux dans les souliers des enfants ou sous l'arbre de Noël est ce bon vieillard descendu du ciel. Lorsqu'il est en mesure d'utiliser son raisonnement, il découvre que ce qu'il prenait pour le père Noël se résume à une ou des personnes qui endossent un costume avec une fausse barbe blanche dans le but de propager la magie de Noël, et qu'en réalité c'est papa et maman qui placent ces cadeaux avant le réveil des enfants. Donc, comme cette période de zéro à six ans est à forte coloration émotionnelle, environ 50 % de notre film va s'enregistrer au cours de cette période. Puis, de six à douze ans, s'enregistrera un autre 30 % puisque, encore à cette époque, l'enfant vit en fonction des émotions suscitées par son milieu. En général, après dix-huit ou vingt ans, ce n'est que la répétition des émotions primaires.

Il nous faudra donc remonter le plus possible aux émotions primaires pour être en mesure d'intervenir au niveau du film de sa vie, soit, les émotions vécues dans l'enfance, et parfois même à l'état fœtal.

À présent, je t'invite à prendre de quoi écrire et à reconstituer le film de ta vie.

C'est en puisant dans tes souvenirs que tu pourras reconstituer le film de ta vie. Sur ce film, il n'y a pas que du négatif, mais c'est le négatif qui doit être changé pour que tu cesses de revivre des sentiments ou des émotions qui te font souffrir ou qui te conduisent à répéter des scénarios qui ne te sont pas favorables.

Le film négatif

Écris-la ou les situations que tu trouves difficiles en ce moment dans ta vie.

- Peut-être te sens-tu seul, abandonné, rejeté, incompris, pas aimé ?
- Peut-être te sens-tu critiqué, pas respecté, contrôlé, pas apprécié à ta juste valeur ?
- Peut-être as-tu de la difficulté à prendre ta place ?
- Peut-être ressens-tu un grand vide, une envie de mourir ?
- Peut-être as-tu le sentiment qu'on te demande toujours plus, qu'on ne voit pas tous les efforts que tu fais ?
- Peut-être as-tu l'impression que tu es toujours au service des autres, mais que les autres ne tiennent jamais compte de tes besoins à toi ?
- Peut-être passes-tu ta vie à espérer le conjoint idéal ou que tes rêves se réalisent ?
- Peut-être as-tu tout pour être heureux et pourtant tu te sens malheureux ?
- Peut-être observes-tu qu'après un succès survient immanquablement un échec ?

Demande-toi si tu aurais déjà vécu une situation similaire dans le passé ou encore une situation différente, mais où tu aurais éprouvé le même sentiment de rejet, d'abandon, de trahison, d'humiliation, d'incompréhension ou autre.

- **Si oui, avec quelle personne et dans quelles circonstances ?**
- **Quel comportement as-tu adopté pour survivre dans cette situation ?**
- **Est-ce que tu adoptes encore ce comportement lorsque, de nouveau, tu te sens confronté à ce même sentiment ?**

Écris maintenant les événements que tu as vécus et qui t'ont marqué :

Il peut s'agir de :

- La perte d'un être qui t'était cher, soit ton père, ta mère, un grand-père ou une grand-mère auquel tu étais attaché ou encore la perte d'un petit frère, petite sœur, ami(e) ou autre.
- La séparation de ta famille, soit pour aller dans un pensionnat ou encore la séparation de tes parents.
- Peut-être es-tu une fille alors que l'on désirait un garçon ou l'inverse ?
- Peut-être t'es-tu senti abandonné à ta naissance ou en bas âge ?
- Peut-être te sentais-tu de trop dans ta famille, incompris, pas entendu ou pas respecté ?
- Avais-tu un frère ou une sœur qu'on préférait à toi ?
- As-tu vécu de la violence verbale ou physique ?
- Aurais-tu été accusé injustement ou t'aurait-on tenu pour responsable de ce qui est arrivé à une autre personne ?
- Aurais-tu vécu une forme d'abus sexuel ou subi un avortement ?
- Te sentais-tu toujours critiqué par une personne qui représentait l'autorité ?
- Étais-tu le souffre-douleur de ton père ou de ta mère ?
- Étais-tu en proie à la jalousie d'un ou des membres de ta famille ?
- Te sentais-tu brimé dans ta liberté d'être ou d'agir ?
- Te demandait-on d'être parfait ou de faire toujours mieux ?

Bref, retrouve autant de situations dont ta mémoire émotionnelle pourrait être alourdie.

Pour chacune des situations que tu as relevées, recherche le sentiment qui t'a habité, les émotions que ce sentiment a suscité en toi et la conclusion ou équation qui a pu en résulter.

Reconsidérons le cas de Marcel évoqué au chapitre précédent: leur rupture, Marcel l'a ressentie comme un rejet de la part de sa femme, les émotions que cela a suscitées en lui, c'est à la fois de la peine et de la colère, amplifiées par un sentiment d'injustice (ce n'est pas juste, que parce que je ne suis pas fortuné, je ne puisse épouser la femme que j'aime). Les conclusions qui en ont résulté furent: *« aimer = souffrir »* et *« avoir de l'argent = être aimé ».*

Ce sont ces équations qu'il faudra transformer si nous voulons changer le film de notre vie.

Note également les situations en lien avec les personnes pour lesquelles tu conserves des regrets, de la culpabilité, de la honte, de la rancune ou de la haine.

Prends bien le temps de faire cet exercice avant d'aller plus loin.

Lorsque tu auras complété le précédent exercice, tu pourras écrire, cette fois, les paroles blessantes ou dénigrantes que l'on t'aurait adressées ou encore que tu aurais entendues à ton sujet.

Des paroles du genre:

- « Toi, tu n'es pas comme les autres »
- « Tu ne feras jamais rien de bon dans ta vie »
- « Tu es un paresseux, un lâche »
- « Tu es un incapable, un bon à rien »

- « Tu n'as pas la tête sur les épaules »
- « Tu es une putain, une salope »
- « Toi, je te hais »
- « Tu vas me faire mourir »
- « Tu ne nous apportes que des problèmes »
- « T'aurais pu faire mieux »
- « Tu m'as déçu »
- « T'as une tête de mule »
- « J'ai hâte que tu quittes la maison »
- « Tu es moche, tu es laide »
- « Tu es détestable »
- « Personne ne t'aimera jamais »
- « Tu ne garderas jamais une femme »
- « Tu seras toujours seule »
- « Tu es méchant, sans cœur, égoïste »
- « Tu as un mauvais caractère »
- « Tu n'es bonne qu'à faire de la peine aux autres »
- « Si je continue dans cette relation, c'est bien pour vous mes enfants! »
- « Enfants ingrats »
- « Moi je me suis sacrifié toute ma vie pour vous »

Qui t'a dit ces paroles et dans quelles circonstances?
Quel est le sentiment qui t'a habité au moment où tu as entendu cette ou ces paroles?
Quelles sont les émotions que cette ou ces paroles ont suscitées en toi?
Qu'est-ce que cette ou ces paroles ont eu comme incidence dans ta vie?

Lorsque tu auras terminé de reconstituer ce film, au bas de cette ou ces pages, tu pourras écrire: ***« Je pardonne entièrement à...*** (nomme-la ou les personnes envers qui tu aurais gardé du ressentiment ou de la haine). *Je dénoue maintenant* *le lien qui nous enchaînait et je le remplace par la conscience de l'Amour qui guérit tout, qui transforme tout. Que la paix soit en chacun de nous désormais!* »

L'importance du pardon

Tant que l'on conserve de la haine ou de la rancune, on ne peut être libre et heureux, puisqu'on demeure enchaîné à cette personne, comme sont liés le prisonnier et son geôlier. Le pardon est le maître effaceur, c'est le grand libérateur. Que de personnes j'ai rencontrées en thérapie qui détruisaient leur santé, leur possibilité de réussite ou leur bonheur pour nourrir leur rancune.

Comme rien n'allait bien dans leur vie, elles en rendaient responsable la personne qui les avait fait souffrir: « *Si j'ai autant de difficulté dans ma vie, c'est parce que mon père m'a mis à la porte à l'âge de quatorze ans.* » « *Si rien ne va dans mes relations affectives, c'est parce que mon père a abusé de moi quand j'étais adolescente.* » « *Si je n'ai aucune confiance en moi, c'est parce que mon père m'a toujours dénigré.* » « *Si je n'arrive pas à prendre ma place, c'est que mes parents m'ont toujours dominé, je n'ai jamais pu m'exprimer.* » Voilà quelques commentaires nourris par la rancune que j'ai souvent entendus

Aucune paix, aucun bonheur n'est possible tant qu'on ne lâche pas prise à ces bas sentiments. Et qui ne veut pas lâcher prise? Notre cher **ego**, car il veut absolument avoir raison, il veut gagner quel qu'en soit le prix à payer. Et toi, le veux-tu?

Pardonner c'est se libérer. C'est reprendre sa vie en main, c'est quitter sa position de victime pour celle d'homme ou de femme responsable. Certaines personnes croient que pardonner c'est donner raison à l'autre pour le mal qu'il leur a fait.

Non, pardonner ne justifie pas et n'excuse pas les comportements de l'autre, mais c'est comprendre pourquoi l'autre a agi ainsi et pourquoi nous avons rencontré telle situation dans notre évolution.

Le pardon ne concerne pas tant l'autre que nous-mêmes, car parfois l'autre ignore totalement que nous lui en voulons. Il peut parfois être étonné de nos réactions à son égard, car pour lui il a oublié ou n'avait pas accordé d'importance à ce qui cependant nous a blessés.

Quand j'avais quinze ans, ma sœur et moi avons dû suivre ma mère qui avait décidé d'emménager avec l'homme qu'elle fréquentait depuis cinq années. Mais comme ils avaient tous deux des habitudes et des modes de vie pas toujours compatibles, ils entraient souvent en conflit. Bien sûr notre présence à ma sœur et moi n'arrangeait pas la situation. Aussi, quand ma sœur s'en fut vivre sa vie, il arrivait que ma mère me dise : *« J'ai assez hâte que tu partes... »*, quand elle traversait des moments de crise. Je ressentais alors cette parole comme un vrai rejet de sa part ; c'était, à mes yeux, comme si son compagnon comptait plus pour elle que moi, sa fille : je lui en ai donc voulu, et l'ai du coup rejetée à mon tour !

Quand j'entrepris ma démarche de croissance personnelle, l'animatrice du séminaire a demandé à chaque personne du groupe d'exprimer verbalement à ses parents, ou aux personnes qui ont compté pour elle, tous les sentiments négatifs qu'elle avait pu nourrir à leur égard. Je suis donc allée voir ma mère pour lui rappeler cette parole qui m'avait blessée quand j'étais adolescente, *« j'ai assez hâte que tu partes... »*, une parole qui m'avait installée dans un sentiment durable de rejet. Bien sûr, maman ne se souvenait pas de cette parole, et pourtant celle-ci demeurait enracinée au fond de moi, m'empêchant longtemps d'ouvrir mon cœur à ma mère.

Plus tard, ce fut ma propre fille qui me rappela ce que je leur disais à son frère et à elle quand ils étaient petits. Je leur disais : *« Ah, je vous vendrais pour pas cher! »* Ces paroles, moi aussi je les avais oubliées et je riais en moi-même lorsque ma fille me les rappela, car pour moi cela voulait simplement dire: *« En ce moment, vous demandez beaucoup à ma patience! »* Je n'aurais pas vendu l'un de mes enfants pour tout l'or du monde. Mais ma fille, elle, l'avait entendu comme si son frère et elle ne valaient pas grand-chose pour moi. Heureusement qu'elle m'en a parlé, j'ai pu rectifier en lui expliquant le sens de ces mots.

Pardonner c'est donc comprendre ce que voulait dire la personne lorsqu'elle nous a dit ces mots, comprendre pourquoi elle a eu ce comportement, pourquoi elle a posé ce geste ou fait ce choix.

Il faut aussi se rappeler que la plupart du temps ce n'est pas au parent d'aujourd'hui envers lequel nous gardons du ressentiment, mais c'est envers celui qui vit dans nos souvenirs, donc dans notre mémoire. Et c'est à ce parent qu'il faut pardonner pour être libre. Celui d'aujourd'hui a eu le temps de changer et d'agir différemment. Mais tant que nous entretenons de la rancune envers celui qui vit en nous, nous ne pouvons être en harmonie avec celui d'aujourd'hui. Nous entretiendrons avec ce dernier une relation purement superficielle et à la moindre occasion où il réveillera notre douleur de rejet, d'abandon ou d'incompréhension, se raviveront toute notre colère et notre haine envers lui, le laissant abasourdi devant notre explosion à son égard.

Voyons, grâce aux exemples qui suivent, comment des personnes ont pu trouver la paix suite au pardon qu'elles ont accordé à des personnes qu'elles avaient tenu pour responsables de leurs souffrances:

❒ **Francis a été confié à l'orphelinat**
Francis à l'habitude de prendre de fortes drogues, mais il vient me voir pour un problème de kystes qui prolifèrent sur tout son corps. Il a déjà été opéré à plusieurs reprises pour l'ablation de ces kystes, mais le problème n'a pas été résolu puisque d'autres kystes apparaissent. Francis a été adopté à l'âge de cinq ans, après avoir vécu dans plusieurs foyers nourriciers. Rempli de haine envers sa mère naturelle de qui il dit : « *Elle m'a jeté à la poubelle!* », Francis revit continuellement des situations de rejet avec les jeunes femmes avec lesquelles il amorce une relation. C'est dans la drogue qu'il fuit autant sa réalité que sa souffrance.
Comment Francis a-t-il pu pardonner à sa mère ? J'ai aidé Francis à comprendre qu'il est très difficile pour une mère de quitter l'enfant qu'elle a porté dans son ventre, et que la plupart des femmes qui ont dû confier leur enfant à l'orphelinat, en portent le souvenir jusqu'au jour de leur mort. Si sa mère avait dû le confier à l'orphelinat, c'est qu'elle n'avait sans doute pas eu le choix. Qu'elle dut s'y résoudre parce qu'elle n'avait pas les moyens de le garder. Sans doute espérait-elle qu'en le confiant à l'orphelinat, il aurait la possibilité d'être adopté par de bons parents et aurait ainsi davantage de chances de recevoir une bonne éducation et d'être heureux. J'ai demandé à Francis : « *Crois-tu que si les conditions avaient été idéales pour ta mère, elle t'aurait confié à l'orphelinat ?* » Il me répondit : « *Non, je ne crois pas.* »

Parmi mes leçons de vie, j'avais certainement celle du pardon à intégrer, car pendant des années, j'ai haï mon père et l'un de mes frères pour leur violence. Jamais je ne m'étais arrêtée à essayer de comprendre ce qu'eux avaient vécu. Je les avais jugés, condamnés sur la base de la méchanceté. Lorsque j'ai cherché à comprendre pourquoi ils avaient eu ces comportements de violence, j'ai découvert que mon père et mon frère avaient été battus dans leur enfance et qu'ils redonnaient cette souffrance qui les habitait à ceux qu'ils aimaient le plus. Mon père, ce fut à sa femme et ses enfants, et mon frère à ses frères et sœurs.

J'ai souvent utilisé cet exemple dans mes séminaires, pour aider des personnes à pardonner à celui qui les avait fait souffrir ou à se pardonner à elles-mêmes d'avoir fait souffrir des êtres qu'elles aimaient.

Je disais : « *Suppose que tu ailles visiter à l'hôpital une des tes amies atteinte d'une grave maladie qui la fait beaucoup souffrir. Tu t'approches d'elle, et voilà, elle s'accroche à toi en tentant de te retenir si fortement qu'elle t'enfonce ses ongles dans la peau. Lui en voudrais-tu ? Non, me diras-tu ! Et pourquoi ?* »

« *Parce qu'elle souffre !* »

Comment ne pas comprendre que tous ceux qui nous ont fait souffrir souffraient eux-mêmes ? Il n'y a pas de méchants, il n'y a que des souffrants ou des inconscients.

Observe-toi toi-même dans la vie ! Lorsque tout va bien, que tu es heureux, comme il t'est facile d'être aimable, gentil, d'avoir envie d'aider les autres ou de jouer avec tes enfants. Mais, lorsque tout va mal, que tu es inquiet, déçu, frustré, regarde comment il t'est difficile de demeurer aimable et comme il t'est facile d'avoir des gestes ou des paroles d'impatience ou de colère.

Souhaiterais-tu, pour ces moments où tu as exprimé en paroles ou en gestes de la colère, de la frustration ou de l'impatience, que l'un de tes enfants ou de tes proches te garde de la rancune pendant toute sa vie ? Si nous conservons de la haine ou de la rancune envers une personne, tel l'un de nos parents, nous semons la graine qui fera qu'un jour ce sera peut-être notre propre enfant qui nous détestera.

Très souvent, la personne qui s'est montrée très sévère ou dure envers nous ressent beaucoup de culpabilité et tente par tous les moyens de réparer par des gentillesses. C'est sa façon à elle de nous demander pardon.

Pardonner, c'est être capable de comprendre que tous les êtres vivent des émotions, font des erreurs de jugement et que nous ne sommes pas différents. *Ces erreurs sont là pour notre évolution. Il en va de même pour les autres; eux aussi ont à apprendre par leurs erreurs ce qu'est vraiment l'amour.*

Pour savoir si nous avons vraiment pardonné à une personne, nous n'avons qu'à observer comment nous nous sentons en sa présence ou lorsque nous en parlons. Quels sont les souvenirs qui remontent, lorsque nous pensons à elle, lorsque nous rencontrons une personne qui nous la rappelle, ou qui porte le même prénom qu'elle? Si ce sont toujours les souvenirs négatifs qui remontent ou si nous éprouvons un malaise ou une répulsion, c'est que nous ne lui avons pas pardonné. Si, à l'inverse, ce sont des souvenirs positifs qui refont surface ou encore si nous ressentons une acceptation sans condition ou une sincère affection, c'est que nous lui avons pardonné.

Après avoir pardonné à mon frère, il me revint des souvenirs que j'avais vécus avec lui au moment du décès de notre père. Le moment qui me revint et que j'avais totalement oublié était banal, il m'avait aidé à traverser la clôture qu'il fallait franchir pour accéder au cimetière. J'en avais toutefois gardé le souvenir d'un geste de protection et de tendresse du grand frère vis-à-vis de sa petite sœur. Tant que je ne lui avais pas pardonné, il ne me revenait que des images où il nous avait exprimé sa souffrance dans la violence. Tel un vieux disque rayé, j'avais cessé d'entendre la musique pour n'entendre que le bruit désagréable de la strie. Mon pardon avait poli la strie de sorte que je pouvais à nouveau entendre la musique de la gentillesse de mon frère et ressentir un profond sentiment d'affection pour lui.

Il y a quelques années, j'ai eu dans l'un de mes séminaires un homme qui ressemblait autant physiquement que psychiquement à mon père. Je réalisai que j'éprouvais une affection sincère pour cet homme, malgré des petits comportements qui dérangeaient certains participants. J'ai compris à travers cet homme que si j'avais connu mon père, je l'aurais aimé et ce, même si comme mon frère, dans sa souffrance il avait exprimé la violence. Je sais à présent que ceux qui expriment la violence sont des hypersensibles qui ont été blessés. Ils crient, frappent, brisent des objets pour extirper leur souffrance. C'est après avoir libéré le trop-plein de leur souffrance qu'ils peuvent laisser échapper leur chagrin. Ce participant m'avait permis de constater que j'avais vraiment pardonné à mon père.

Je ne me suis pas attiré d'homme violent, mais plutôt des hommes qui, comme moi, avaient connu la violence, et qui pour rien au monde n'auraient voulu l'exprimer, de crainte de ressembler à ce père qu'ils avaient rejeté. Lorsqu'ils sentaient la colère monter en eux, ils préféraient la fermeture ou la fuite, car ils avaient trop peur de leur propre colère. Peur de ce que cette colère pourrait les pousser à faire. Ils n'en étaient pas épargnés pour autant, car ces hommes s'attiraient des femmes qui leur faisaient des crises, ce qui ne pouvait que les ramener dans la violence qu'ils avaient connue.

Par rapport à ces hommes de mon passé, c'est moi qui leur ai exprimé ma souffrance dans la violence. Quand ils se fermaient, cela ravivait la douleur d'indifférence qui m'habitait et que j'avais vécue avec ma mère à différentes occasions. Lorsque j'ai guéri cette blessure, je n'ai plus eu d'explosion de violence verbale vis-à-vis de mon compagnon. Cela nous a permis de vivre de belles années dans l'harmonie, mais lui n'avait pas pour autant libéré les blessures de son passé et un jour les rôles furent inversés. C'est lui qui fut confronté à sa blessure de rejet et qui l'exprima dans la violence verbale pour ensuite se réfugier dans l'alcool.

Se voir agir comme son père l'amenait à vouloir se détruire, comme il aurait voulu détruire son père qui le battait. Il coupa tout lien entre lui et moi, sans doute par crainte de ne plus pouvoir maîtriser la violence qui ressurgissait et pour sauvegarder l'image de l'homme bon et gentil qu'il avait toujours voulu donner aux autres.

Comme nous l'avons vu au chapitre précédent, nous revivons les mêmes situations ou agissons comme les personnes que nous avons jugées, mais cette fois pour les comprendre et leur pardonner. Ce conjoint qui s'était réfugié dans l'alcool m'avait dit avant de couper tous les ponts avec moi : *« J'avais jugé les alcooliques, aujourd'hui je comprends ce qu'ils vivent. »*

Pour pardonner, il faut parfois chercher à découvrir l'amour qui se cachait au-delà des mots, des gestes ou des comportements. Et si nous ne pouvons voir l'amour, il s'agit alors de comprendre la souffrance ou l'ignorance de la personne qui nous a fait souffrir.

J'ai longtemps pensé que ma mère ne m'avait pas aimée. Je me disais : *« Elle m'a donné les choses que je désirais afin d'avoir la paix, parce que j'insistais, mais jamais elle ne m'a témoigné la moindre affection sauf lorsque nous allions chez ses amis ou encore lorsqu'elle recevait des amis à la maison. »* À ces occasions, elle m'appelait « ma minoune » qui est l'équivalent de « ma petite chérie. » Cette appellation me mettait hors de moi. Je pensais : *« Comme elle est hypocrite ! Lorsque nous sommes seules, elle ne me dit jamais un seul mot gentil, mais lorsqu'il y a des personnes présentes, elle veut montrer qu'elle est une mère attentive, et là elle m'appelle ma minoune! »*

Ce que je n'avais pas compris, c'est que ma mère assumait seule la responsabilité d'élever plusieurs enfants que je ne qualifierais pas de faciles. Sa vie se résumait à: travail et soucis. Comment pouvait-elle me donner l'affection qu'elle n'avait pas? C'est seulement lorsqu'elle était entourée d'amis qu'elle ressentait de l'affection et qu'elle pouvait m'en donner.

J'ai compris, dans ma démarche de croissance personnelle, combien j'aurais souhaité que ma mère m'aime à ma manière, et c'est aussi ce que j'ai tant cherché auprès de mes amis(es) et de mes partenaires. Je leur disais: *« Tu ne m'aimes pas, parce que si tu m'aimais, tu ferais ceci ou tu ne ferais pas cela; tu me dirais ceci, etc. »*

Vouloir être aimé à sa manière est la meilleure façon de ne pas voir l'amour des autres.

En reconsidérant les choses, j'ai réalisé que lorsque ma mère allait travailler pour nous assurer un toit confortable et une bonne nourriture, ça voulait dire: *« Je t'aime. »* Lorsque, après une dure journée de travail, elle nous préparait un bon repas, pour elle ça voulait dire: *« Je t'aime. »* Lorsqu'elle me confectionnait une jolie robe, ça voulait dire: *« Je t'aime. »* Lorsqu'elle m'offrait ce que je désirais tant, ça voulait dire: *« Je t'aime. »* Il y en avait tellement de *« Je t'aime »*, mais je ne les avais pas vus. Lorsque j'ai réalisé tout ces *« Je t'aime »*, pouvais-je penser que ma mère ne m'avait pas aimée? Pouvais-je continuer à nourrir la moindre rancune envers elle?

Beaucoup de personnes ayant eu un père ou une mère qui ne leur a jamais témoigné d'affection ont pensé la même chose que moi. Il faut se rappeler qu'à une certaine époque, les gens, à cause des tabous, de la pudeur ou de la crainte de l'inceste, n'osaient exprimer leurs sentiments. Pour ces parents, bien faire vivre leur famille équivalait à: *« Je vous aime. »*

Il y a cependant des situations où il est plus difficile de voir l'amour derrière les gestes ou les paroles de celui ou celle qui nous a fait souffrir.

Lors d'un séminaire de « Libération de la mémoire émotionnelle », une participante me dit à travers ses larmes: *« Comment pourrais-je pardonner à ma mère qui m'a battue, insultée, dénigrée, pendant des années? Comment veux-tu que je voie l'amour derrière tout ce qu'elle m'a fait vivre? Je regrette, mais je ne le peux pas. »*

Je comprenais toute la souffrance de cette participante. Pour elle, accepter que sa mère soit une grande souffrante équivalait à excuser les supplices qu'elle lui avait fait subir pendant des années. Ce qui ne pouvait la libérer de la souffrance qui l'habitait et de la rancune qu'elle nourrissait envers sa mère.

Je lui proposai donc de l'amener en état de détente, pour qu'elle puisse retrouver dans sa mémoire émotionnelle une situation où sa mère l'avait battue violemment. Elle entra en état de détente. Je commençai par l'amener à revoir l'endroit où elle habitait, la maison, les pièces de cette maison et enfin un moment où sa mère l'avait battue. Puis à se revoir après avoir été battue pour qu'elle (adulte) puisse aller près de cette petite fille battue qui pleurait, la consoler et lui dire qu'elle n'avait rien fait pour mériter une telle violence. Puis, lorsque ses larmes cessèrent, qu'elle se sentit comprise, je lui proposai de donner la main à cette petite fille pour l'amener près de sa mère, en disant à sa petite fille que sa grande était là pour la protéger, que sa mère elle, ne voyait que la petite. Je l'encourageai à exprimer à sa mère toute la souffrance qu'elle lui faisait vivre. Voici le dialogue entre cette petite fille battue et sa mère:

« Maman, pourquoi est-ce que tu me détestes tant, qu'est-ce que je t'ai fait? Je fais tout ce que tu me demandes, je fais tout pour te plaire, mais ce n'est jamais ce qu'il faut? Si tu savais

quand tu me frappes, comme je voudrais pouvoir disparaître, comme je voudrais mourir tant je souffre... »

De grosses larmes roulèrent sur les joues de sa mère et elle lui dit : « *Je te demande pardon, je déteste tellement ma vie, je me déteste tellement moi-même, j'ai besoin d'aide, mais je n'ai jamais su le demander, mais je ne veux plus te faire souffrir, je vais chercher de l'aide...* »

« *Merci maman, de vouloir chercher de l'aide, car moi maman je n'en peux plus de toute cette violence que tu me fais vivre...* »

Avoir pu exprimer sa souffrance à sa mère lui permit par la suite de pouvoir comprendre la souffrance de sa mère et de lui pardonner.

J'ai eu un oncle qui n'avait qu'un seul fils qu'il aimait mais qu'il battait à coups de ceinture. J'avais très peur de cet oncle. Un jour, alors que j'étais chez ma grand-mère, je regardais mon émission favorite. C'était l'histoire d'un étalon sauvage du nom de Furie, qui était devenu le meilleur ami d'un jeune garçon. Mon oncle qui était présent me dit : « *Tu vois ce cheval que tu trouves si gentil? Si tu savais comment ce cheval a été dompté pour faire ce qu'il fait devant les caméras!* »

C'est exactement ce que faisait mon oncle, « dompter » son fils car il était convaincu que c'était la meilleure façon de l'élever pour qu'il soit un bon garçon et qu'il réussisse bien dans la vie.

À cette époque, on parlait davantage de « dompter ou dresser » les enfants. Ne disait-on pas : « *Qui aime bien châtie bien.* » À présent, on ne bat plus les enfants lorsqu'ils ne se conforment pas à nos attentes ou qu'ils sont trop exaspérants, on leur donne du « Ritalin » pour les calmer. Peut-être est-ce l'autre extrême avant de comprendre que l'enfant a surtout besoin d'être guidé.

Il n'en demeure pas moins que nombre d'enfants battus l'ont été parce que leurs parents étaient persuadés que c'était la bonne façon de leur donner ce qu'ils n'avaient pas eu : la discipline, la force ou bien d'autres vertus. Beaucoup de garçons **yin** (aspect féminin, passif) ont été battus par leur père parce que ce dernier craignait qu'ils ne deviennent homosexuels. Ici encore, c'était, selon la conception du père, une façon d'aider son fils à ne pas être en marge de la société et lui épargner de la souffrance. Cela n'excuse pas le recours à la violence, mais peut nous permettre de comprendre que celui qui l'a utilisée contre nous était un grand souffrant, ou qu'il ne réalisait pas le mal qu'il nous faisait, se croyant justifié d'agir ainsi.

Ma mère utilisait la menace pour nous forcer à l'écouter. Elle disait, par exemple : *« Attends que Jacques* (mon frère aîné) *arrive! »* Comme on avait très peur de Jacques, cela avait un certain pouvoir. Cela m'a amenée à détester encore plus mon frère, en plus de n'avoir aucun respect pour ma mère. Je me suis promis de ne pas agir comme elle lorsque j'aurais des enfants. Moi, me disais-je, s'il y a une tape ou une fessée que doit recevoir mon enfant, je ne le menacerais pas, c'est moi qui la lui donnerais.

De plus, je tenais pour responsable de mes problèmes avec l'autorité et le rejet, le manque de discipline de ma mère dans mon éducation. Je pensais : *« Moi, je vais bien élever ma fille : ainsi, tout le monde la trouvera gentille et elle sera gagnante. »* Ma famille me trouvait sévère vis-à-vis de ma fille et je l'étais, convaincue que je n'agissais que pour son bien. Heureusement que j'entrepris ces cours de croissance personnelle quand elle avait cinq ans, pour modifier mon comportement, sinon je crois qu'elle serait devenue très rebelle, alors qu'aujourd'hui nous partageons une merveilleuse relation de confiance.

S'il est essentiel de pardonner aux autres pour atteindre la libération, il est aussi important de se pardonner à soi-même.

Je crois que si je ne m'étais pas pardonné les fessées que j'ai infligées à ma fille, elle non plus ne m'aurait pas pardonné.

Si nous voulons que les autres nous pardonnent, nous devons d'abord nous pardonner à nous-mêmes.

Que de personnes ai-je rencontrées en thérapie qui détruisaient leur santé, leur possibilité de réussite ou leur bonheur pour nourrir leur rancune.

Pardonner c'est se libérer. C'est reprendre sa vie en main, c'est **quitter sa position de victime pour celle d'homme ou de femme responsable.** C'est comprendre pourquoi l'autre a agi ainsi et pourquoi nous avons rencontré telle situation dans notre évolution. Certaines personnes croient que pardonner c'est excuser ou donner raison à l'autre pour le mal qu'il leur a fait. **Non, pardonner ne justifie pas, n'excuse pas et n'exclut pas les sanctions morales ou légales prévues pour des comportements inacceptables.**

Le pardon ne concerne pas tant l'autre que nous-mêmes, car parfois l'autre ignore totalement que nous lui en voulons. Il n'a peut-être jamais réalisé à quel point il a pu nous détruire psychologiquement. Il peut parfois être étonné de nos réactions à son égard, car pour lui, ce n'était qu'un moment d'exaspération, de colère ou une perte de maîtrise de lui-même, tandis que pour nous ce moment a perduré et continue à nous faire mal ou à détruire notre vie. **C'est pourquoi, ce n'est pas pour l'autre qu'il importe de pardonner mais pour nous. Pour nous libérer de la souffrance qui nous habite.**[7]

Comment ? On peut se servir de l'exemple que j'ai donné plus haut, à propos de l'amie à l'hôpital qui nous rentre les ongles dans la peau. Nous avons convenu que nous ne pourrions en vouloir à cette personne parce qu'elle souffre. Si cette

---

[7] Il s'agit ici de ne pas confondre **pardonner** et **excuser**. Sur cette distinction fondamentale pardonner/excuser, voir mon livre *Guérir les blessures de son passé,* chapitre 4, "Ouvrir son cœur", Éditions Quintessence.

personne sur son lit d'hôpital c'était nous qui, dans notre souffrance, aurions fait souffrir la personne que nous aimons le plus, pourrions-nous nous pardonner ?

Moi, je me suis pardonné, surtout lorsque j'ai compris que lorsque nous ne nous sommes pas pardonné, nous nous retrouvons continuellement dans des situations qui vont nous conduire à faire souffrir les personnes que nous aimons le plus.

C'est pourquoi nous débuterons notre film positif par : *« Je me pardonne entièrement de ne pas avoir compris que... »*

Se libérer de la rancune pour aller vers la culpabilité ne nous avancerait pas beaucoup.

Le film positif

Je t'invite cette fois à prendre une nouvelle feuille et à y écrire la phrase suivante :

Aujourd'hui, le (inscris la date), **je débute une nouvelle vie. Je me pardonne entièrement de...** (en te servant de ce que tu as écrit dans ton film négatif, tu vas réécrire chaque situation avec une nouvelle compréhension.)

Pour changer le film négatif de sa vie, il s'agit de transformer la compréhension défavorable que nous avons donnée à un ou des événements, et de la remplacer par une nouvelle qui nous sera favorable.

Tant que je crois que ma mère ne m'aime pas, qu'elle me rejette, je lui ferme mon cœur. En lui fermant mon cœur, je ne peux espérer avoir avec elle une belle relation. N'ayant pas cette belle relation, elle peut préférer une autre personne avec laquelle elle a une relation plus agréable. Je peux alors croire qu'elle préfère cette personne à moi, ce qui peut me confirmer dans ma croyance qu'elle ne m'aime pas et qu'elle me rejette.

Mais lorsque je réalise que ma mère ne m'a jamais rejetée, que c'est moi qui me suis sentie rejetée parce que dans un moment où j'avais besoin d'elle, elle n'avait pas su m'accueillir, en lui pardonnant ce moment où elle ne m'avait pas accueillie, je lui ouvre mon cœur et découvre qu'elle m'a toujours aimée, et je peux ainsi avoir avec elle une belle relation.

Comment ai-je transformé mon scénario négatif vis-à-vis de mon père?

Dans mon film négatif, j'avais écrit: « *Mon père était méchant. Il battait ma mère et me battait en même temps lorsque ma mère me portait. Il ne voulait pas de moi. Il avait dit à ma mère: « Ce veau qui va naître, je vais le tuer sur le coin de la maison à sa naissance.* »

Dans le film positif, j'écrivis: « ***Je me pardonne entièrement de ne pas avoir compris que*** *mon père était un grand souffrant. Il aimait ma mère d'un amour possessif. Il ne pouvait vivre avec l'idée qu'elle puisse porter un enfant d'un autre homme que lui (car il avait faussement pensé que je n'étais pas de lui). Ce n'était pas de moi qu'il ne voulait pas (il ne me connaissait pas), mais de la situation.* »

Beaucoup de personnes qui se sont senties rejetées à la naissance ont compris qu'on ne voulait pas d'elles. Alors qu'en fait, c'était de la situation dont on ne voulait pas et non de l'enfant lui-même.

Comment ai-je remis mon film au positif par rapport à l'autorité et la violence de mon frère que j'avais rejeté et qui m'avait amené à refuser ma propre autorité?

Dans mon film négatif, j'avais écrit: « *Mon frère m'a fait vivre pendant des années dans la terreur de ses explosions de violence. J'en avais aussi peur que je le haïssais.* »

Dans mon film positif, j'écrivis : « ***Je me pardonne entièrement de ne pas avoir compris que*** *mon frère avait été lui-même battu et dominé par son père et par ceux qui devaient en prendre soin. Je comprends à quel point il avait peur d'être dominé ou rejeté, et c'est ce qui l'amenait à vouloir nous dominer ou à nous frapper lorsqu'il sentait que nous le rejetions. Je suis persuadée qu'il aurait tellement voulu pouvoir exprimer la tendresse et la douceur qu'il avait en lui. Mais sa peur de perdre le contrôle le ramenait toujours à une position d'offensive. Je reconnais que l'autorité qui veut dominer a ses racines dans la peur et que la véritable autorité consiste à guider les autres vers le bien-être, le bonheur et la réalisation. Je reconnais cette autorité en moi et j'accepte de m'y conformer et de la laisser s'exprimer pour le plus grand bénéfice de tous.* »

Comment ai-je transformé mon film négatif par rapport au manque de communication de ma mère ?

Dans mon film positif, j'ai écrit : « ***Je me pardonne entièrement de ne pas avoir compris que*** *ma mère travaillait beaucoup pour que nous puissions être bien logés, bien nourris, bien vêtus afin de nous éviter de vivre dans le besoin et la pauvreté. Elle travaillait parfois jusqu'au seuil de l'épuisement et se sentait bien seule pour faire face à toutes ses responsabilités. Aussi avait-elle parfois besoin de se reposer en s'accordant des moments pour être seule avec elle-même. C'est ce besoin qu'elle m'exprimait lorsqu'elle me disait : « Laisse-moi tranquille, je suis fatiguée. » Si je lui avais dit : « Maman, je comprends que tu sois fatiguée, est-ce que je pourrai te parler une autre fois de ce qui me préoccupe ? », je suis convaincue qu'elle m'aurait répondu : « Oui, on en reparlera une autre fois. » Elle m'aimait autant que ma sœur, mais elle me trouvait trop jeune pour partager avec moi ses confidences d'adulte.*

Comment Francis a-t-il remis son film négatif au positif?

Dans son film négatif Francis avait écrit: « *Ma mère m'a jeté à la poubelle.* »

Dans son film positif, Francis a écrit: « ***Je me pardonne entièrement de ne pas avoir compris que*** *ma mère m'avait confié à l'orphelinat parce qu'elle n'a pas eu d'autre choix et que dans son amour, elle préférait que j'aie un bon foyer qui me donnerait davantage de chances d'être heureux, d'étudier et de réussir dans la vie. Je pardonne entièrement à ma mère et je me pardonne de lui en avoir voulu à cause de mon incompréhension de la situation. Où qu'elle soit, je lui envoie tout mon amour et mon pardon!* »

Comment Bernadette a-t-elle remis son scénario au positif?

Dans son film négatif était inscrit: « *Mon père a dit à ma mère que j'étais de trop et qu'il voulait me jeter à la rivière.* »

Dans son film positif, elle écrira: « ***Je me pardonne entièrement de ne pas avoir compris que*** *mon père était du genre taquin. Il aimait faire des blagues. Il n'a jamais eu la moindre intention de me jeter à la rivière. Pour mon père, chacun de ses enfants était précieux et je sais à présent qu'il m'aimait beaucoup.* »

Comment Sylvie a-t-elle remis son film au positif?

Dans son film négatif, elle écrivait: « *Mes parents ne voulaient pas de moi, ils désiraient un garçon. Moi j'étais de trop.* »

Dans son film positif, elle écrivit: « ***Je me pardonne entièrement de ne pas avoir compris que*** *mes parents auraient préféré un garçon, car ils avaient déjà une fille et souhaitaient vivre l'expérience d'avoir des enfants de sexes différents. Cependant, s'il leur a été donné d'avoir une autre fille, c'est qu'ils avaient besoin de cette petite fille. Leur déception venait de leur attente, non pas de moi. Moi, ils m'ont toujours aimée autant qu'il est possible d'aimer son enfant.* »

Comment Judith a-t-elle remis son film au positif par rapport à son père qui était alcoolique?

Dans son film positif, elle a écrit: « ***Je me pardonne entièrement de ne pas avoir compris que*** *mon père ne savait pas exprimer ses sentiments et ses émotions. Lorsqu'il n'en pouvait plus, c'est par l'alcool qu'il laissait s'échapper le trop-plein qui l'habitait. Aussi, je cesse de le juger, je le comprends et lui pardonne entièrement ainsi qu'à mon ex-mari qui vivait la même situation, de même qu'à ce locataire que j'ai eu et qui m'a aidée à comprendre que je n'avais pas pardonné à mon père son alcoolisme. Je reconnais qu'ils m'ont permis d'amplifier ma compassion et de dépasser mes jugements. Aujourd'hui, je choisis de comprendre avant de condamner qui que ce soit.* »

Comment Jacinthe a-t-elle remis son film au positif?

Dans son film négatif, elle avait écrit: « *Mon père m'a abusée à l'âge de onze ans. Ma mère le savait, mais elle ne faisait rien pour l'en empêcher.* »

Dans son film positif, elle écrivit: « ***Je me pardonne entièrement de ne pas avoir compris que*** *mon père, avait un grand besoin d'affection qu'il allait chercher dans le sexuel. Mon père croyait que j'appréciais ses caresses. Il ne réalisait pas le mal qu'il me faisait, la honte que je portais. Je pardonne à ma mère de ne pas être intervenue. Je comprends que c'est la peur qui la paralysait et non l'indifférence. Je me pardonne à moi-même de m'être méprisée par cette fausse honte que j'ai portée. Je retrouve à présent toute ma dignité.* »

Comment Amélie a-t-elle remis son film au positif?

Dans son film négatif Amélie avait écrit: « *Ma mère a été absente pendant une grande partie de mon enfance. J'ai grandi sous les soins des gouvernantes et gardiennes.* »

Dans son film positif, elle écrivit: « ***Je me pardonne entièrement de ne pas avoir compris que*** *ma mère était une femme* *dynamique qui se sentait capable de mener une carrière de front et d'élever des enfants. Par son absence, elle me permit de développer davantage mon autonomie, et d'apprendre à me détacher des êtres que j'aime, ce que j'étais venue acquérir en venant dans ce monde par cette mère. Je me donne à présent le droit de me réaliser et j'accepte que mes enfants aient leurs propres expériences à vivre et à dépasser. »*

Comment Marthe a-t-elle remis son film au positif par rapport à sa mère qui avait un excès de poids et qui ne pouvait faire des choses comme les mères de ses amies ?

Dans son film positif, Marthe écrivait : « ***Je me pardonne entièrement de ne pas avoir compris que*** *ma mère avait un excédent de poids qui provenait d'un problème intérieur. Elle devait apprendre à s'accepter telle qu'elle était sans se rejeter. J'avais la même chose à apprendre en plus d'accepter les autres tels qu'ils sont. Je m'accepte donc telle que je suis. Je ferai avec ce poids ce que ma mère n'osait faire. »*

Comment pardonner les paroles blessantes ?

❒ Jean-Louis et le sentiment de rejet

Jean-Louis est un enfant qui tient à ses idées. Son père le qualifie de tête de mule, de tête de cochon. Pour Jean-Louis, ces appellations égalent : « *Tu n'es pas correct et je ne t'aime pas.* » Plus les années passent, plus Jean-Louis devient soumis pour ne pas déplaire aux autres, afin d'être accepté. Et comme l'on reproche souvent à ses enfants d'avoir trop de caractère lorsqu'ils sont jeunes, on leur reproche, à l'âge adulte, de ne pas en avoir assez. C'est ainsi qu'étant devenu effacé, on ignore Jean-Louis qui se sent à nouveau rejeté.

Comment Jean-Louis a-t-il pu se libérer de ce sentiment de rejet, de ne pas être correct ? En comprenant que lorsque son père lui disait qu'il avait une tête de cochon, il voulait lui dire qu'il pensait qu'il avait du caractère et qu'il ne s'en laisserait pas imposer facilement.

❒ **Le complexe de Denise**

Denise accompagne sa mère à une réunion de parents. Sa mère dit à qui veut l'entendre : *« Ma fille n'est pas belle, mais elle est propre. »* Denise est convaincue que sa mère ne la trouve pas belle. Elle interprète ces paroles sous forme de rejet. Cela la blesse ; mais elle n'en souffle mot à personne, même si elle en veut à sa mère.

Ce que Denise n'avait pas compris, c'est qu'au fond sa mère la trouvait belle, mais elle craignait que sa fille devienne orgueilleuse, si elle le lui disait. De plus, sa mère ne désirait pas être comme certaines femmes qui surévaluent leurs enfants.

Comment maintenant pouvons-nous transformer les paroles entendues qui nous ont blessés ?

- « Toi, tu n'es pas comme les autres », pourra être transformé par :
  – *« Je ne sais pas comment te rejoindre, j'aimerais que ce soit plus facile entre nous. »*

- « Tu es paresseux, fainéant », par :
  – *« Je ne peux supporter de te voir te détendre et t'amuser, car moi je ne me permets jamais de m'arrêter ou de me détendre. Ma vie n'est que travail. J'aimerais bien pouvoir m'arrêter, mais je ne vois pas comment je pourrais faire, j'ai été élevé dans la croyance qu'il fallait gagner son pain à la sueur de son front. »*

- « Tu es un incapable, un bon à rien », par:
  – *« Lorsque je te vois en train de perdre ton temps, j'ai peur que tu ne réussisses pas. »*

- « Tu n'as pas la tête sur les épaules », par:
  – *« Je souhaiterais que tu ne fasses jamais d'erreurs afin de vivre une meilleure vie que la mienne. »*

- « Toi, je te hais », par:
  – *« Il y a des jours où je m'aime si peu que je ne puis supporter personne, y compris moi-même. »*

- « Tu vas me faire mourir », par:
  – *« Si tu savais comment j'ai le don de m'en faire pour tout ce qui t'arrive. »*

- « T'aurais pu faire mieux », par:
  – *« Je te vois si intelligent que je ne m'attends qu'à des résultats parfaits de ta part. »*

- « Tu es moche, tu es laide », par:
  – *« Comme je souhaiterais que tu surveilles ton apparence afin que tu sois encore plus jolie. »*

- « Tu es détestable, personne ne t'aimera jamais », par:
  – *« Si tu savais comme je souhaite que tu changes afin que tout le monde t'aime. »*

- « Tu es juste bonne pour faire de la peine aux autres », par:
  – *« J'ai toujours peur de faire de la peine aux autres, toi tu ne sembles pas vivre cette peur dont je souhaiterais me libérer. »*

- « Moi, je me suis sacrifiée toute ma vie pour vous », par:
  – *« Je croyais que pour être une bonne mère, il fallait mettre ses désirs personnels de côté pour ne penser qu'à ses enfants. »*

J'ai transformé les paroles *« J'ai assez hâte que tu partes »* que ma mère m'avait dit et qui m'avait blessée, par celles-ci: *« J'assume ma responsabilité de mère depuis tant d'années, j'ai hâte de pouvoir penser à moi. »*

Pourquoi est-ce important d'écrire ces nouveaux scénarios? C'est parce que ***tout ce que l'on écrit, notre subconscient accepte que c'est fait.***

Comment fonctionne le film positif?

Rappelons-nous que notre cerveau fonctionne comme un ordinateur.[8] Si j'entre une donnée qu'aucune autre information ne contredit, l'ordinateur l'accepte telle que présentée. Mais si, plus tard, je veux entrer une donnée contradictoire avec la première, mon ordinateur la rejettera d'emblée.

Nombre de personnes ont lu des livres sur la puissance du subconscient. Il est exact que le subconscient est une des plus grandes puissances que possède l'être humain. Supposons qu'une personne suive les directives données dans l'un de ces livres en vue de se libérer d'une situation financière difficile. Elle prend un grand carton blanc sur lequel elle colle des images correspondant à la richesse, soit une belle maison, une belle voiture, des billets de 100 euros, etc. Elle y inscrit:

[8] Pour en savoir plus sur le cerveau et son rôle dans les manifestations d'équilibre et de déséquilibre, voir mon livre *Métamédecine : la guérison à votre portée,* Éd. Quintessence.

« L'abondance est de plus en plus présente dans ma vie. » Elle prend soin de l'afficher sur un mur qu'elle peut visualiser le plus souvent possible et de se répéter de façon continue l'affirmation inscrite. Plus elle répète cette affirmation plus elle se retrouve endettée et dans une situation financière difficile. Pourquoi ? Où est la faille ? Son subconscient est-il défectueux ? Non. C'est qu'il y a une donnée contradictoire dans son cerveau (non pas dans son subconscient car le subconscient est l'exécuteur), mais dans son cerveau limbique (archives de la mémoire émotionnelle).

❒ Alice et l'argent

Alice joue chez une petite copine qui habite dans une jolie maison alors qu'elle partage avec sa famille un modeste appartement. Sa copine lance sa chaussure sur la pelouse de la propriété de ses parents en demandant à Alice : *« Va me la chercher. »* Alice se sent alors abaissée par Sylvie et lui répond : *« Ta chaussure, tu peux aller te la chercher, je ne suis pas ta servante ! »* Sylvie lui répond alors avec une certaine hauteur : *« Puisque c'est ainsi, eh bien, va-t-en chez toi ! »*

Que se passe-t-il dans la tête d'Alice lorsqu'elle se sent à la fois humiliée et rejetée, suivant sa compréhension influencée par son milieu moins fortuné ? Elle pense : *« Moi je ne veux jamais être riche et prétentieuse comme elle. »* Cette donnée entrée émotionnellement alors qu'elle avait dix ans lui rappelle : *« Moi je ne veux jamais être riche afin de ne jamais agir comme cette personne qui avait de l'argent. »* Pour Alice, être riche égale être prétentieuse et humilier les autres, ce qu'elle ne veut pas. Inconsciemment, elle rejette toute forme de richesse. Voilà pourquoi, à chaque fois qu'elle demande à son subconscient la richesse, c'est la première information qui prime et c'est ainsi que la nouvelle demande est rejetée. Son subconscient fait donc en sorte qu'elle ait toujours le nécessaire (cela n'est pas menaçant pour les autres) mais jamais la richesse.

Comment Alice a-t-elle pu, au moyen de la méthode du film négatif et du film positif, changer les conditions financières de sa vie ?

Elle a dû retrouver la donnée négative enregistrée émotionnellement en rapport avec le fait d'avoir de l'argent. Lorsqu'elle identifie cette émotion, Alice l'écrit dans son film négatif : « *Moi je ne veux jamais être riche et prétentieuse comme Sylvie qui m'a abaissée et rejetée.* »

Ensuite, il lui a fallu entrer une nouvelle donnée en modifiant la première. Ainsi, elle écrit dans son film positif : « *Un jour, lorsque j'avais dix ans, je jouais avec Sylvie et elle a lancé sa chaussure sur la pelouse afin que j'aille la chercher. Sylvie aimait beaucoup les contes de fées et elle avait envie de jouer à la princesse qui se fait servir. Pour elle, ce n'était qu'un jeu. Elle m'aimait et aimait beaucoup jouer avec moi. Elle fut déçue que je ne veuille pas jouer à son jeu ; c'est dans sa déception qu'elle me demanda de m'en aller.* »

En entrant cette nouvelle donnée, l'information « elle a voulu m'abaisser » disparaît. Ce n'était qu'un jeu d'enfant qui n'avait rien à voir avec la situation financière des parents. En l'admettant, Alice a compris que c'était son propre sentiment d'infériorité qui lui a fait interpréter la situation de cette façon, et que c'était ce qu'elle avait à dépasser dans son évolution.

Il est très important de ressentir ce que l'on exprime par écrit, car c'est au niveau des sentiments que réside la blessure et non pas au niveau de la tête.

À la fin de son film positif, Alice écrit : « *J'accepte désormais l'abondance dans ma vie comme moyen d'évolution.* » Maintenant que sa mémoire émotionnelle est libérée, elle peut utiliser toute la puissance de son subconscient dans cet aspect de sa vie.

Parfois, la difficulté est de retrouver ces mémoires bien enfouies. Quelquefois, elles remontent à avant la naissance. Dans ces cas, il est conseillé d'être accompagné d'un intervenant qualifié pour nous aider dans cette démarche.

Je suggère l'approche en douceur avec détente profonde, accompagnée d'un intervenant capable de t'aider à voir l'aspect positif de tes expériences douloureuses. C'est la méthode que j'utilise depuis des années et que j'enseigne aux intervenants en Métamédecine. Elle donne des résultats rapides et impressionnants.

Une fois qu'on a transformé le film négatif de sa vie en film positif, on peut écrire à la fin de ce dernier : « ***Désormais, je choisis et je veux dans ma vie................*** » et le compléter par tout ce que l'on désire. On prendra soin d'y mettre une date : « ***Et ce avant le..........*** ». Puis on brûle le film négatif en pensant que tous ces vieux scénarios, ainsi que ces haines, ces rancunes, ces culpabilités brûlent, en faisant place à une nouvelle vie.

Comment savoir si cet aspect du passé est bien terminé ?

On n'a qu'à observer les changements qui se produisent dans notre vie. Si les modifications n'ont été faites qu'au niveau de notre tête, la prochaine étape sera la modification au niveau de notre cœur.

Lorsqu'on a appris un sujet à l'école, on doit passer un examen afin de vérifier si l'on a bien intégré la matière. La vie est aussi une grande école ; il se peut que tu aies un test à passer afin de vérifier si tu as bien intégré ton expérience. Si tu échoues à ton test, ne te décourage pas ; prends-en conscience afin de le réussir la prochaine fois.

Tu auras sans doute à faire plus d'un film, comme j'en ai moi-même fait plusieurs. Au début cela pourra te sembler difficile et même douloureux telle la montée d'un chemin très abrupt, mais par la suite les prises de conscience deviendront plus évidentes et beaucoup moins douloureuses, et tu découvriras que plus tu montes vers le sommet de ton évolution plus ta vie sera merveilleuse.

Ce chemin, je l'ai suivi comme tu as pu le constater par tous les exemples personnels que je t'ai partagés. Au début je me sentais comme un sac de boxeur, il me semblait que je me remettais tout juste d'une prise de conscience qu'il m'en arrivait une autre. Aujourd'hui je suis très heureuse du chemin parcouru, je me sens en paix et en harmonie avec moi-même, mon entourage et avec la vie. Cela n'a pas toujours été évident ou facile de me regarder bien en face, de cesser d'accuser mon père, mon frère, ma mère ou la vie des souffrances que j'avais rencontrées, mais ça valait certainement toutes les larmes que j'ai versées, tous les efforts que cela m'a demandés.

Se laisser tomber en accusant Dieu,
la vie ou les autres ne demande aucun effort.
Se relever en prenant la responsabilité de sa vie
et de son bonheur en demande parfois beaucoup,
mais c'est la différence entre vivre et survivre.

6

Je maîtrise mes émotions

« On ne réalise pas suffisamment comment nos émotions non maîtrisées peuvent faire mal aux autres… »
C.R.

SELON UN TRÈS VIEIL ENSEIGNEMENT HINDOU, repris par plusieurs écoles de pensée, l'être humain serait comparable à une calèche tirée par des chevaux ayant un conducteur et un passager (voir diagramme ci-après).

- La calèche représente notre corps ou notre véhicule physique que le **soi** emprunte pour son voyage terrestre.
- Les roues représentent notre énergie.
- Les chevaux représentent nos émotions.
- Le cocher représente notre mental.

- Le passager représente le Maître intérieur ou le **soi** ou encore notre Divinité.
- Les bagages représentent ce que nous transportons de notre passé.
- La route représente la voie de notre évolution.

Qu'arrive-t-il à la calèche quand les chevaux prennent le mors aux dents et filent à vive allure hors de contrôle? Les roues en sont les premières affectées, puis la calèche risque de se renverser et d'être endommagée.

Voilà exactement ce qui se passe lorsque nous ne maîtrisons pas nos émotions. Suite à une émotion, nous observons une baisse d'énergie et selon l'intensité de cette émotion, il peut en résulter différentes affections allant du mal-être à la maladie.

Comment donc maîtriser nos chevaux ?

Le cocher représente notre mental ou notre moi ou Ego. C'est lui qui pense, qui interprète et pose des jugements. Le cocher est limité par ce qu'il voit et entend. Il se base sur ce qu'il connaît et sur ses expériences passées pour avancer sur la route de l'évolution. Le rôle du cocher consiste à conduire la calèche sur la route de la vie tout en la protégeant des dangers inhérents à son voyage afin qu'elle atteigne sa destination. Pour ce faire, le cocher a besoin des chevaux (nos émotions) au cours de son voyage terrestre. Nos émotions participent à notre évolution en ce sens que la souffrance qu'elles génèrent peut nous conduire à vouloir comprendre le sens de notre vie et apprendre à nous libérer de la souffrance.

Pour diriger ses chevaux, le cocher dispose de rênes. L'une est associée à notre cœur et représente nos sentiments. L'autre est associée à notre tête et représente nos pensées. Qu'arrive-t-il lorsque le cocher tire sur une seule rêne? Les chevaux tournent en rond et n'avancent pas. Quand on cherche à comprendre une situation uniquement avec sa tête, on ne fait que tourner en rond. On n'avance pas. Pour avancer, il faut unir ses pensées et ses sentiments autour de la voie de l'Amour.

Il arrive que les chevaux soient dociles, et qu'ils avancent bien. Alors notre cocher est serein. Mais parfois notre cocher se retrouve à une croisée des chemins, confus, perdu, ne sachant trop quelle voie emprunter. Alors il écoute les personnes qui, selon lui, connaissent mieux la route qu'il doit emprunter. Il emprunte cette route pour se rendre compte que ce n'était pas celle qui lui correspondait. Il fait alors demi-tour et revient à son point de départ et prend cette fois une route au hasard et tombe dans un précipice. À d'autres moments il a si peur qu'il affole les chevaux, ces derniers prennent le mors aux dents, et voilà notre cocher accroché aux rênes, la calèche renversée. Quelqu'un lui crie: *« Lâche prise! »*, mais il a trop peur et refuse de lâcher les rênes. Finalement, c'est sa calèche endommagée qui freine les chevaux.

Le cocher, c'est notre mental. Comme l'inconnu lui fait peur, il cherche continuellement à être en situation de contrôle, pour se rassurer. De plus il a un grand besoin d'être reconnu pour être assuré de sa valeur. Pour lui les louanges et les marques d'appréciation équivalent à : *« Je suis bon, j'ai de la valeur »*, alors que les critiques équivalent à : *« Je ne suis pas un bon, pas reconnu et pas digne d'être aimé »*, ce qui le conduit à avoir continuellement peur de se tromper, de faire des erreurs ou de ne pas être à la hauteur.

Notre cocher passe donc une grande partie de son temps dans le doute, la peur et la méfiance. Il craint continuellement qu'on profite de ses faiblesses, qu'on le trahisse ou qu'on lui fasse du mal.

En voulant tout contrôler pour se rassurer, il lui arrive de perdre le contrôle, ce qui fait prendre le mors aux dents à ses chevaux et abîme sa calèche, qu'il se voit contraint de réparer.

Puis, un jour, au cœur de sa souffrance, il découvre qu'il transporte un passager et que ce passager (le Maître intérieur) est celui qui peut le mieux le guider, car lui sait exactement où doit se rendre la calèche, et quelles sont les routes qu'il doit emprunter pour atteindre la réalisation de son périple.

Lorsque le cocher est conscient de la présence de ce merveilleux passager, chaque fois qu'il a peur, qu'il se sent confus ou qu'il ne sait plus quelle direction prendre, il n'hésite pas à s'en remettre à son passager (Maître intérieur). Cependant, pour être en mesure de l'entendre, il doit rester calme, paisible et attentif aux messages du Maître.

Chaque fois que **j'accepte** une situation même si je ne comprends pas pourquoi je la vis, je tends les rênes au Maître. C'est ainsi que je peux **maîtriser** la situation puisque c'est le Maître qui est aux commandes. Maintenant chaque fois que j'ai peur ou que je ne sais pas comment je vais y arriver ou comment cela va s'arranger, je dis : ***« À la grâce de Dieu ! »*** Je donne alors les rênes à mon Maître intérieur. Je me mets à l'écoute de ce que je ressens, je deviens attentif aux signes qu'il me donne et je le laisse me guider.

Lorsque des doutes et des peurs se manifestent, je sais que c'est mon mental qui veut reprendre le contrôle. Alors je lui demande de se taire, j'apaise mes chevaux et je me remets à l'écoute de mon maître intérieur. Quand je sais **avec certitude** que c'est ce que je dois faire, même si mon mental ne comprend pas pourquoi, ni comment je peux y arriver, je fais confiance à mon Maître intérieur, car je sais qu'après avoir emprunté la direction qu'il me propose, j'en comprendrai la raison et serai rempli de gratitude pour sa guidance.

Une personne me demandait: « *Combien de temps cela t'a-t-il pris avant d'être aussi à l'aise pour donner une conférence ou un séminaire?* » Je lui ai répondu: « *J'ai été à l'aise le jour où j'ai cessé de vouloir être performante.* » Ce n'est pas une question de temps. Aujourd'hui, lorsque je dois donner une conférence ou un séminaire, je laisse le Maître s'exprimer par moi et jusqu'à maintenant, il m'a appris plus que tous les livres que j'ai lus.

Donc pour bien avancer sur la voie de notre évolution, il nous faudra apprendre à mieux écouter notre Maître intérieur pour mieux maîtriser notre mental plutôt que de le laisser être notre maître. Si je laisse mon cocher, ou mon mental, diriger ma vie, il me fera vivre tant de situations émotionnelles que je finirai par détester cette vie, et je serai persuadé qu'on ne peut être heureux en ce monde.

Mais si je me mets à l'écoute de mon Maître intérieur, je pourrai donner des directives à mon cocher qui me seront favorables et même si les chevaux s'emballent encore, je saurai les maîtriser avant que ma calèche ne soit renversée.

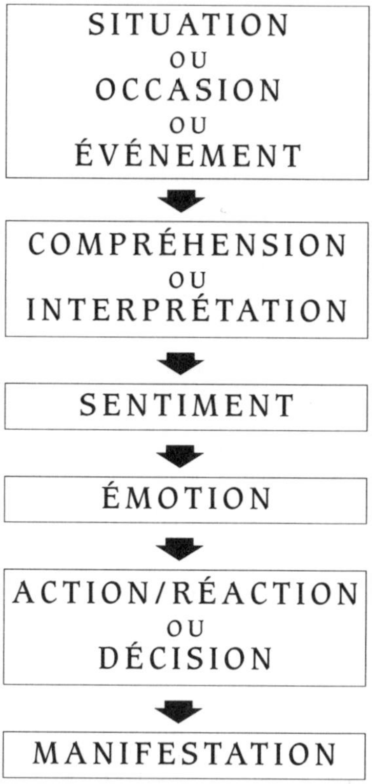

Comment naît une émotion et comment elle évolue ?

- Un événement se produit ou une situation survient.
- De cette situation, nous donnons une interprétation ou une compréhension.
- Cette interprétation ou compréhension va donner lieu à un sentiment.
- Ce sentiment pourra être agréable, neutre ou désagréable.

- Un sentiment désagréable va engendrer une ou des émotions négatives. Un sentiment agréable, lui, pourra générer une émotion positive, comme une très grande joie.
- Cette ou ces émotions vont à leur tour donner lieu à une ou des réactions.
- Ces réactions peuvent aussi bien être des décisions que des actions que l'on pose.
- De ces réactions vont survenir des manifestations.
- Ces manifestations seront des répercussions qui peuvent être d'ordre physique ou psychologique, et qui peuvent selon l'intensité et la durée de l'émotion donner lieu à des symptômes ou des maladies psychosomatiques.

Prenons une situation passée.

ÉVÉNEMENT

Sylvie a neuf ans. Une amie de sa mère leur rend visite. Les deux femmes sont assises à la table devant une tasse de café et conversent ensemble. Sylvie joue avec ses poupées tout près d'elles sans porter trop d'attention à ce qu'elles échangent, quand Sylvie entend sa mère dire : « *Moi, si j'avais eu le choix, je n'aurais eu que trois enfants...* » Sylvie est la quatrième enfant de la famille.

INTERPRÉTATION

Sylvie comprend et interprète : « *Si ma mère ne voulait que trois enfants, c'est qu'elle ne voulait pas de moi.* »

SENTIMENT

Le sentiment qui naît est le sentiment de **ne pas avoir été désirée.**

ÉMOTION
Ce sentiment donne naissance à son tour à une émotion de **peine** mêlée d'un peu de colère.

RÉACTION
Sa réaction immédiate est de **se fermer.** Elle s'en va dans sa chambre.

MANIFESTATION
Comme manifestation immédiate, Sylvie n'a plus envie de jouer avec ses poupées, elle ressent de la fatigue et une perte d'appétit.

Par la suite Sylvie va interpréter tous les agissements de sa mère en fonction de cette croyance qui est née de cette première interprétation. Ainsi chaque fois que Sylvie verra sa mère partager des confidences avec sa sœur ou accorder plus de temps à une autre personne, elle pensera : *« Moi, je ne compte pas pour elle, elle préfère ma sœur ou cette autre personne, moi elle ne me voulait pas… »* Ce qui amplifiera sa colère et sa fermeture vis-à-vis de sa mère. Cette croyance conduira Sylvie à rejeter sa mère. Pour se protéger des réactions de sa fille, la mère aura tendance à garder une distance avec elle, ce qui confortera Sylvie dans sa croyance que sa mère ne la voulait pas et donc qu'elle ne l'aime pas.

Aussi, dans sa vie, chaque fois qu'elle aimera une personne, elle aura de nouveau l'impression que cette personne ne l'aime pas. C'est ainsi qu'elle s'attirera le plus souvent des hommes qui ne souhaitent pas s'engager avec elle ou bien des situations où encore une fois elle a le sentiment d'être de trop ou qu'on ne voulait pas d'elle.

Maintenant, reprenons l'événement. Sylvie revoit, tel un film qui se déroule dans sa tête, la situation qu'elle a vécue et donne une nouvelle interprétation ou compréhension aux paroles de sa mère. Par exemple, elle peut visualiser dans son film que la petite Sylvie de neuf ans va vers sa mère, après le départ de son amie, pour lui demander: « *Maman, je t'ai entendu dire que si tu avais eu le choix, tu n'aurais eu que trois enfants. Est-ce que cela veut dire que tu ne voulais pas de moi?* »

Elle peut ensuite visualiser sa mère lui répondre: « *J'aurais préféré avoir seulement trois enfants, parce que je voulais tellement leur donner le maximum, mais si tu savais comment je remercie le ciel de t'avoir eue.* » Qu'est-ce qu'une telle interprétation peut faire naître chez Sylvie? Un sentiment d'être aimée, d'avoir de l'importance pour sa mère. Et la voilà libre de la croyance erronée que sa mère ne la voulait pas.

Au chapitre précédent, « Je change le film de ma vie », nous avons été en mesure d'observer que c'est la compréhension donnée à une situation qui a contribué à nous créer un ou des sentiments qui ont fait naître des émotions qui ont été mémorisées dans notre mémoire émotionnelle. En transformant cette compréhension, on est en mesure de se libérer de l'émotion passée qui a créé un blocage dans notre vie.

On pourrait à présent se demander qui est celui ou quelle est la partie de nous qui interprète les paroles et les agissements des autres.

C'est bien entendu notre cocher, **notre mental,** qui est **l'interprétateur** de toutes les situations que nous vivons.

Tant que nous n'avons pas appris à maîtriser notre cocher ou notre mental, il agit comme un petit enfant qui fait passer des tests à ses parents en se disant: « *Si elle fait cela, c'est qu'elle m'aime.* » « *Si elle dit cela, c'est qu'elle ne m'aime pas.* » « *S'il me téléphone, c'est que je compte pour lui, sinon, c'est qu'il ne tient pas à moi.* »

Parfois il prête des intentions à l'autre : « *S'il a fait cela, c'est pour telle raison...* » « *Il a voulu m'humilier devant mes amies.* » « *Elle a cherché à me ridiculiser.* » « *Elle a voulu me manipuler.* » « *Elle s'est cherché un prétexte pour ne pas me dire la vérité.* » « *Tout ce qui l'intéressait, c'était l'argent qu'elle pouvait gagner avec moi...* » « *Elle est jalouse...* » « *Il veut se venger...* » « *Tu veux toujours avoir raison.* » « *Il faut toujours que les choses se passent à ta manière.* »

À d'autres moments, il traduit les pensées de l'autre : « *Tu crois que je ne suis pas capable...tu ne me fais pas confiance.* » « *Je sais que tu crois que je ne suis pas la personne qui te convient...* » « *Je sais ce que tu penses...* », etc.

Il lui arrive de jouer à la victime : « *Tu ne tiens jamais compte de moi...* » « *C'est toujours moi qui dois faire les premiers pas...* » « *C'est moi qui fais tout, tu ne m'aides jamais.* » « *Elle ne m'a jamais aimé, elle n'a fait que profiter de ma générosité.* », etc.

Il a également tendance à généraliser et à porter des jugements : « *Les gens ne réfléchissent plus...* » « *Les hommes sont égoïstes.* » « *Les femmes sont capricieuses.* » « *Les Américains sont comme ceci... les Parisiens comme cela... et les Juifs encore pires...* »

Lorsqu'on l'a bien reconnu on découvre qu'il est **le grand perturbateur** de notre vie. C'est lui qui est à la racine de presque toutes nos souffrances. Toutefois lorsque le cocher s'en remet à la sagesse de son Maître intérieur, il apprend à comprendre plutôt que juger ou d'interpréter les paroles et les agissements des autres de manière négative et ainsi il ne s'enlise plus sur la voie de son évolution, mais avance dans le plaisir et la liberté.

Comment maîtriser nos émotions ou leur auteur, notre mental ?

Retenons que la majorité de nos réactions émotionnelles relèvent généralement d'une émotion mémorisée dans notre mémoire émotionnelle.

On pourra donc se servir de nos émotions pour découvrir ce qu'on peut avoir enregistré dans notre mémoire émotionnelle et qui est à l'origine de nos inhibitions.

Par exemple, si nous avons peur de l'eau, il y a de grandes chances qu'il y ait dans notre mémoire émotionnelle une expérience qui a pu donner naissance à l'équation « **eau = danger** ». Cette expérience peut être d'avoir été impressionné ou perturbé par des récits ou des images de noyade, d'avoir vécu une expérience où on a eu très peur de se noyer, ou encore d'avoir été témoin d'une noyade.

Toutes nos émotions ne donnent pas lieu à des inhibitions. Les inhibitions relèvent des expériences que l'on craint de répéter. Une émotion telle que la joie qui provient du sentiment d'être aimé, choyé ou comblé ne donnera pas d'inhibition mais va au contraire nous stimuler à répéter l'action qui nous a procuré ce sentiment.

La principale différence entre une émotion positive et une émotion négative est que la première nous remplit d'énergie tandis que la seconde nous vide de notre énergie en plus d'avoir des répercussions défavorables sur notre bien-être, d'où l'importance de nous en libérer le plus rapidement possible.

Comment pourrons-nous nous libérer de nos émotions ?

Nous avons déjà vu que la transformation de nos scénarios du passé nous permettait de nous libérer des émotions vécues dans notre enfance.

Pour des émotions moins lointaines nous pourrons apprendre à faire le bilan de notre ou de nos émotions.

Au début, nous pourrons faire ce bilan par écrit. Si nous le pratiquons à plusieurs reprises nous n'aurons plus besoin de le faire par écrit et nous pourrons passer à la conscientisation de nos émotions.

Faire le bilan de nos émotions comporte des avantages non négligeables :

- Il nous permet de nous libérer rapidement de nos émotions négatives, plutôt que de les garder en nous ou de les accumuler.
- Il peut également nous permettre de savoir comment réagir devant une situation similaire, afin de ne pas revivre cette émotion.
- Mais le plus important, c'est qu'il nous aide à devenir de plus en plus conscient. Plus nous sommes conscients, plus nous sommes attentifs à nos interprétations et par conséquent en meilleure maîtrise de notre mental et de notre vie.

Comment faire le bilan de nos émotions ?

1 • Écris la situation que tu as vécue et qui a généré chez toi des émotions.
2 • Quelle a été ta compréhension ou ton interprétation ?
3 • Comment t'es-tu senti dans cette situation : rejeté, manipulé, incompris, trahi, impuissant, abusé, dénigré, rabaissé, exploité, etc. ?
4 • Quelle(s) émotion(s) as-tu vécu(s) : peine, colère, peur, frustration, déception, etc. ?
5 • Quelle a été ta réaction : fuite, vengeance, fermeture, agressivité, moquerie, indifférence, etc. ?
6 • Quelles ont été les manifestations que tu as observées ? As-tu été affecté par un malaise quelconque, du genre fatigue, nausée, constipation ou par une affection telle qu'une angine, une otite, une sinusite, une vaginite, un mal de gorge, de genoux… etc., ou encore d'un mal-être, tel qu'un découragement, une angoisse, une perte de joie de vivre ?
7 • Quelle compréhension ou interprétation aurais-tu pu donner à cette situation qui a fait naître le sentiment que tu as ressenti ?
8 • À présent, si tu regardes cette situation sous un angle positif, quelle pourrait être ta nouvelle compréhension ou interprétation ?
Cette situation te rappellerait-elle un événement semblable que tu aurais pu vivre dans le passé ?
9 • Qu'est-ce que cette situation cherche à te faire comprendre ou quelle leçon pourrais-tu en tirer ?
10 • Si la même situation se reproduisait, que ferais-tu de différent, comment agirais-tu cette fois ?

Voici un exemple :

LA SITUATION

J'avais ouvert un Centre de développement personnel. Une personne qui suivait occasionnellement mes séminaires me proposa une idée pour faire la promotion du Centre. Comme elle s'intéressait à la couture et qu'elle connaissait mon goût pour les beaux vêtements, elle me proposa d'organiser un défilé de mode où seraient conviées des personnalités bien en vue. Le prix des billets pour cette soirée me semblait onéreux, mais elle insista en disant que les bénéfices serviraient à la promotion du Centre. Nous avons engagé des frais importants, mais aucune des personnalités bien en vue ne vint. Il n'y eut que très peu de personnes qui assistèrent, dont la plupart étaient mes participants. Cette soirée me laissa avec des dettes plus que des bénéfices.

Un an plus tard, la même personne est revenue, cette fois pour me proposer d'investir pour une publicité dans une revue dont elle avait pris la charge. Je lui ai répondu que je n'avais ni le temps, ni les moyens pour cela et que, de toute manière, c'était mon administratrice qui s'occupait à présent de ces dossiers pour moi. Puis je la quittai rapidement car j'étais attendue. Le lendemain, j'appelai mon administratrice pour lui parler de différentes choses, lorsqu'elle m'apprit qu'elle avait donné son accord pour une excellente affaire de publicité. Il s'agissait de la proposition de cette personne.

LA COMPRÉHENSION

J'ai pensé : *« Comment a-t-elle osé aller rencontrer mon administratrice sans mon autorisation ? »* Mon interprétation fut : *« Elle a passé outre mon autorité. »*

MON SENTIMENT
Je me suis sentie piétinée dans mon autorité et par conséquent non respectée.

MON ÉMOTION
De la colère, en résonance avec l'expérience vécue antérieurement et non pardonnée.

MA RÉACTION
J'ai voulu lui téléphoner afin de lui dire ma façon de penser pour donner raison à mon mental, c'est elle qui avait mal agi. Heureusement, elle n'était pas là, cela m'a donné le temps de calmer mes chevaux.

LA MANIFESTATION
J'ai éprouvé de la fatigue et j'ai eu la voix quelque peu éteinte après ce coup de téléphone. Le lendemain, il m'est apparu un bouton d'herpès à la lèvre supérieure (la colère m'était restée sur les lèvres).

NOUVELLE INTERPRÉTATION
Je me suis calmée et j'ai tenté de trouver une compréhension (positive) qui me soit favorable.

Voilà ce que j'ai trouvé :

- Lorsqu'elle m'avait proposé ce défilé de mode, elle l'avait fait pour m'aider à faire connaître le Centre. Consciente que j'avais été perdante dans cette aventure, elle cherchait peut-être un moyen de m'aider à récupérer cette perte en me proposant une affaire qu'elle croyait très intéressante pour moi. Me sentant trop occupée pour étudier ce projet de publicité, elle s'en est remise à la personne que je lui avais désignée comme étant responsable de ces dossiers.

- Supposons qu'en réalité elle n'ait pensé qu'à elle-même, en se disant : *« Il me faut avoir vendu autant de contrats publicitaires et je crois que j'ai des chances avec ce Centre. »*
- Quelle importance ? Ce qui importe c'est que je sois bien avec la nouvelle interprétation que je donne à la situation. Si cette nouvelle compréhension me permet de me libérer de ma colère et d'être bien et en paix avec moi-même, voilà ce qui est important.

Après avoir transformé cette compréhension, je me suis demandé : *« Ai-je déjà vécu une situation similaire ? »* Je ne me rappelais pas particulièrement d'une situation similaire, mais je réalisai que j'avais moi-même souvent agi de cette façon dans le passé, c'est-à-dire passé outre l'autorité d'une personne pour avoir ce que je voulais.

Qu'est-ce que cet événement m'a permis d'apprendre ? Cette situation m'a permis de reconnaître une de mes façons d'agir qui n'était pas respectueuse. Cela m'a également permis de voir ma difficulté à dire non. Plutôt que de refuser, j'avais utilisé un faux-fuyant en la personne de mon administratrice.

Si je devais revivre la même situation, comment agirais-je cette fois-ci ? Je lui dirais tout simplement merci, mais je ne suis pas intéressée.

Ainsi cette émotion m'a fait avancer puisqu'elle m'a permis de pardonner à cette personne, de me voir dans une façon d'agir qui ne m'était pas favorable en plus de me faire prendre conscience de ma difficulté à dire non.

C'est ainsi que lorsque l'on maîtrise une émotion, non seulement on s'en libère mais en plus elle nous permet d'éveiller notre conscience. Nous pouvons ainsi mieux comprendre pourquoi les chevaux jouent un rôle important sur la voie de notre évolution.

À cette étape, tu es en mesure de comprendre que personne ne peut être responsable de tes émotions. Mais tu admettras avec moi qu'elles sont d'excellentes occasions pour te permettre d'évoluer.

Devenir conscient de ce que nos émotions peuvent nous révéler

Après avoir bien réalisé que c'est **l'interprétateur** qui donne naissance à la majorité de nos émotions, nous pouvons apprendre à mieux maîtriser ce mental pour qu'il cesse de nous faire passer par tous les états d'âme que nous sommes habitués à vivre. Pour ce faire, il nous faudra, dès l'instant où l'on ressentira une émotion monter en nous, ne pas la nourrir, mais plutôt se dire : *« J'accepte cette situation. »* Je lui dis : *« **Oui** »,* car je sais qu'elle vient me révéler quelque chose d'important de moi-même ou m'apprendre quelque chose qui va me permettre de progresser sur la voie de mon évolution. **Je ne lui résiste plus,** je cesse de me convaincre que c'est l'autre qui n'est pas OK ou qui est responsable de ce que je ressens. Je ne donne plus de pouvoir à mon mental. **Je fais taire le discours qu'il me tient.** Je sais que son discours n'est pas celui de mon moi profond. Je me recentre et cherche plutôt quelle est la partie de moi qui a autorisé l'autre à agir ainsi vis-à-vis de moi, ou **pourquoi est-ce que je me suis attiré cette situation** ? Qu'est ce que cette situation veut m'apprendre ? »

Voici un exemple :

J'étais invitée en tant que conférencière à un important Salon de la Santé. J'arrivais du Canada. Il avait été convenu que mon éditeur viendrait me chercher dès mon arrivée. Il vint en effet me chercher pour me conduire à mon hôtel. Or ce n'était pas l'hôtel que m'avait proposé sa secrétaire. L'hôtel où il m'amena était de catégorie inférieure. Comme il ne savait pas où se situait celui que je souhaitais, il m'amena au Salon pour aller s'informer. Étant vêtue plus confortablement qu'élégamment, je préférai l'attendre dans la voiture. Sur place il me dit qu'il allait m'envoyer une personne pour s'occuper de moi. La voiture était garée en plein soleil et je ne pouvais ouvrir les vitres car il avait emporté les clés. Comme il faisait très chaud, je me résolus à l'attendre sur le trottoir à côté de la voiture. J'ai passé près de 35 minutes à l'attendre ainsi. Mon mental prit le contrôle et me dit : « *Il ne doit pas avoir beaucoup de considération pour toi pour te traiter ainsi. Tu mérites d'être nettement mieux considérée. Cet homme est foncièrement égoïste, il ne s'est même pas préoccupé de savoir si tu avais déjeuné et n'a même pas pensé à te laisser les clés pour que tu puisses ouvrir ta vitre…* » Plus mon mental me tenait ce langage, plus je sentais la colère monter en moi. Un ami passa, il me tint compagnie quelques instants et m'offrit de téléphoner à la secrétaire de mon éditeur. Encore sous l'influence de mon mental, je dis à sa secrétaire : « *Je suis l'une des principales conférencières de ce Salon et je me sens traitée comme une illustre inconnue. Je ne me sens absolument pas considérée par votre Maison d'édition.* » Elle me répondit qu'elle allait immédiatement en informer son patron.

Après lui avoir parlé, je me recentrai et je calmai mon mental en me disant à moi-même : « *J'accepte cette situation.* » « *J'accepte que je l'aie attirée à moi car elle a quelque chose à m'apprendre.* » « *Que veut-elle m'apprendre ? Je suis ouverte à comprendre ?* » En agissant ainsi, je tendais les rênes de mes chevaux à mon maître intérieur.

Mon maître étant aux commandes, je pris conscience que si les autres me traitaient ainsi, c'est que moi-même je n'avais pas suffisamment de considération pour moi. Je remerciai cette situation et pris la décision de mieux me traiter.

Mon éditeur revint. Si j'avais écouté mon mental, dès qu'il aurait touché le volant je me serais empressée de lui exprimer tout mon mécontentement, mais là c'était un cocher calme et déterminé qui avait les commandes. Sans lui reprocher quoi que ce soit, je lui demandai : « *Et maintenant, où allons-nous ?* »

Lui : « *Où il est, cet hôtel que tu avais convenu avec ma secrétaire ?* »
Moi : « *Je croyais que tu étais allé t'informer ?* »
Lui : « *Non, j'avais un conférencier à présenter.* »
Moi : « *Il y a un hôtel à côté du Salon qui me semble très bien. Que dirais-tu si nous vérifions s'il y a de la place ?* »
Lui : « *Très bien, allons voir !* »

Il y avait de la place. On me donna une première chambre du côté de la rue. Mais comme je n'arrivais pas à ouvrir la porte, je retournai à la réception et leur dis : « *Pendant que nous y sommes, n'en auriez-vous pas une disponible du côté du lac ?* » J'eus une magnifique chambre qui donnait sur un très beau Lac. Je remerciai mon maître intérieur pour cette prise de conscience. Cette expérience me permit une fois de plus de réaliser que lorsque nous changeons de fréquences vibratoires, le monde qui nous entoure, c'est-à-dire les événements et les situations, changent également.

Ces fréquences correspondent à ce que nous pensons, à ce que nous entretenons comme croyances, mais aussi à notre état d'être. La colère nous garde sur de basses fréquences alors que la quiétude, l'appréciation, l'amour et la gratitude nous élèvent sur de hautes fréquences.

En prenant conscience que je ne n'avais pas suffisamment de considération pour moi, en décidant de mieux me considérer, j'attirais des circonstances pour être mieux considérée. Suite à cette expérience, je reçus une offre d'un autre éditeur qui me manifesta dès le départ une plus grande considération.

L'avantage de maîtriser notre mental, c'est que nous ne lui laissons pas le temps de nous déstabiliser au point d'en avoir des répercussions défavorables sur notre organisme.

Cela nous évite de projeter inutilement du venin sur les autres et nous permet d'améliorer la qualité de nos relations, particulièrement avec notre conjoint, nos enfants, mais aussi avec toutes les personnes que nous côtoyons.

Après ma conférence, j'ai partagé un dîner avec l'éditeur qui était venu m'accueillir à mon arrivée. J'ai pu partager avec lui ce que j'avais vécu en l'attendant. Comme j'avais déjà compris et intégré ma leçon, mon partage n'était nullement accusateur. J'énonçais des faits sans plus. Il me donna raison, sans que j'aie besoin qu'il me donne raison en me disant : *« C'est vrai, j'étais tellement préoccupé par cet hôtel que je n'ai pas pensé à te laisser les clés pour que tu puisses ouvrir une vitre en m'attendant. »*

Lorsqu'on maîtrise nos émotions en prenant la part qui nous revient, on ne rend plus les autres responsables et si on discute avec eux, ce n'est pas sur un ton accusateur, mais uniquement pour qu'ils sachent que nous ne sommes pas d'accord d'être traité de cette façon. Eux peuvent continuer à agir ainsi, mais nous, nous n'accepterons plus qu'on nous manque de respect, parce qu'en maîtrisant mieux nos émotions nous nous respectons mieux et respectons mieux les autres par ricochet.

Une participante me demandait : *« Claudia, n'as-tu jamais été confrontée à un mur ? »* Elle faisait référence à une personne complètement fermée. Je m'appuyai contre un mur de ciment et lui dis : « *Si je veux pousser sur ce mur, je n'arriverai probablement pas à le faire bouger, mais j'ai un autre choix, celui de laisser ce mur-là où il est pour m'occuper de moi, de mon bonheur et de mon évolution.* »

Le mental nous conduit bien souvent à vouloir changer les autres pour qu'ils agissent selon nos attentes. Voilà bien ce qui nous crée le plus d'émotions.

ATTENTES :

– d'être aimé à notre manière ;
– d'entendre ce qui nous ferait plaisir ;
– que celui ou celle que l'on aime réponde à nos désirs ;
– que l'autre comprenne ce qui nous déplaît et change pour faire ce qui nous ferait plaisir ;
– que l'autre reconnaisse sa part de responsabilité ;
– que les situations changent pour notre satisfaction ;
– que les autres agissent selon ce qu'on attend d'eux ;
– que les autres soient davantage comme nous.

Voilà autant de raisons de vivre des émotions, des déceptions, des frustrations, des colères et des peines.

Le secret, c'est de **se donner** à soi ce qu'on attend des autres.

Mieux vaut avoir des ententes que des attentes,
si nous voulons nous éviter bien des mésententes.

7

Je me libère du sentiment de culpabilité

Tant que tout va bien pour un homme, sa conscience est indulgente, mais lorsque le malheur le frappe, il fouille son âme, reconnaît ses torts, élève les exigences de sa conscience, s'impose des privations et fait pénitence.
Sigmund Freud

Si nous n'avons pas mieux compris les expériences de notre passé, c'est qu'elles faisaient partie de notre évolution. Nous devions les vivre afin de les intégrer. On ne s'en libère que lorsque l'on est prêt à les dépasser.

Souviens-toi qu'il n'y a pas de hasard ! Ce n'est pas par hasard que tu as ce livre entre les mains. Si la haine et la rancune peuvent détruire une personne, la culpabilité peut en faire tout autant.

À la lumière des nombreux séminaires que j'ai donnés depuis plusieurs années, je peux dire que j'ai rencontré davantage de personnes affectées par des sentiments de culpabilité que par des sentiments de haine ou de rancune.

Quelles sont les situations les plus fréquentes à l'origine de ces sentiments de culpabilité ?

L'atmosphère familiale, sociale et religieuse dans laquelle la majorité d'entre nous a évolué était des plus culpabilisantes. Cela débutait très tôt avec des phrases telles que :

- « Le petit Jésus va te punir. »
- « Tu fais de la peine à maman. »
- « Tous les sacrifices que je fais pour vous élever. »
- « Tu laisses des choses dans ton assiette alors qu'il y a des pays où les petits enfants meurent de faim. »

Puis à la messe, au cours du sermon, le prêtre nous disait avec verve : *« Jésus a souffert et est mort à cause de vos péchés. »* Je me souviens m'être sentie méchante à l'idée de penser qu'à cause de mes péchés un être si bon avait souffert, avait été crucifié et était mort pour racheter tous les péchés du monde. Le crucifix omniprésent nous le rappelait constamment. On nous disait également que nous n'avions qu'une seule vie et qu'à la fin des temps, nous serions jugés : *« À la fin des temps, il reviendra pour juger les vivants et les morts. »* Sans compter qu'on nous imposait la confession le premier vendredi de chaque mois. Coupable ou non, il fallait s'accuser de quelques méfaits.

On croyait qu'il fallait s'accuser, se dévaloriser, souffrir comme Jésus pour atteindre le ciel tant idéalisé. Ce qu'on ne nous disait pas, c'est que le ciel et l'enfer ne sont pas des lieux, mais des états d'être. Si nous avons passé toute notre vie dans le manque et la souffrance, la vie étant continuité, il peut être illusoire de croire qu'un paradis nous attend à la fin de notre vie. Le ciel et l'enfer peuvent être autant sur la terre, qu'après l'avoir quittée. Ne disons-nous pas, lorsque nous sommes très heureux, que nous sommes au septième ciel et lorsque nous vivons des situations très difficiles, n'est-ce pas l'équivalent de l'enfer ? Vivre dans la paix, la joie et l'harmonie, c'est être au ciel sur la terre, tandis que vivre dans la souffrance, la privation, la mortification, la dévalorisation ou l'autopunition, fruits de la culpabilité, c'est vivre l'enfer sur terre.

Prends quelques minutes de réflexion et essaie de te souvenir d'une ou plusieurs situations où tu te serais senti méchant ou responsable de ce qui est arrivé de malheureux à une personne qui était près de toi. Peut-être as-tu cru que ta mère a souffert ou est morte à cause de toi ? Peut-être as-tu vu tes parents avoir tellement du chagrin, à la suite du décès de ton frère ou de ta sœur et as-tu alors pensé qu'il aurait mieux valu que ce soit toi qui sois mort ? Peut-être as-tu pensé que tu aurais pu faire quelque chose pour aider une personne qui t'était chère et que tu ne l'as pas fait ?

Je te suggère d'écrire ces situations, afin de pouvoir les transformer, pour te libérer du sentiment de culpabilité qui peut t'habiter.

Il y a des années, j'avais l'habitude d'utiliser l'expression « méchante » pour m'exprimer. Par exemple, je disais : *« C'est une méchante bonne idée », « une méchante bonne occasion à ne pas rater. »* Un jour, un ami me dit : *« Tu dois certainement t'être sentie méchante pour utiliser aussi souvent cette expression. »* Je ne m'étais jamais arrêtée à cette possibilité, mais cela m'a portée à réfléchir. M'étais-je déjà sentie méchante ? À cette question, il m'est revenu une image où j'avais environ onze ans. Ma grand-mère souffrait de la maladie de Parkinson. Comme ses mains tremblaient beaucoup, je l'aidais dans ses tâches quotidiennes ; le souvenir qui me revint était celui où je l'avais fait boire trop rapidement et qu'elle s'était étouffée. Lorsqu'elle reprit son souffle, elle me lança : « *Mais tu es donc bien méchante, tu aurais pu me tuer !* » Je me suis alors sentie effectivement très méchante. Cette émotion s'enregistra dans ma mémoire émotionnelle. Voilà pourquoi j'avais tellement peur de faire du mal aux autres, que je craignais de les décevoir ou de leur faire de la peine. C'est sans doute pour cette raison que je pensais et disais : « *J'aime mieux souffrir que de faire souffrir quelqu'un d'autre.* » Cette première découverte me guida vers beaucoup d'autres situations où je m'étais sentie coupable.

J'ai relaté, au début du chapitre précédent, qu'un jour, je me suis arrêtée et que j'ai pensé : « *J'ai sûrement décidé que je ne méritais pas d'être heureuse !* » Mais alors, quand et pourquoi ? Une fois encore la réponse était logée au niveau de ma mémoire émotionnelle.

Ce qui m'aida à la retrouver fut une confidence de ma mère. Lorsqu'elle était enceinte de moi, elle était si malheureuse qu'à un moment, elle avait songé à se jeter à la rivière. Bien que je ne fusse qu'un fœtus, j'ai pu croire que c'était à cause de moi que ma mère était aussi malheureuse, ce qui a pu me faire vivre à la fois un sentiment de culpabilité et un sentiment d'impuissance. Vers la fin de sa grossesse, la violence de mon père devint telle que ma mère dut s'enfuir en pleine nuit, pieds nus dans la neige, pour trouver refuge chez ses parents. C'est là que je suis née. Cette fois, j'ai pu me sentir responsable à la fois de la fuite de ma mère et de l'abandon que subissaient mes frères et sœurs.

Ces culpabilités, sans doute issues de ma période fœtale, furent amplifiées à l'âge de cinq ans alors que ma mère me proposa de l'accompagner pour rendre visite à mes sœurs qui étaient dans un pensionnat. Jusqu'à cet âge, j'ignorais que j'avais des frères et des sœurs. Nous attendions au parloir de ce pensionnat, ma mère et moi, quand arriva une petite fille maigre et très timide. Elle était vêtue d'une robe de couventine bien trop grande pour ses six ans, ses cheveux étaient coupés au carré et presque rasés sur la nuque. Elle me semblait bien misérable. Devant elle, j'avais l'impression d'être une petite princesse dans mon joli petit manteau de velours rose avec mes longs cheveux bouclés. J'ai alors pensé : *« Ce n'est pas juste que moi j'aie tout* (en pensant à maman, grand-maman, grand-papa, mes jolis vêtements et les jouets que je possédais) *et qu'elle, qui est ma sœur, n'ait rien. »* C'est à la suite de cet événement que j'ai commencé à maigrir. Inconsciemment, je ne voulais plus être jolie. Je voulais aussi être maigre, pour ne pas être mieux qu'elle. À l'âge de six ans, je me retrouvai avec elle chez les religieuses où j'ai eu droit à la coupe de cheveux au carré et à l'absence de ma mère.

Cet événement était bien présent sur le film de ma vie. Chaque fois que j'avais l'impression d'avoir plus que les autres, inconsciemment j'attirais un événement pour détruire ce surplus que j'avais et ce autant sur le plan matériel ou professionnel, qu'affectif.

En voici quelques exemples :

À l'âge de dix-neuf ans, mon fiancé m'offrit un très joli manteau de lynx. Je l'ai brûlé sur une bouche de chaleur. Si je recevais une paire de boucles d'oreilles en diamant, j'en perdais une. Si ma sœur me disait qu'elle était malheureuse avec son conjoint, le jour même, je me querellais avec mon fiancé. À vingt-deux ans, j'épousai ce fiancé qui comblait chacun de mes désirs. J'eus droit à un grand mariage avec un magnifique voyage de noces dans les îles Baléares (mariage que n'avaient pas eu mes sœurs). Quelques semaines avant le mariage, je trouvai mon fiancé avec une autre femme, j'en ai eu le cœur brisé et une journée de mariage assombrie.

À cette époque, je n'aurais jamais pensé une seconde que cette culpabilité que je portais en moi m'avait attiré ces événements. J'ignorais même l'existence de cette culpabilité. Mais aujourd'hui, je suis très consciente d'avoir attiré ces événements par ce sentiment culpabilisant d'avoir eu plus que mes sœurs.

Au moment où j'ai découvert mon fiancé avec cette autre femme, je l'ai accusé de m'avoir trahie. Jamais je n'aurais pensé que c'était ma culpabilité qui m'avait entraînée dans cette situation. Cela ne signifie pas que c'était de ma faute, et que mon mari était justifié d'avoir eu une aventure avec une autre femme. Je fais référence ici à **ma part de responsabilité,** c'est-à-dire à cette partie inconsciente en moi qui m'attire des situations en résonance avec les pensées et les sentiments que j'entretiens.

Ce film s'est manifesté tant de fois dans ma vie avant que j'en découvre la raison! J'en étais venue à croire que chaque fois qu'il m'arrivait une situation heureuse, je devais la payer par une situation malheureuse, ou lorsque j'avais un succès un échec suivait. Je me demandais bien pourquoi ma vie se déroulait en une série de succès et d'échecs. Jusqu'à ce que je fasse le lien avec ces situations où je m'étais crue responsable de la souffrance de ma mère, en plus de celle de m'être sentie coupable d'avoir reçu plus que mes frères et sœurs.

Je me suis spécialisée en Métamédecine[9] dans le but de découvrir les causes psychosomatiques des malaises, des maladies ou des situations qui nous font souffrir. Bien que j'aie

[9] En sanscrit, le mot *méta* signifie *compassion.* La Métamédecine se veut donc la médecine de la compassion. **La Métamédecine s'intéresse aux sentiments et aux émotions qui donnent lieu aux divers symptômes (malaises, maladie, etc.) alors que la médecine s'occupe en priorité des symptômes.**

découvert la cause d'un grand nombre de malaises et de maladies, je continuais à être affectée d'un malaise avec lequel j'avais appris à vivre, tant ce malaise m'a accompagnée une grande partie de ma vie. Ce malaise était la constipation.

Dans le livre *Métamédecine : la guérison à votre portée,* j'avais écrit que la constipation est reliée au fait de se retenir. Lorsque je cherchais ce que je pouvais bien retenir ou me retenir, je ne trouvais rien, j'en avais conclu qu'en ce qui me concernait ce problème devait être d'ordre fonctionnel. Puis un jour, ce problème s'aggrava. Les fibres naturelles qui compensaient la paresse de mon transit intestinal ne suffisaient plus. J'ai alors demandé à mon moi profond de m'aider à comprendre la cause de ce malaise. À un moment où je ne m'y attendais pas, la lumière se fit, et je compris : **je me retenais de vivre,** je retenais mon potentiel, passant ma vie à aider les autres à développer le leur, je retenais tout ce qui aurait pu m'amener à être pleinement heureuse. Pourquoi est-ce que je me retenais de vivre ? Parce que je m'étais sentie coupable de la souffrance de ma mère, lorsqu'elle était enceinte de moi.

Comment me suis-je libérée ?

J'ai fermé les yeux, j'ai imaginé ma mère au bord de la rivière dans un état de grand découragement. J'ai ensuite visualisé en imagination ce petit fœtus dans son ventre et toujours en imagination, je me suis vue aller parler à cette petite fille dans le ventre de sa mère pour lui dire que sa maman ne souffrait pas à cause d'elle mais à cause de la situation difficile qu'elle vivait. Elle n'aimait pas son mari, elle ne l'avait d'ailleurs jamais aimé, mais elle aimait les enfants qu'elle avait eus de lui. Elle aurait tant voulu pouvoir le quitter pour partager l'amour qu'elle avait pour un autre homme, mais elle ne pouvait se résoudre à quitter ses enfants, car elle n'avait pas les moyens de les prendre avec elle et l'homme qu'elle aimait n'était pas libre lui-même. J'ai alors dit à cette petite fille qu'elle allait donner le courage à sa mère de quitter cette situation de souffrance, pour se reconstruire une nouvelle vie et qu'elle retrouverait tous ses enfants.

En lui disant ces mots, cette petite fille ne se sentit plus coupable, ni impuissante. À la suite de ce travail, je fus étonnée d'observer que mon transit intestinal se régularisa de lui-même sans que j'aie besoin de recourir à un surplus de fibres alimentaires ou à des laxatifs. J'observai également une augmentation de mon énergie et de ma créativité. J'avais soudain envie de faire plein de choses, de déployer tout mon potentiel et j'observai que les choses se mirent à bouger dans le sens que je souhaitais.

Que nous utilisions la technique du film négatif remis au positif ou celle d'aller parler à son enfant intérieur, ce qui importe c'est de transformer la compréhension que l'on a donnée aux évènements dramatiques ou émotionnels de notre vie.

Face à ma culpabilité d'avoir reçu plus que mes frères et sœurs, particulièrement celle où j'avais trouvé ma petite sœur bien misérable alors que j'avais cinq ans, j'ai utilisé la technique du film positif en écrivant :

« *L'expérience que vivait ma sœur au pensionnat faisait partie des leçons qu'elle devait intégrer dans son évolution. M'empêcher d'être heureuse, détruire ce que je possède ne peut nullement lui être utile ou être utile à qui que ce soit. Alors que réussir, être heureuse peut lui donner l'envie de l'être et la motiver à y parvenir. À partir d'aujourd'hui, je me donne donc le droit d'être complètement heureuse et de jouir de tout ce que la vie a de meilleur à me donner. J'accepte d'être un exemple pour motiver les autres.* »

Depuis que je me suis libérée de ces profondes culpabilités, j'ai beaucoup reçu sur tous les plans. Mais j'ai surtout trouvé la paix en moi. J'ai cessé de m'autopunir lorsque je vis des moments de bonheur ou que je rencontre des succès. Par conséquent, ils sont de plus en plus fréquents.

Je n'ai pas partagé avec ma sœur ce travail que j'avais fait par rapport à ce sentiment de culpabilité qui m'avait habité pendant des années. Un jour, elle me téléphona. J'en fus quelque peu étonnée, puisqu'elle ne m'appelait pratiquement jamais, c'était moi qui avais l'habitude de le faire. Je pensai, en recevant son appel, que notre mère était peut-être décédée. Je lui demandai ce qui me valait cet appel, quand elle me répondit : « *Oh rien de spécial ! Je t'appelle simplement pour te dire merci. Merci, d'avoir écrit ces livres qui m'aident dans mon cheminement, tu es un exemple pour moi.* » Après son appel, je pensai à toutes ces années où je m'étais empêchée de réussir, où j'avais détruit ce qui pouvait me rendre heureuse, et je réalisai à quel point cela ne l'avait jamais aidée, alors qu'en m'étant donné le droit de réussir et d'être heureuse, j'avais pu le mieux contribuer à sa prise en charge et à son désir de réussir et d'être heureuse à son tour.

Nous confondons très souvent être responsable et être coupable. Si je prends la responsabilité de ceux que j'aime et qu'il leur arrive quelque chose de malheureux, je peux être porté à croire que c'est de ma faute, que je n'aurais pas dû dire ce que j'ai dit, ou faire ce que j'ai fait, ou pas fait ce qu'il aurait fallu que je fasse, ainsi je me sens continuellement coupable.

Nous avons, pour la majorité d'entre nous, appris à prendre la responsabilité des autres. Ne nous enseignait-on pas qu'une bonne mère doit s'oublier pour ses enfants, qu'un bon patriote doit être prêt à donner sa vie pour sa patrie. Mais aussi qu'une bonne fille ou un bon fils doivent être prêts à s'oublier pour leur vieille mère ou leur vieux père qui ont fait tant de sacrifices pour les élever.

Qui n'a pas entendu cette phase ou des variantes? *« Après tout ce que j'ai fait pour toi... »* Y a-t-il une phrase qui puisse être plus culpabilisante? Même si nous nous en défendons, elle reste bien présente au fond de nous et peut nous conduire vers l'autoprivation, l'autopunition ou l'autodestruction.

Ayant grandi dans ce système de croyances, j'ai pris longtemps la responsabilité de ce que vivaient mes proches. Je prenais la responsabilité de ma mère, de ma sœur, de mes amis et je souffrais de maux de dos dont j'ignorais la cause. C'est en faisant le lien entre mes maux de dos et ce que je prenais comme responsabilités que j'en compris la cause. Après cette prise de conscience, je décidai que désormais j'aurais le cœur grand comme un autocar mais au premier arrêt tout le monde descend; j'observai à la suite de cette décision que ces maux de dos disparurent.

Ma mère m'avait si souvent répété: *« Moi, je me suis sacrifiée toute ma vie pour mes enfants. »* Je m'étais bien promis de ne pas faire comme elle, pour ne pas faire porter à mes enfants ce poids de culpabilité. Je m'octroyai donc la vie que j'avais envie de vivre, jusqu'à ce que je réalise que j'avais plus d'enfants que ma mère pour lesquels je m'oubliais. Ces enfants, c'étaient mes participants. Je prenais la responsabilité de leur transformation. Lorsque je donnais un séminaire, je ne prenais aucune pause, j'avalais mon repas en vitesse pour être disponible pour la personne qui avait besoin de moi. J'étais la dernière à quitter la salle, après avoir offert à chacun des participants une consultation individuelle, en sus.

Pourquoi est-ce que je faisais cela? C'était pour m'assurer que chaque participant avait reçu toute l'aide qu'il était venu chercher, afin de m'épargner les reproches d'un participant qui n'en aurait pas eu pour son compte. Ce que je craignais encore plus, c'était d'être responsable de la souffrance d'une personne, car cela m'amenait immanquablement à me sentir coupable.

C'est après avoir vécu plusieurs situations similaires que j'ai réalisé que nous avons parfois pour simple rôle de faire vivre une forte émotion à une personne qui nous est chère. Nous pouvons croire que c'est nous qui lui avons causé cette émotion, et cette personne peut nous accuser et nous tenir responsable de sa souffrance. Mais lorsque l'on comprend mieux cette loi de responsabilité, on peut s'interroger sur la raison pour laquelle cette personne s'est attirée cette situation ? Qu'avait-elle d'important à comprendre dans son évolution ?

Dans mes séminaires, que de fois des participants m'ont dit s'être sentis incompris ou rejetés par moi. À mon insu, je réveillais la douleur d'incompréhension ou de rejet qu'ils avaient vécue avec leur mère. Dans un cadre thérapeutique, il m'était assez facile d'amener la personne à en prendre conscience et l'aider à s'en libérer, mais en dehors de ce cadre, sous les feux de l'accusation, j'avais parfois tendance à en prendre la responsabilité.

Cette personne qui nous accuse ou qui tente de nous rendre responsable de son émotion a peut-être déjà vécu une situation semblable dans le passé, mais au lieu de s'interroger sur la raison pour laquelle elle a vécu cette situation, elle s'est peut-être contentée d'en tenir l'autre pour responsable et s'en est ensuite s'éloignée. Cependant, l'amour qui nous lie à cette personne lui permettra peut-être de s'interroger sur la raison pour laquelle elle a vécu cette situation.

Comprendre que nous avons pu être pour l'autre l'occasion de revivre une souffrance ne signifie pas que l'on puisse dire n'importe quoi, en se disant que la façon dont l'autre le prendra lui appartient.

Il y a deux extrêmes, l'un c'est de se croire responsable de tout ce qui arrive aux autres et de se sentir coupable si on ne peut les aider ou répondre à leurs attentes. L'autre extrême, c'est de se montrer complètement indifférent envers les autres, en étant complètement détaché de ce qu'ils peuvent ressentir par rapport à ce qu'on peut leur dire ou aux actions qu'on peut poser à leur égard.

Le juste milieu consiste à comprendre les autres, à leur tendre la main si cela nous est possible, mais aussi à accepter qu'ils aient des expériences à vivre, que nous ne sommes pas toujours la personne capable de les aider, et que parfois nous pouvons être l'occasion pour eux de vivre ces expériences de souffrances.

❒ Marie-France souffrait de polyarthrite

Marie-France souffrait de polyarthrite depuis plus de 7 années. Au cours d'un séminaire qu'elle fit avec moi, une participante, infirmière de profession, partagea qu'elle s'était sentie très coupable d'avoir aidé une patiente à mourir. Cette patiente, qui souffrait tellement, l'avait suppliée de l'aider à mettre fin à ses souffrances.

Le partage de cette participante interpella Marie-France. Elle se rappela alors que sa polyarthrite avait débuté après la mort de son père. Elle n'avait pas vu de lien entre son affection et le décès de son père, puisqu'elle était convaincue d'avoir bien accepté son départ. Mais la confidence de cette personne lui rappela que, juste avant la mort de son père, sa famille, en accord avec le médecin, lui avait confié la responsabilité de décider, quand le moment serait venu, si on devait donner ou non une injection à son père pour abréger ses souffrances.

Elle ne voulait pas endosser cette responsabilité, mais voyant son père souffrir atrocement, elle finit par donner son accord. Son père reçu cette injection qui lui permit de quitter ce monde bien paisiblement. Mais après son décès, Marie-France regretta d'avoir donné son accord, se disant qu'il aurait peut-être pu s'en sortir et vivre encore quelques années. Marie-France se sentit horriblement coupable, comme si elle avait tué son père. Cette culpabilité profonde s'était manifestée chez elle par une polyarthrite sévère où, en peu de temps, ses mains furent déformées. Elle s'en voulait d'avoir pris cette décision, c'est pourquoi ce furent ses mains qui furent les plus affectées, car les mains servent à exécuter les ordres venant du cerveau.

Comment a-t-elle pu s'en libérer ?

Je lui ai proposé de l'aider à retrouver la Marie-France qui avait donné son accord pour que l'on abrège les souffrances de son père. Je l'aidai à entrer dans un état de détente et la dirigeai pour qu'elle revoie l'hôpital, la chambre où son père était alité, et la Marie-France de cette époque. Je lui proposai de regarder ces images comme des images projetées sur un écran de cinéma, et de voir la Marie-France actuelle, celle qui était avec moi, entrer dans cette scène où elle avait donné son accord pour que son père reçoive cette injection.

J'invitai la Marie-France qui était avec moi à dire, en imagination, à la Marie-France qui regrettait tellement cette décision, que son père lui disait merci, qu'il était prêt à partir, qu'il avait eu besoin de cette aide pour partir. Je lui dis de lui dire également que, comme on aide un enfant à naître, on peut aussi aider les personnes à franchir le seuil de leur autre vie. Et qu'elle avait donné son accord pour qu'on aide son père, dans sa traversée, vers sa nouvelle vie.

Je l'amenai également à retrouver son père. Elle put lui parler des doutes qui l'avaient habitée suite à l'accord qu'elle avait donné. Ce dernier lui confirma qu'il lui avait demandé dans ses pensées d'accepter pour lui et qu'il lui en était très reconnaissant.

Après ce travail Marie-France fut libérée du poids énorme qu'elle portait depuis des années. Elle savait ce qui avait donné naissance à sa polyarthrite et elle savait qu'elle allait à présent complètement en guérir.

❒ Anouchka souffrait de fibromyalgie

Anouchka a neuf ans. Son père profite du travail en soirée de sa mère pour s'adonner à des touchers incestueux sur elle. Ces touchers évoluèrent graduellement en abus plus grave. Son père lui laisse croire que c'est elle qui provoque ces passions en lui qu'il ne peut maîtriser. Convaincue d'être la cause des faiblesses de son père, elle vit dans la honte et la culpabilité, n'osant révéler à personne ce que son père lui fait presque chaque soir.
À 18 ans, elle quitte enfin la maison, pour s'assumer. Elle se marie et a deux fils. Puis un jour, elle entreprend une démarche de pardon. Elle veut se libérer de ses pénibles souvenirs qui la font souffrir. Elle va voir son père pour lui dire qu'elle lui a pardonné. Il reçoit ses aveux comme une accusation et en fait une telle histoire qu'Anouchka se sent incomprise et même exclue de sa famille. De nouveau, elle croit que ce qui s'est passé est de sa faute. Elle se dit : « *Je n'aurais jamais dû parler de ce qui s'était passé, j'aurais dû me taire. J'ai causé de la peine à ma famille et maintenant, ils ne veulent plus me revoir.* » Dans cette culpabilité, elle se frappait de reproches, et c'est ce qui s'exprimait au niveau de son corps par les douleurs qui l'affectaient, comme si elle était battue.

❒ Angèle blesse son petit frère

Angèle a un petit frère. Ce bébé pleure souvent. Il se calme habituellement lorsqu'on le berce dans son berceau. Un jour qu'il pleure plus qu'à l'accoutumée, son père lui impose de le bercer. N'en pouvant plus, à bout de patience de l'entendre pleurer, elle incline le berceau d'un mouvement si brusque que le bébé tombe par terre. Dans sa chute, il se fracture les jambes. Angèle porte cette culpabilité pendant des années, convaincue qu'elle est méchante. Elle tente de se racheter en s'oubliant complètement pour les autres, en ne prenant jamais de décisions par elle-même au cas où sa décision pourrait nuire à qui que ce soit. Elle épouse un homme alcoolique qui se montre très dur envers elle de sorte qu'elle finit par sombrer elle-même dans l'alcoolisme. Sa vie est une destruction totale jusqu'à ce qu'elle comprenne cette culpabilité qu'elle porte, et qu'elle s'en libère.

J'ai observé que les personnes qui épousent des alcooliques qui les maltraitent se retrouvent plus souvent dans trois catégories : soit que la personne a eu un parent alcoolique qu'elle n'avait pas accepté ; soit qu'elle voulait aider l'un de ses parents aux prises avec un problème d'alcool, ou encore qu'elle porte une culpabilité profonde et qu'inconsciemment elle cherche à s'autopunir.

Angèle devait donc se pardonner pour se donner de droit de vivre et d'être heureuse. Elle y parvint en reconnaissant qu'elle n'avait jamais eu l'intention de faire du mal à ce petit frère, qu'elle n'avait eu qu'un geste d'impatience ! Un geste d'impatience ne signifie pas que l'on soit méchant pour autant.

Jésus disait : « ***Que celui qui n'a jamais péché lui lance la première pierre !*** » Pourquoi se lancer la pierre ? Détruire sa vie n'efface pas le geste d'impatience. Gardons en mémoire que tout ce qui nous arrive fait partie de ce que nous avons à vivre. Cela est aussi vrai pour les autres.

❒ **Nathalie voit son amie mourir devant ses yeux**
Nathalie rentre de l'école par l'autobus scolaire. Alors que les enfants quittent l'autobus, le conducteur les rappelle, désignant un sac à dos qui a été oublié sur le banc. Nathalie reconnaît son sac. Son amie va au-devant d'elle pour le lui rapporter. En quittant l'autobus, un chauffard ayant perdu le contrôle de son véhicule la frappe et la tue sur le coup.

Pendant des années, Nathalie se torturait en pensant : « *Si je n'avais pas oublié mon sac ou si j'avais été le récupérer moi-même, Josée ne serait pas morte.* » C'est ainsi qu'elle s'autopunit pendant des années en détruisant tout ce qui pourrait la rendre heureuse.
Je l'ai aidée à comprendre que la mort de son amie n'avait rien à voir avec son sac oublié. Si son amie n'était pas retournée à l'autobus, qui sait si elle n'aurait pas été frappée en marchant à côté de ses amies ou encore, si ce chauffard était passé deux minutes plus tôt ou plus tard, elle ne serait pas morte, même en ayant rapporté le sac. Pourquoi cet accident est-il arrivé à ce moment précis ? C'est que Josée devait mourir ce jour-là et que l'événement du sac oublié n'avait été que la situation dont elle avait besoin dans ce qu'elle avait à vivre. Nathalie le comprit, se libérant de cette culpabilité qui lui empoisonnait la vie depuis des années.

❒ La mère de Martine décède à sa naissance
À chacun des anniversaires de Martine, son père ne manque pas de lui rappeler la mort de sa mère. Cela contribue toujours à chagriner Martine et à amplifier son sentiment de culpabilité. Lorsque Martine a quatre ans, son père se remarie. Comme elle n'apprécie pas vraiment cette seconde mère, elle lui est parfois rebelle. Dans un moment de colère, cette dernière lui lance : « *Toi, tu as tué ta mère et tu vas le payer toute ta vie.* »
Cela explique les nombreuses maladies et dépressions que vit Martine.

Il faut savoir que lorsque l'on porte des culpabilités, on s'attire des personnes ou des situations pour amplifier ces culpabilités. Lorsque l'on s'en libère, ces situations cessent de se reproduire.

Personne ne peut nous faire sentir coupable, à moins que nous nous sentions coupables nous-mêmes.

Comment Martine a-t-elle pu changer le film de sa vie face à cette culpabilité ?

Dans son film positif, Martine a écrit : « *Ma mère a dû quitter cette vie au moment où je suis née. J'ai attiré cette mère afin d'apprendre à me détacher des êtres que j'aime. Ma mère avait peut-être la croyance qu'il n'y a pas plus grand amour que de donner sa vie pour celui que l'on aime ou peut-être ne s'était-elle, elle aussi, pas donné le droit de vivre ? J'accepte qu'elle, mon père et moi-même, avions une leçon de vie à intégrer dans cette expérience. Ma naissance a été l'occasion pour ma mère de quitter ce monde. Je me pardonne entièrement de m'être fait souffrir par mon incompréhension comme je pardonne aussi à ma seconde mère ses paroles blessantes, qui provenaient de sa propre souffrance devant la fermeture de mon cœur à son égard. Je reconnais qu'elle m'a toujours aimée à sa mesure et qu'il n'était parfois pas facile de transiger avec une enfant rebelle. Elle ne pensait nullement ce qu'elle disait, ce n'était que le feu d'une colère nourrie par la frustration des vains efforts qu'elle faisait pour être aimée de moi. Je me donne à présent le droit de vivre et d'être heureuse.* »

❒ **Pierre et son frère décédé**

Pierre vient me rencontrer parce qu'il vivait un épuisement professionnel depuis plus d'une année. En thérapie, je découvris qu'avant d'être affecté par cet épuisement professionnel, il avait vécu de fortes émotions lors du décès de son frère et qu'il s'était bien gardé de les montrer à qui que ce soit. Pendant la thérapie, il éclata en sanglots en me disant : « *Je ne lui ai pas dit que je l'aimais et maintenant il est trop tard.* »

Bien des personnes se montrent détachées et remplies d'acceptation lors du décès d'un de leurs proches. On les félicite pour leur courage, alors qu'elles tentent d'étouffer leur chagrin. Ce n'est parfois que bien des années après que leur chagrin refait surface.

Pierre aimait beaucoup son frère qu'il trouvait si gentil et qui lui manifestait son amour. De son côté, lui ne savait pas lui exprimer ses sentiments et c'est bien ce qu'il se reprochait, de ne pas lui avoir exprimé tout l'amour qu'il ressentait.

Lorsque Pierre comprit cela, il comprit aussi que son frère connaissait ses sentiments. Je lui ai demandé : « *Si c'était toi qui étais mort, aimerais-tu que ce frère que tu aimes soit malheureux parce que tu es parti ?* » Il m'a répondu que non. Je lui dis alors : « *Pourquoi le fais-tu ? Qu'est-ce que tu crois qui pourrait rendre ton frère le plus heureux là où il est, si ce n'est de te voir heureux ?* »

« ***Ceux que nous avons aimés ne sont plus là où ils étaient, mais ils sont toujours et partout là où nous sommes.*** »

Alexandre Dumas

❐ Jacqueline est boulimique

Jacqueline souffre de boulimie depuis des années. Elle mange tout ce qui est à sa portée et après elle se fait vomir. Lorsque je la rencontre, elle me fait penser à une gamine qui tape sur sa poupée en lui disant : « *Bien fait pour toi, vilaine poupée.* » La poupée, c'est elle-même. Pourquoi Jacqueline se fait-elle tant de mal ? Elle me raconte que sa mère est décédée quelques mois après la remise de son diplôme de fin d'études. D'aussi loin qu'elle se souvienne, elle a toujours vu sa mère malade. On disait autour d'elle que sa mère n'était pas faite pour avoir des enfants et que c'est après la naissance de ses enfants, surtout la deuxième (qui est Jacqueline), que ses problèmes ont débuté. Jacqueline se croit responsable, par sa naissance, de la maladie, de la souffrance et même de la mort de sa mère. Sa mère lui avait souvent répété : *« Je ne partirai pas avant que vous soyez tous les deux autonomes. »* Dans sa culpabilité de vivre, Jacqueline cherche à s'autodétruire. Inconsciemment, elle cherchait à se faire du mal.

Elle se libérera graduellement de cette culpabilité profonde en comprenant qu'une des plus grandes joies de sa mère fut d'avoir des enfants. Comme elle attendait qu'ils soient autonomes pour partir, peut-être serait-elle partie beaucoup plus tôt si elle n'avait pas eu ses enfants ? Ces années lui avaient certainement permis d'intégrer plusieurs expériences dont elle avait besoin avant de partir. Se faire du mal ne changeait rien à la situation. Et comme Pierre, Jacqueline a compris que ce qu'elle pouvait faire de mieux, c'était d'être heureuse afin de pouvoir s'apporter à elle-même et ainsi pouvoir apporter davantage autour d'elle.

❒ Gilberte a confié son enfant à l'orphelinat

Gilberte a plus de cinquante ans et en est à son douzième pontage. Son cœur est en piètre état. Elle a de la difficulté à monter un escalier. C'est sa fille qui lui offre une thérapie avec moi. Au cours de la thérapie, je lui explique que le centre cardiaque situé au niveau du cœur est relié au centre solaire, qui est le centre des émotions. Que de plus, les problèmes qui affectent le cœur sont souvent reliés à une perte de territoire, et que ce territoire n'est pas nécessairement un lieu physique, mais peut concerner également la perte d'un être cher. Je l'interroge donc sur les émotions qui ont pu l'affecter. Elle me raconte qu'elle a eu un enfant, avant son mariage. Quand sa mère apprit qu'elle était enceinte, elle lui dit : *« Va demander pardon à ton père pour le mal que tu lui fais. »* Gilberte ne s'était jamais pardonné la peine

qu'elle croyait avoir causée à sa famille en plus d'avoir confié son enfant à l'orphelinat.
Je lui demandai : *« Si ta fille qui est célibataire t'annonçait qu'elle est enceinte, comment prendrais-tu cette situation ? »*
Elle me répondit : *« Cela s'est produit ! »*
– « Comment l'as-tu prise ? »
– « Bien. Aujourd'hui, c'est très courant. »
– « Si tes parents avaient vécu la même situation à notre époque, crois-tu qu'ils auraient eu autant de peine ? »
– *« Je ne crois pas. »*
– « Serait-ce que ce qui leur a fait de la peine, ce n'est pas tant le fait que tu aies été enceinte alors que tu n'étais pas mariée, mais plutôt les tabous qu'ils entretenaient ? Se pourrait-il que tes parents avaient à dépasser leurs tabous et leurs jugements, dans leur évolution ?
– « Je ne l'avais jamais vu sous cet angle ! »
– « Pour ce qui est de ton enfant, si la situation avait été idéale, l'aurais-tu confié à l'orphelinat ?
– *« Certainement pas. »*
– « Que souhaitais-tu le plus pour cet enfant sinon qu'il soit accueilli par une bonne famille, qu'il ait toutes les chances d'être heureux, d'étudier et de réussir sa vie. Peux-tu accepter que tu aies agi par amour pour cet enfant ?
– « Oui. »
– « Peux-tu encore te reprocher quoi que ce soit ? »
– « Non. »
– « Pourquoi les médecins ne nous parlent-ils pas de cette façon plutôt que de nous prescrire des médicaments et des interventions chirurgicales ? »
– « C'est que dans leurs études, on leur apprend davantage à poser un diagnostic et à connaître les médicaments ou les traitements susceptibles de soulager leurs patients. On ne leur apprend pas à travailler le côté émotionnel. Pour eux cela relève du rôle des psychologues et des psychiatres. »

Après la thérapie, elle me dit : « *Je repars avec un nouveau cœur.* »

❐ Bernard se sent coupable de vivre

Bernard a six ans quand sa petite sœur décède. Il voit le petit cercueil blanc dans lequel sa petite sœur semble dormir. Il ne comprend pas pourquoi sa mère pleure autant. Des parents, des amis se présentent et se mettent à genoux devant ce petit coffre blanc. Pourquoi et de quoi sa petite sœur est-elle morte, il n'en sait rien, mais est chagriné par la tristesse de sa mère. Voulant la consoler, il s'agrippe à son cou, quand elle le repousse avec colère en lui lançant : « *Ç'aurait dû être toi, plutôt qu'elle !* » Dès cet instant, Bernard se sent coupable de vivre. Il passe une grande partie de sa vie à tenter d'aider des personnes qui souffrent. Il épouse une femme très souffrante pour laquelle il fait tout pour l'aider, mais qui finira quand même par se suicider. Encore une fois il croit que c'est de sa faute et ne se donne pas le droit de vivre et d'être heureux en détruisant son potentiel et ses chances d'être heureux.

Pour s'en libérer, il lui fallut retrouver ce petit garçon de six ans qui voulait consoler sa mère. Lui expliquer pourquoi sa mère était aussi triste. Il fallut lui expliquer que les paroles de sa mère : « *Ç'aurait dû être toi, plutôt qu'elle !* » n'étaient que des paroles de colère, qu'elle ne les pensait pas. Elle n'était pas en colère contre lui, mais contre la vie, contre Dieu qui venait (selon sa compréhension), de lui reprendre sa petite fille qu'elle aimait tant, qu'elle aurait eu autant de chagrin si c'était lui qui était décédé. Il lui fallut également expliquer à ce petit garçon que sa maman avait à se détacher des êtres qu'elle aimait et que lui, il devait apprendre à se détacher de la souffrance des autres et c'est pour cette raison que lui et sa mère avaient vécu cette situation douloureuse.

Après l'avoir aidé dans ce processus avec son enfant intérieur, Bernard retrouva une telle énergie de vivre qu'il n'hésita pas à s'engager dans des projets d'envergure.

❒ Ginette vole le chèque d'allocation familiale

Les parents de Ginette ont peu d'argent. Tous les deux travaillent très fort pour joindre les deux bouts. Ginette aperçoit un chèque d'allocation familiale qui, depuis quatre jours, n'a pas bougé de l'armoire où il est rangé. Pensant qu'il a été oublié, elle le prend, imite la signature de sa mère pour le changer et s'achète le pull qu'elle désirait tant.

Quelque temps après, sa mère se demandait où pouvait bien être passé ce chèque. La situation tourne quelque peu au drame quand elle découvre que le chèque a été changé à l'épicerie à côté. Ce fut la sœur de Ginette qui fut injustement accusée. Ginette ne se sentit pas le courage d'avouer son méfait, mais se sentit coupable au point de s'imposer de dormir sur le parquet de sa chambre pour se punir. Pire encore, elle décréta que, puisqu'elle avait posé un geste aussi vil, elle n'aurait jamais d'argent sa vie durant.

À quarante-quatre ans, elle n'avait jamais encore révélé cette culpabilité qui l'habitait. Elle continuait à son insu à s'autopunir sur le plan financier vivant le plus souvent près du seuil de pauvreté.

Je l'amenai à comprendre qu'elle n'avait jamais voulu mettre ses parents dans une situation embarrassante ou que sa sœur fut accusée. Elle n'avait pas pensé que ce chèque, d'un montant peu élevé, était aussi important dans le budget de sa mère, puisque cette dernière semblait l'avoir oublié. Elle se pardonna ce geste, reconnaissant que sa famille n'avait pas été plus pauvre pour autant. Après la libération de cette culpabilité, sa vie se transforma. Elle reçut de l'argent qu'elle n'attendait pas, obtint une augmentation de salaire et put occuper un poste à plein-temps alors qu'avant cette libération elle ne trouvait du travail que sporadiquement.

C'est l'interprétation donnée à un événement qui tisse les fils de notre vie. En changeant cette interprétation, en pardonnant et en se pardonnant, nous intervenons sur la trame de notre existence.

8

J'apprends à m'aimer

« Celui qui peut aimer, s'aime lui-même ; s'il ne peut aimer que les autres, alors il n'aime pas du tout. »
Éric Fromm

TRÈS PEU DE PERSONNES S'AIMENT VRAIMENT. C'est ce qui explique que très peu de personnes savent comment aimer les autres. Pour une majorité de personnes, s'aimer équivaut à « être égoïste » et aimer les autres à « s'oublier pour les autres » en espérant qu'ils en feront autant pour nous.

Que de fois as-tu toi-même dit ou entendu quelqu'un dire : *« Après tout ce que j'ai fait pour cette personne, c'est tout ce que j'en récolte ! Eh bien ! C'est terminé, je ne veux plus rien savoir d'elle. »* Voilà ce que cette façon d'aimer apporte : attentes, déceptions, frustrations, colère, vengeance, rancune, haine, mépris…

D'où nous viennent ces idées que l'amour de soi est égoïste et que l'oubli de soi est gratifiant ? La réponse est dans notre héritage religieux. Jésus nous a été présenté comme un martyr qui a sacrifié sa vie pour racheter nos péchés. Jésus n'était pas un martyr bien qu'il ait connu la souffrance. Jésus fut l'un des plus grands **porteurs de lumière**. Les paroles : ***« Je suis la voie, la vérité et la vie »*** traduisent bien mieux l'essence de ce grand messager de l'Amour. Tous ses enseignements montrent la voie, véhiculent la vérité et enseignent comment atteindre la réalisation du Soi.

Par son propre exemple, il nous a enseigné que, quoi que l'on ait subi (injure, incompréhension, insulte, rejet, abandon), la voie de la libération passe par le pardon. Ne disait-il pas qu'il faut mourir à soi-même pour renaître à la vie éternelle ? C'est également ce qu'enseignait Bouddha en son temps et à sa manière, et c'est ce que tant d'autres sages, philosophes, religieux, et auteurs ont aussi enseigné à leur époque. Mais encore fallait-il avoir des oreilles pour entendre et des yeux pour voir. N'y a-t-il pas plus sourd que celui qui ne veut pas entendre et plus aveugle que celui qui ne veut pas voir ?

Jésus nous a laissé pour commandement : ***« Aimez-vous les uns les autres. »*** On nous a enseigné : *« Tu t'oublieras pour ton prochain comme Jésus s'est oublié pour toi. »* Nos mères et nos grands-mères en sont d'excellents exemples lorsqu'elles disaient, en se valorisant : *« Moi je me suis sacrifiée toute ma vie pour mes enfants. »*

Le monde de mon enfance est à l'image de cette dichotomie. Ma mère était le portrait type de la femme généreuse, courageuse, qui s'oubliait pour ses enfants (la sainte mère décrite par nos curés). Étant moi-même très religieuse dans mon enfance, j'optai pour le clan des généreux, c'est-à-dire ceux qui savent s'oublier pour les autres. Pour rien au monde je n'aurais voulu être égoïste.

Il y a bien des formes d'égoïsme, mais j'aimais croire que je ne l'étais point. C'est ainsi que j'essayais d'être au service de tous ceux et celles que je croyais pouvoir aider, m'oubliant parfois bien inutilement. Si une amie me complimentait sur ce que j'avais, je me sentais obligée de le lui donner. L'avoir conservé eut été, selon ma compréhension, « être égoïste ». Lorsque nous étions enfants et que l'on refusait de prêter nos jouets, on recevait parfois la remarque suivante : *« Regarde cet égoïste qui ne veut pas prêter son jouet... »* Cela peut nous faire comprendre pourquoi il y a tant de personnes qui ont de la difficulté à refuser ou à dire non.

Ce besoin d'être au service des autres afin d'être aimé nous conduit graduellement à développer l'âme du sauveur. Et c'est ainsi que l'on s'attire des personnes qui prennent une position de victime.

Aider ces personnes qui ne voulaient que l'attention que leur procurait leur position de victime me confortait dans ma croyance que je n'étais pas égoïste. Pourtant, mon conjoint me reprochait de l'être. Je me demandais bien comment je pouvais être égoïste, alors que je passais ma vie à aider les autres et à faire tout ce que je pouvais pour le rendre heureux ?

En vérité, ce que je faisais pour lui, j'espérais qu'il en ferait autant en retour pour me rendre heureuse, c'est-à-dire qu'il quitte la politique qui lui prenait le temps qu'il aurait pu me consacrer ; qu'il soit à la maison lorsque j'avais envie d'y être avec lui ; qu'il s'intéresse à mes lectures et à mes goûts alors que je m'intéressais peu aux siens. En fait, j'étais davantage égocentrique qu'égoïste.

Il convient ici de faire la distinction entre ces deux termes.

Qu'est-ce que l'égoïsme ?

Je définirais l'égoïsme comme une tendance à penser à soi au détriment des autres. Prenons l'exemple d'une personne qui verse le contenu du cendrier de sa voiture dans un endroit public. Pour sa satisfaction personnelle, elle pollue l'environnement des autres. Cette pollution du bien commun peut aussi se faire par le bruit, la fumée de cigarettes, des usines etc. Donc chaque fois que l'on nuit à l'harmonie du bien commun pour notre propre satisfaction nous agissons égoïstement.

Quant à ***l'égocentrisme,*** je le définirais plutôt comme une tendance à tout ramener à soi, dans la recherche de sa propre satisfaction ou dans les complaintes de ses insatisfactions ou malheurs.

Une personne égocentrique est celle qui souhaiterait que le monde qui l'entoure se plie à ses désirs et à ses goûts. Dès que cela sort de son seuil de tolérance qui est plutôt limité, elle critique, se fâche, réclame un dédommagement ou impose ses vues. Elle souhaite que tout soit à sa convenance ; le son est trop fort ou trop bas, les explications d'un cours sont trop longues ou trop courtes, il y a trop de monde et pas suffisamment d'indications, trop d'attentes, le repas est trop froid, le service est trop lent, etc.

La personne égocentrique se positionne souvent en victime. Ces phrases traduisent bien cette tendance à tout ramener à soi et à prendre une position de victime :

- « Tu ne me comprends pas. »
- « Tu n'as jamais de temps pour moi. »
- « Tu ne m'écoutes jamais. »
- « Les autres passent toujours avant moi. »
- « Tu me laisses toujours seule. »
- « Je n'ai jamais été aimé. »

- « Je n'ai jamais eu de chance. »
- « C'est toujours à moi que ça arrive. »
- « Les autres ne peuvent pas savoir ce que moi je souffre. »

La personne centrée sur elle-même a l'impression d'être seule à souffrir ou à avoir souffert. Si on lui dit qu'elle n'est pas la seule, elle répond: *« Moi, c'est pas pareil. »*

L'égocentrisme relève de l'immaturité d'une personne. Un enfant de par nature est égocentrique, car au départ dans son état de dépendance, il ne peut que réclamer. C'est le rôle de ses éducateurs de lui apprendre à penser aux autres. Mais lorsque ses éducateurs étaient eux-mêmes des enfants qui n'avaient pas grandi, comment pouvaient-ils lui apprendre à tenir compte des autres?

La maturité est à la mesure de l'indulgence que l'on a envers soi et les autres.

Donc chaque fois que nous souhaitons que les choses se passent à notre manière, chaque fois que nous souhaitons que les autres agissent ou changent en fonction de nos désirs, de nos attentes, pour notre propre satisfaction en ne tenant pas, ou peu, compte de leurs désirs, de leurs contraintes ou de leurs intérêts, nous agissons de manière égocentrique.

L'égocentrisme, comme l'égoïsme, n'apporte pas le bonheur. Ces attitudes conduisent presque toujours la personne qui les cultive vers une grande solitude, des sentiments de frustration, d'échec et de désespoir qui peuvent la conduire jusqu'au suicide lorsqu'elle en arrive à penser que personne ne la comprend et que le monde se ligue contre elle.

La seule solution pour sortir des griffes de son égocentrisme est de développer une véritable autonomie affective par l'amour de soi et l'attention aux autres.

Parfois on peut confondre s'aimer avec se choyer et aimer les autres avec le fait de s'acheter de l'amour. Pendant des années, j'ai été cette personne qui ne s'aimait pas. On aurait pourtant cru l'inverse puisque je m'offrais tout ce que je désirais. Je possédais beaucoup matériellement, mais je ressentais un tel vide intérieur. Il me manquait une raison d'être, il me manquait l'amour, surtout l'amour de moi-même. J'étais le portrait type de la personne qui ne s'aime pas.

La personne qui ne s'aime pas ne s'attend pas à ce qu'on l'aime, c'est pourquoi elle cherche constamment des preuves d'amour. Elle demande souvent à celui qu'elle croit aimer : *« Est-ce que tu m'aimes ? »* Et même si l'autre lui répond par l'affirmative, elle en doute encore. Lorsqu'elle-même dit ***« je t'aime »***, cela veut dire ***« aime-moi »***.

Elle vit continuellement dans la peur d'être abandonnée, aussi chaque fois qu'elle se sent délaissée, incomprise, elle dit à celui qu'elle croit aimer : *« Tu ne m'aimes pas, parce que si tu m'aimais, tu ne ferais pas cela ou tu dirais ou ferais plutôt ceci. »* C'est ce qui l'amène à s'isoler des autres en se rejetant elle-même.

Quand les autres sont appréciés, elle se sent dépréciée. Si l'on dit à la personne qui l'accompagne qu'elle est jolie, elle pense en elle-même : *« Moi, je dois être moche »* ou si l'on parle d'une personne qu'elle connaît et qui est très créative, là encore, elle pensera que cela sous-entend qu'elle-même ne l'est pas.

Comme elle doute de sa propre valeur, elle cherche continuellement la reconnaissance des autres. Elle vit très souvent dans la peur que l'on voie ses faiblesses. C'est pourquoi elle porte un masque ou se cache derrière une façade de paraître.

Ce qu'elle ignore, c'est qu'elle est bien plus belle que l'image qu'elle essaye de donner aux autres. Elle ne sait pas qu'elle est digne d'être aimée, car on ne lui a jamais appris à se valoriser. Elle a parfois été dénigrée ou maltraitée lorsqu'elle était enfant, ce qui lui a laissé croire qu'elle n'était pas aimable. C'est bien souvent un enfant blessé dans un corps d'adulte qui cherche de l'amour, mais qui en même temps en a peur. C'est pourquoi elle ne se laisse pas facilement apprivoiser. Mais lorsqu'elle aime quelqu'un, elle s'y accroche de toutes ses forces, devenant ainsi possessive, soupçonneuse et même jalouse de toute personne (enfant, ami, ex-conjoint,...), ou de toute activité qui pourrait l'éloigner de la personne qu'elle aime. Dans son amour étouffant, elle finit par faire fuir celui ou celle dont elle souhaiterait tant être aimé.

Par son manque d'amour envers elle-même, elle transmet le message : « **Je ne suis pas aimable.** » et par son attitude, elle transmet celui de : « **Je suis prêt à tout pour que tu m'aimes, jusqu'à me renier s'il le faut !** »

Des paroles d'une chanson populaire disaient : *« Pour être aimé, j'aurais vendu mon âme. »* Pour être aimée, que n'aurais-je pas fait ? J'ai commencé très tôt à m'acheter de l'amour. Enfant, je m'occupais de ma grand-mère qui était malade, des gens pauvres et d'œuvres humanitaires. Recevoir un diplôme d'honneur pour avoir participé à une œuvre humanitaire égalait pour moi « être digne d'être aimée ». Plus tard, ce fut avec les patients chroniques de l'hôpital où je travaillais, ou avec certains membres de ma famille que je secourais. Puis ce fut avec les hommes de ma vie que j'ai voulu aider afin qu'ils m'aiment. Quelque part en moi je doutais que l'on puisse m'aimer simplement pour moi-même. C'est pourquoi je me croyais obligée d'en faire beaucoup pour recevoir en définitive très peu. Comme je croyais que je ne valais que les miettes, je ne recevais pas davantage.

Dans une relation de couple, pour rejoindre celui dont je désirais être aimée, je faisais 98 % du chemin, ne demandant à mon partenaire que de faire un pas, ou de me dire les mots qui me feraient tant plaisir. La plupart du temps, ces mots ne venaient pas. Comme j'avais investi 98 % et ce partenaire 2 %, le résultat était que je croyais l'aimer énormément alors que lui m'aimait bien! Certains de ces hommes que j'ai tant voulu conquérir me disaient: « *Tu en fais trop.* » Je pensais alors: « *Si quelqu'un en faisait autant pour moi, je l'apprécierais au lieu de le lui reprocher.* » C'est en vivant exactement l'inverse avec un homme à mon image qui ne s'aimait pas que j'ai compris le sens de ces paroles: « *Tu en fais trop*» elles voulaient dire: « ***Aime-toi donc un petit peu, pour que j'aie envie de t'aimer.*** »

Lorsque l'on ne s'aime pas, soit on s'attire des personnes qui ne nous aiment pas mais dont on voudrait tellement être aimé, ou des personnes qui feront tout pour gagner notre amour mais qu'on n'aimera pas. Et on se demande: « *Comment se fait-il que lorsque je les aime, ils ne m'aiment pas et lorsque je ne les aime pas, ce sont eux qui m'aiment?* »

Tu seras aimé dans la mesure où tu t'aimes toi-même, et tu ne pourras aimer les autres que dans cette mesure.

Qu'est-ce que s'aimer soi-même ?

Quand je demande à mes participants quels sont les deux plus grands commandements? La plupart ne connaissent bien souvent que le second et ceux qui connaissent le premier ne l'ont, pour la plupart, jamais compris.

Le premier est: « ***Tu aimeras le Seigneur ton Dieu de toutes tes forces, de toute ton âme et de tout ton esprit.*** »

Le second est: « ***Tu aimeras ton prochain comme toi-même.*** »

Que signifie : « *Aimer le Seigneur ton Dieu de toutes tes forces, de toute ton âme et de tout ton esprit* » ?

Cela veut dire aimer la divinité qui est en nous ou notre côté divin. Plus nous aimerons cette divinité en nous plus nous la ferons grandir, faisant ainsi diminuer cette personnalité qui juge, critique, se compare, se dévalorise, blesse, dénigre, jalouse ou envie les autres.

Nous sommes tous et ce, sans exception, une divinité en devenir ; mais pour cela nous devons grandir afin de quitter l'écorce de notre personnalité, comme la chenille doit quitter son cocon pour devenir papillon.

Le second commandement consiste à aimer notre prochain comme nous-mêmes.

Comment pourrons-nous aimer les autres, si nous ne voyons en nous que manques et défauts ? Comment pourrons-nous aimer les autres si nous n'avons pas d'estime pour nous ? Que pourrons-nous offrir aux autres, si nous mendions nous-mêmes de l'amour ? Que peut donner un récipient vide ?

S'aimer soi-même

- ***S'aimer, c'est se donner le droit d'être tel que l'on est et de vivre les expériences qui nous sont propres.***
- ***S'aimer c'est penser à soi sans oublier les autres et penser aux autres sans s'oublier soi.***
- ***S'aimer, c'est se respecter.***
- ***S'aimer, c'est bien se traiter.***
- ***S'aimer, c'est avoir de l'estime pour soi.***
- ***S'aimer, c'est s'apporter ce qui peut nous rendre heureux.***
- ***S'aimer, c'est reconnaître sa valeur.***
- ***S'aimer, c'est se pardonner ses erreurs et se libérer de toute rancune qui nous enchaîne.***

• *S'aimer, c'est chercher continuellement à s'améliorer, pour s'aimer davantage.*

Comment peut-on s'aimer soi-même ?

❍ LA PREMIÈRE ÉTAPE consiste à s'accepter et à s'apprécier tel que l'on est.

Si un tournesol veut être une rose, il sera malheureux toute sa vie. Mais s'il accepte d'être un tournesol, il découvrira toute la richesse de sa différence et sera heureux.

Exercice : fais une liste des aspects que tu n'acceptes pas chez toi.

Exemples :

• ton poids
• ta taille
• tes cheveux
• tes jambes
• etc.

Ce peut être des traits de caractère, tels que :

• possessif
• jaloux
• désordonné
• dispersé
• agressif
• etc.

Maintenant, regarde comment tu peux améliorer cet aspect de toi-même.

Accepter ne signifie pas apprécier, mais admettre, reconnaître, afin de faire face aux problèmes ou à la situation. Certaines personnes obèses ne se regardent que la tête dans un miroir, comme si elles voulaient oublier le reste de leur corps. Ce qu'elles ne savent pas c'est que **tout ce que l'on rejette on le projette.** Donc, plus elles rejettent leur poids, plus leur poids sera mis en évidence.

Fuir un problème n'apporte jamais une solution. Ne pas regarder son excès de poids ne fait pas maigrir pour autant. Si je veux m'en libérer, je dois commencer par accepter ce poids. Si je suis prêt à m'aimer dans tout mon être, je ferai en sorte que le tout soit mis en valeur et non une seule partie.

Ce qui est vrai pour le poids est aussi vrai pour d'autres aspects de nous-mêmes que nous rejetons. Pendant des années, j'entendais à mon sujet que j'avais l'air snob. Un jour, j'en parlai à la directrice du Centre de développement personnel que je fréquentais. Elle me répondit : *« Et alors, tu as bien le droit d'avoir l'air snob! »* Je n'avais jamais pensé que j'avais ce droit. J'essayais plutôt de m'en défendre que de l'accepter. Je m'en donnai donc le droit. Ce qui est paradoxal, c'est qu'à partir du moment où je m'en donnai le droit, je n'entendis plus personne dire que j'avais l'air snob. De plus je découvris que c'était ma peur du rejet qui m'amenait à prendre cette allure quelque peu supérieure. En me libérant de cette crainte, je transformai aussi cette attitude.

Si l'on pouvait simplement accepter que tous les êtres humains aient des qualités à développer et des faiblesses à dépasser, il serait plus facile de s'accepter. Mais voilà, dans notre compréhension, être aimé équivaut à être parfait. Les premiers de classe, les plus beaux, les plus gentils, les plus intelligents... étaient très souvent les préférés. Parfois, nous nous sentions incapables d'atteindre la première place, alors on se révoltait contre ces premiers et contre l'autorité, que l'on qualifiait d'injuste dans sa distribution de compliments et d'affection. Pour couronner le tout, on nous comparait à ces premiers :

- « Vois ta sœur comme elle a de bonnes notes. »
- « Ta cousine est vraiment jolie. »
- « Regarde ton frère comme il est intelligent. »
- « Ton cousin, lui, a été accepté en médecine. »
- « Fais comme ton frère si tu veux réussir. »

Toutes ces comparaisons nous ont apporté dévalorisation, culpabilité et un désir de compétition.

À partir d'aujourd'hui, prends l'habitude de te dire: « **J'ai le droit de…** »

J'ai le droit de ne pas toujours être en forme…
J'ai le droit de ne pas être d'accord…
J'ai le droit d'être différent…
J'ai le droit de vouloir vivre ma vie à ma manière…
J'ai le droit de penser autrement…

Tu as le droit d'être tout ce que tu es. Cependant, si tu réalises que ton attitude ou l'un de tes comportements te coûte dans ton bonheur et dans tes relations avec les autres, il n'en tient qu'à toi de rechercher où il a pris naissance, ce qu'il exprime, et d'entreprendre un processus de transformation qui te sera favorable.

Mais si nous en avons le droit, les autres aussi ont le droit d'être comme ils sont. Toutefois, que l'autre ait le droit d'être comme il est ne signifie pas que cela me convienne. Par exemple, l'autre a le droit de se montrer agressif, mais j'ai aussi le droit de vouloir vivre dans la paix et l'harmonie. À ce moment-là, je cesse de vouloir changer l'autre, mais je me choisis et je choisis de vivre ce qui me correspond, j'agis alors par amour pour moi-même.

Acquérir l'estime de soi-même

Fais maintenant une liste d'au moins dix choses pour lesquelles tu as envie de te féliciter.

T'apprécier consiste à te féliciter plutôt qu'à te dénigrer ou te dévaloriser. Certaines personnes passent leur temps à dire du mal d'elles-mêmes, mais ne supportent pas qu'on leur fasse la moindre critique.

On nous a appris : « *Ne fais pas aux autres ce que tu ne voudrais pas que les autres te fassent.* » Mais on ne nous a jamais appris : « ***Ne te fais pas à toi-même ce que tu ne ferais pas aux autres.*** » Si l'on veut respecter ce grand commandement d'aimer les autres comme soi-même, cette vérité prévaut.

Que de fois as-tu dit ou pensé : « *J'aime mieux souffrir que de voir quelqu'un d'autre souffrir.* » Ces mots traduisent : « *Les autres sont bien plus importants que moi, ils méritent d'être plus heureux que moi.* »

Si l'on ne s'aime pas, comment peut-on demander aux autres de nous aimer ? Tout ce que l'on se fait, on autorise les autres à nous le faire en bien comme en mal. Si l'on ne pense jamais à soi, que l'on s'oublie constamment pour les autres, les autres nous oublieront.

Une participante me confiait : « *Moi, j'ai passé ma vie à penser à mon mari et à mes enfants. Lorsque l'un de mes enfants venait au monde, qu'est-ce que j'aurais donné pour que mon mari m'offre une fleur. Jamais il ne m'en offrait.* » Je lui demandai : « *Tu n'as jamais pensé à téléphoner au fleuriste pour t'en faire livrer ?* » Elle fut toute surprise de ma question.

Non, elle n'y avait jamais pensé car elle croyait qu'aimer, c'était s'oublier pour les autres et que penser à soi, c'était être égoïste. Pourtant, si elle s'était offert le bouquet de fleurs qu'elle désirait tant, son cœur aurait été rempli de joie au lieu de tristesse pour accueillir cette nouvelle vie. Et son mari, la voyant heureuse d'avoir des fleurs, aurait peut-être eu l'idée de lui en offrir à une prochaine occasion.

Tout commence par soi.
Le monde qui nous entoure est notre miroir.

Ce que tu te fais à toi-même, tu autorises les autres à te le faire, ainsi :

- Si tu te juges ou te critiques, les autres te jugeront et te critiqueront. Avant de dire il ou elle me critique constamment, vérifie si tu ne te critiques pas toi-même. Si tel est le cas, deviens plus tolérant envers toi-même, tu verras les autres devenir plus indulgents envers toi.
- Si tu te fais des reproches, les autres t'en feront. Si en plus, tu te sens coupable, les reproches des autres amplifieront l'effet de blâme que tu t'infliges. Comme le disait Eléonore Roosevelt : ***« Personne ne peut te faire sentir inférieur sans que tu y consentes d'abord. »***
- Si tu n'écoutes pas tes sentiments, personne ne les écoutera.
- Si tu ne prends pas ta place, personne ne te la donnera.
- Si tu n'as pas beaucoup d'estime pour toi, comment peux-tu attendre que les autres en aient pour toi ?
- Si tu n'as pas confiance en toi, comment peux-tu espérer que les autres te fassent confiance ?
- Si tu t'oublies continuellement, tu ne pourras blâmer les autres de t'oublier.
- Si tu ne te respectes pas, tu ne pourras accuser les autres de te manquer de respect.

Mais l'inverse est aussi vrai :

- Si tu t'aimes, les autres t'aimeront.
- Si tu penses à toi, les autres penseront à toi.
- Si tu as du respect pour toi-même, les autres te respecteront.
- Si tu t'apprécies, les autres t'apprécieront.
- Si tu es honnête avec toi-même, les autres seront honnêtes envers toi.
- Si tu es bon et gentil pour toi-même, les autres te traiteront avec gentillesse.
- Si tu es indulgent envers toi-même les autres le seront vis-à-vis de toi.
- Si tu as confiance en toi, les autres te feront confiance.

Que n'aurais-je pas fait ou donné autrefois pour me sentir aimée alors que la solution était si simple ! Il s'agissait simplement de m'aimer moi-même. Ma première étape a donc été de m'accepter telle que j'étais et d'apprendre à m'apprécier. Je me suis donné le droit d'être tout ce que j'étais : d'avoir l'air snob, d'avoir peur d'être rejetée, d'être possessive, agressive à mes heures, mais aussi d'être douce, compréhensive, intelligente, courageuse, etc. Les aspects qui m'étaient les moins favorables, je les affrontai un à un. À chaque petite victoire sur mes peurs et mes faiblesses, je me félicitais et m'encourageais à me dépasser. C'est ce que je fais encore.

❍ LA DEUXIÈME ÉTAPE consiste à s'apporter ce qui peut le mieux contribuer à notre bien-être et à notre bonheur.

J'avais compris que l'Amour était **don de soi**. Je n'avais pas compris qu'il devait être en premier un **don à soi**. C'est ainsi que pour être aimée, comme une large majorité de gens, je prenais plus de responsabilités que je n'en aurais moi-même demandées aux autres. Je me donnais entièrement jusqu'à ce que, vidée, je n'aie plus qu'un désir : tout laisser tomber et partir.

Un de mes amis avait une description assez juste de ces états. Il me décrivait comme une personne très attentive aux besoins des autres, mais lorsque ces personnes (que j'avais apprivoisées) devenaient trop lourdes ou trop nombreuses, je montais dans ma montgolfière et je disparaissais. **Si on ne sait que donner, on se retrouve tôt ou tard vide.** Que de personnes épuisées j'ai reçues en consultation ! Des personnes qui ne savaient pas qu'elles avaient le droit de penser à elles.

Lorsqu'on est vidé, on n'a plus rien à donner. Aussi est-il essentiel de se donner tout ce qui peut contribuer à notre bien-être physique, mental, émotif et spirituel. Plus nous aurons du bonheur plus nous serons en mesure d'en faire profiter les autres.

Celui qui s'aime sait répondre à ses véritables besoins et parce qu'il le fait, il lui reste suffisamment d'énergie pour aimer les autres.

Éric Fromm

❒ Marcel est dévoué

Marcel est l'une de ces personnes. Il est affecté d'un cancer de l'œsophage. Quand Marcel a onze ans, il a une petite sœur très souffrante qui pleure continuellement et qui finira par mourir à l'âge de quatre mois. Marcel aurait tant voulu soulager cette petite. Lorsqu'il a treize ans, c'est son petit frère âgé de cinq ans qui meurt d'une pneumonie. Marcel voit son père pleurer pour la première fois. De nouveau le sentiment d'impuissance face à la souffrance vient le hanter. Toute sa vie, il se consacre au service des autres et de sa communauté, effectuant très souvent lui-même les tâches en double. Voilà qu'à cinquante-deux ans, épuisé, après s'être tant donné à sa communauté, il revendique une retraite bien méritée. Parmi les activités qu'il quitte, il y a celle de directeur d'une chorale, fort appréciée d'ailleurs. Les membres de cette chorale lui disent qu'il ne peut les laisser, qu'à son départ la chorale risque de disparaître, etc. Se sentant responsable, bien qu'épuisé, il continue. Comme il ne pense pas à lui, personne n'y pense. Inconsciemment, la maladie devient sa seule porte de sortie en lui donnant ce repos dont il a tellement besoin.

❒ **Marie et l'impuissance**

Marie a trois ans. Sa mère vit une grossesse très pénible, elle fait de nombreuses crises de foie qui nécessitent de fréquentes visites chez le médecin. Durant la journée, Marie reste seule avec sa mère et assiste, impuissante, à sa souffrance. Une tante lui dit un jour : « *Tiens-toi tranquille, tu vas faire mourir ta mère.* » Il n'en faut pas plus pour que Marie se sente coupable de la maladie de sa mère en plus de développer un sentiment d'impuissance face à la souffrance des autres.

Quelquefois, ces personnes se demandent comment il se fait qu'elles puissent aider tant de personnes et qu'elles restent impuissantes devant la souffrance de celles qu'elles souhaiteraient tant aider ?

Nombre de personnes se sentent coupables de se reposer. Elles ont l'impression de perdre leur temps ou de paresser. Un jour, un ami me dit : « *Claudia, si tu avais un appartement qui te coûtait moins cher, tu n'aurais pas besoin de travailler si fort.* » J'étais convaincue que l'argent était de l'énergie et que si j'avais eu un appartement moins cher, j'aurais gagné moins d'argent. Je me suis alors demandé pourquoi je travaillais autant. Et j'ai compris.

Enfant, je voyais ma mère qui travaillait du lever au coucher. Travailler autant était inconsciemment une façon de lui rendre justice d'avoir tant travaillé pour ses enfants. Je me sentais coupable lorsque je prenais du temps pour me reposer ou même pour regarder la télévision, ce que j'interprétais comme une perte de temps. J'ai compris que ma mère avait accepté l'idée que pour être une bonne chrétienne, elle devait se sacrifier pour ses enfants. Et c'est bien ce qu'elle s'attirait: des sacrifices. J'ai aussi compris que le fardeau que je me donnais n'allégeait en rien celui qu'avait porté ma mère. Et, de plus, je risquais de transmettre à mes propres enfants l'idée *« que la vie est difficile, que l'on ne peut s'arrêter avant sa mort »*.

❒ Lisette veut prendre la peine de sa mère

Lisette veut soulager sa mère qui a une forte tendance à être dépressive. Elle la voit souvent pleurer et la sent profondément malheureuse. Alors que Lisette a douze ans, sa mère devient enceinte d'un cinquième enfant, qu'elle n'accepte pas du tout. Elle ne se sent pas la force d'élever un autre enfant. Lorsque cet enfant naît, Lisette quitte l'école pour s'occuper de cet enfant, soulageant ainsi sa mère. Plus les années passent, plus Lisette devient mélancolique avec des moments de déprime sans qu'elle puisse s'expliquer pourquoi. À l'âge de vingt-sept ans, alors que l'enfant qu'elle a élevé atteint une plus grande autonomie, elle se marie avec un homme bon, attentif, qui l'aime beaucoup. Après son départ, sa mère devient de plus en plus nostalgique et déprimée. C'est alors que la tristesse et les dépressions de Lisette augmentent sans aucun motif apparent pouvant les expliquer.

Lorsque je la rencontre, elle en est à une première tentative de suicide. Pourtant Lisette a tout pour être heureuse: un bon mari qui l'aime, des enfants charmants, un emploi qu'elle aime, l'aisance financière. Inconsciemment, Lisette voulait prendre la peine et les dépressions de sa mère comme elle l'avait soulagée en prenant l'enfant qu'elle se sentait incapable d'élever.

J'ai rencontré plusieurs histoires similaires en consultation. Je me souviens particulièrement d'une personne atteinte de dystrophie musculaire qui me racontait comment avait débuté sa maladie. Durant une des nuits où sa petite fille de deux ans était en pleine crise d'asthme, elle crut que la petite allait mourir. Elle pria avec ferveur en disant : « *Mon Dieu prends ma santé et donne-la lui.* » C'est après cette nuit qu'elle commença à être malade jusqu'à développer de la dystrophie musculaire. Dieu lui avait-il vraiment retiré sa santé pour la donner à sa fille ? Non, c'était sa propre croyance qui agissait par le biais de son subconscient. Elle me disait : « *Plus ma fille se porte bien, plus je dépéris.* » Cette personne voulait comprendre, mais non guérir, car elle croyait que si elle guérissait, peut-être que sa fille mourrait.

Que de personnes se font de la peine, se troublent ou se rendent malades lorsqu'un être, qui leur est cher, souffre. Est-ce que cela peut aider la personne qui souffre ? Nullement. Pire, la personne qui souffre doit vivre avec sa propre souffrance, et la souffrance des autres autour d'elle.

Lisette aurait-elle pu retirer la peine et les dépressions de sa mère ? Nullement. Mais elle risquait de les amplifier, parce que sa mère aurait pu penser qu'elle était responsable des dépressions de sa fille par l'influence qu'elle lui avait donnée.

Un noyé ne peut secourir un autre noyé. Il faut être fort soi-même pour en aider un autre qui est affaibli. S'affaiblir parce qu'il est affaibli est absolument inutile.

Certaines personnes se privent de s'offrir ce qu'elles désirent parce que leur entourage ne peut se l'offrir. Encore une fois cela n'aide personne. D'autres donnent ce qu'elles souhaiteraient pour elles-mêmes. Elles achètent pour une amie ou un proche un objet qu'elles apprécieraient tant. C'est le genre de personne à réserver ses plus beaux couverts, sa plus belle lingerie pour les invités envers qui elle agira en servante. Si au moins elle se traitait en invitée chez elle!

Traite-toi, à partir d'aujourd'hui, comme tu traiterais ta ou ton meilleur(e) ami(e).

Lorsque tu te dis des choses qui ne sont pas très élogieuses, demande-toi : « Est-ce que je dirais cela à ma meilleure amie? »

L'exercice que je te propose de faire à ce stade est de te dire avant de prendre quelque décision que ce soit :

Si je m'aime…
- Si je m'aime, vais-je penser à moi ou m'oublier?
- Si je m'aime, vais-je m'offrir ceci ou cela?
- Si je m'aime, vais-je accepter ou refuser?
- Si je m'aime, vais-je travailler toute la journée du samedi ou m'offrir du bon temps avec ma famille?

Rappelle-toi cependant que **s'aimer, c'est penser à soi sans oublier les autres** car si tu ne tiens pas compte des autres, ton bonheur ne sera que très bref. Apprends toutefois à affirmer tes besoins dans l'amour sans avoir à les revendiquer dans la colère ou les imposer dans l'intransigeance.

❍ LA TROISIÈME ÉTAPE consiste à ne pas attendre le bonheur des autres.

Attendre le bonheur des autres, c'est remettre notre bonheur entre leurs mains.

Imagine que tu as besoin d'un médicament essentiel à ta survie et que tu le confies à ton conjoint. Dans quel état serastu si un jour il ne rentre pas à l'heure prévue, ou s'il lui arrive quelque chose, ou s'il t'oublie ou s'il décède? Ce serait à coup sûr ta mort. Mais si tu conserves ce médicament, quoi qu'il arrive à ton conjoint, ta vie n'est pas menacée.

Plusieurs personnes n'ont pas encore coupé le cordon ombilical, mais l'ont transféré à une autre personne, recréant ainsi un autre lien de dépendance. C'est pourquoi elles seront prêtes à faire n'importe quoi pour que ce lien perdure. Si ce lien se rompt, elles auront l'impression qu'elles ne peuvent plus vivre; un peu comme l'enfant qui dépend entièrement de sa mère pour sa survie.

Lorsque l'on vit une dépendance, on s'attire un dépendant comme nous. La plupart du temps, ces dépendances sont différentes, mais elles se complètent:

Elle est dépendante sur le plan affectif.
Lui est dépendant sur le plan financier.

Ou encore:

Elle est dépendante de ses enfants.
Lui est dépendant de sa mère, etc.

D'où l'importance de développer sa propre autonomie. En faisant porter notre charge à un autre, nous prenons sa charge en retour, ce qui risque d'être lourd à porter.

À partir d'aujourd'hui, assume l'entière responsabilité de ton bonheur en acceptant:

- que ta réussite ne dépend que de toi ;
- que tu n'as pas besoin de plaire à tout le monde ;
- que tu n'as pas besoin de l'approbation des autres pour agir ou être satisfait de toi-même ;
- que tu as le droit d'avancer même si les autres ne veulent pas bouger ;
- que ce que tu as n'enlève rien aux autres ;
- que de te faire de la peine ou du mal ne peut nullement alléger les difficultés ou les souffrances des autres ;
- que les autres sont les seuls responsables de leur bonheur, ce qui implique que, quoi que tu fasses, tu ne pourras jamais rendre heureuse une personne qui ne veut pas l'être ;
- que les autres peuvent vivre des émotions sans que cela te concerne ;
- que détruire ta vie ne peut racheter une faute commise ;
- que de t'empêcher de vivre ne peut redonner la vie à une personne qui est décédée ;
- que les autres peuvent être, penser ou agir différemment de toi ; ce qui importe c'est ce que tu es, toi, et ce que tu penses de toi.

Sois fier de toi. Avance là où tu veux aller. Donne-toi ce que tu désires. Fais de chaque instant de ta vie une réussite dans la joie, l'émerveillement et la paix. Ainsi, tu avanceras sur la voie du vrai bonheur. L'autre ou les autres sont l'équivalent d'un dessert. Si tu es bien nourri tu ne laisses personne te manipuler pour un dessert et quand tu l'obtiens, tu ne le dévores pas comme un affamé.

Comme tu n'es pas affamé, tu peux mieux choisir le dessert que tu désires et mieux l'apprécier.

C'est ainsi que tu pourras vivre en harmonie avec toi-même et les autres.

Bonheur où es-tu ?

Si tu ne trouves pas le Bonheur,
C'est peut-être que tu le cherches ailleurs,
Ailleurs que dans tes souliers…
Ailleurs que dans ton foyer.
Selon toi, les autres sont plus heureux,
Mais, toi, tu ne vis pas chez eux…
Tu oublies que chacun a ses tracas,
Tu n'aimerais sûrement pas mieux son cas.
Comment peux-tu aimer la vie :
Si ton cœur est plein d'envie ?
Si tu ne t'aimes pas ?
Si tu ne t'acceptes pas ?
Le plus grand obstacle au Bonheur, sans doute,
C'est de rêver d'un Bonheur trop grand,
Sachons cueillir le Bonheur au compte-gouttes,
Ce sont les petites gouttes qui font les océans.
Ne cherchons pas le Bonheur dans nos souvenirs,
Ne le cherchons pas non plus dans l'avenir,
Cherchons le bonheur dans le présent
C'est là et là seulement qu'il nous attend.
Le bonheur ce n'est pas un objet
Que l'on peut trouver quelque part hors de nous.
Le Bonheur, ce n'est qu'un projet qui part de nous
Et se réalise en nous.
Il n'existe pas de marchand de Bonheur.
Il n'existe pas de machine à Bonheur.
Il existe des gens qui croient au Bonheur.
Ce sont des gens qui font eux-mêmes leur Bonheur.
Si dans votre miroir votre figure vous déplaît,
À quoi ça sert de briser le miroir… ?
Ce n'est pas lui qu'il faut casser !
C'est vous qu'il faut changer.

Charles E. Plourde

9

J'apprends à aimer les autres

« Le besoin d'amour est la pierre angulaire de l'existence humaine. Il résulte de la profonde interdépendance que nous partageons tous les uns avec les autres. »
S.S. Le Dalaï Lama

L'AMOUR EST UN PROFOND SENTIMENT qui hausse les vibrations de la personne qui s'en nourrit. L'amour transforme, embellit, rajeunit, apporte la joie, la paix et le bonheur. L'**Amour** : ce très grand mot presque sacré fut malheureusement galvaudé.

En français, le verbe *aimer* est utilisé pour décrire une multitude de sentiments différents ; on l'utilise autant pour exprimer ses goûts, ses préférences que ses sentiments.

En voici quelques exemples :

- J'aime la pizza.
- J'aime les voitures de sport.
- J'aime la campagne.
- J'aime mon enfant.
- J'aime mon professeur.
- J'aime ma mère.
- J'aime ma femme.

En anglais, on a le choix entre **I like** et **I love**. Le premier s'utilise pour ce qu'on aime de manière générale alors que le second s'utilise lorsque l'on parle d'amour envers une personne qui nous est chère.

Les Grecs utilisaient trois mots pour désigner l'amour :

- **Éros** : d'où nous vient le mot *érotique*. C'est la forme d'amour où l'on est attiré par la beauté des formes ainsi que l'expression de la sensualité et de la sexualité.
- **Philos** : d'où nous vient le mot *philosophie* qui signifie ami de la sagesse. C'est l'amour pour la connaissance et les sciences. De philos, nous retrouvons aussi le préfixe *phil* comme dans philanthropie, qui est l'amour des hommes.
- **Agapê** : ce mot fait référence à la forme d'amour où les sentiments interviennent, l'équivalent du *I love* en anglais.

Aimer l'autre, c'est lui faire une place dans notre cœur.

Il nous faut parfois expérimenter plusieurs expressions de l'amour pour découvrir l'amour qui nous élève et qui nous transforme, ce qu'on appelle aussi le véritable amour.

Les différentes expressions de l'amour

L'amour dépendant

L'amour dépendant est un amour infantile. C'est la première expression de l'amour que nous expérimentons. C'est l'amour d'un enfant pour ses parents. Lorsque cet amour a été comblé, c'est-à-dire lorsque l'enfant s'est senti véritablement aimé, il peut expérimenter une autre forme d'amour. Mais si ce besoin n'a pas été comblé il va persister pour tenter d'être comblé. C'est pourquoi la personne qui expérimente cette expression de l'amour va rechercher auprès d'un partenaire l'affection et la tendresse de la mère qu'elle n'a pas reçues, ou l'amour protecteur d'un père qui n'a pas joué son rôle.

L'amour dépendant est le plus souvent un amour passionnel, appelé aussi « amour fou », qui se nourrit de conquêtes et d'oubli de soi. L'amoureux dépendant est prêt à tout pour être aimé de la personne dont il souhaite être aimé.

Cette forme d'amour donne le plus souvent naissance à la possession, à la jalousie, à la peur d'être abandonné et au désespoir lorsque l'autre s'en va. Beaucoup de tentatives de suicide ou de crimes passionnels ont pour origine cette forme d'amour.

Voici comment l'amour passionnel (infantile) et l'amour mature s'expriment :

- L'amour passionnel : *« Tu es toute ma vie. »*
- ***L'amour mature :*** *« Tu es important pour moi, sans être mon seul centre d'intérêt. »*
- L'amour passionnel : *« Je ne peux vivre sans toi. »*
- ***L'amour mature :*** *« Je suis heureux de pouvoir partager ces moments avec toi. »*
- L'amour passionnel : *« Si tu pars, je vais mourir. »*

- ***L'amour mature :*** *« Si tu choisis de partir, ou si tu le dois, je te garderai dans mon cœur tout en te souhaitant le meilleur sur la voie de ton évolution. »*

Ce n'est qu'en atteignant une certaine maturité affective que l'on peut vraiment partager l'amour avec une autre personne. Que peut donner un vase vide en attente d'être rempli ? Rien tant qu'il ne reçoit pas. Le dépendant affectif est comparable à un vase fêlé que l'on doit toujours remplir, ce sont ces fêlures dans son affectif qui expliquent son insatiable besoin d'amour.[10]

L'amour romantique

L'amour romantique est certainement la forme d'amour la plus recherchée, particulièrement par la femme. Les contes de fées, les petits romans à l'eau de rose, les romans-feuilletons, les chansons sentimentales, les films d'amour ont contribué à idéaliser cette forme d'amour. Dans l'amour romantique, il y a un détachement temporaire de la réalité, un état d'idéalisation où l'être aimé est mis sur un piédestal. Tomber en amour se résume parfois à une chute dans l'illusion qui nous fait voir et entendre ce que nous désirons.

Plusieurs femmes rêvent d'un prince charmant qui les transportera au pays merveilleux du romantisme. Lorsqu'elles fréquentent leur prince, elles sont de belles princesses maquillées, arborant un beau sourire et des yeux lumineux. Cette romance peut se prolonger jusqu'à la lune de miel et même au-delà. Mais il arrive un moment où la princesse se transforme en femme accaparée par ses responsabilités et qui se

[10] Pour savoir comment se libérer de la dépendance affective, voir mon livre *Guérir les blessures de son passé,* chapitre 6, Éditions Quintessence.

préoccupe beaucoup moins de son apparence que de sa carrière ou de ses responsabilités quotidiennes. D'autant qu'elle n'a plus à conquérir son prince, il vit à ses côtés. Son prince à son tour se montre moins attentionné pour sa princesse. Graduellement elle commence à le trouver ennuyeux et moins disponible. Lui, de son côté, la trouve moins séduisante qu'au moment où il la fréquentait. Il commence à la trouver casse-pieds lorsqu'elle le sermonne parce qu'il laisse traîner ses chaussettes. Lorsqu'ils se fréquentaient, elle ne faisait pas de cas du désordre qui régnait dans son appartement. Elle trouvait même amusant de se frayer un chemin jusqu'au lit pour assouvir leur passion mutuelle.

Si notre couple recherche l'amour romantique, il est plus que certain qu'il vivra de profondes frustrations. Cela peut donner naissance à des relations extraconjugales où l'on tentera de recréer avec un nouveau partenaire l'amour romantique bâti autour de rendez-vous secrets, où l'imprévisible sera le plus souvent présent ; alors que dans une vie de couple, l'habitude s'installe tôt ou tard.

L'amour romantique pourrait être défini comme un amour passager et superficiel, bien que très intense émotionnellement. Une vie de couple en évolution ne peut être basée sur ce type d'amour, parce que trop peu réaliste. Mais elle peut, bien entendu, à certains moments être teintée de romantisme.

L'amour érotique ou le coup de foudre

L'amour érotique est la recherche de la satisfaction des sens ; l'accent est mis sur la beauté et l'attraction sexuelle. *« As-tu vu le beau mec? »* ou *« C'est une vraie beauté d'Hollywood. »*

Lorsque Marc a rencontré Mireille, ce fut le coup de foudre. *« Lorsque j'ai vu Mireille la première fois, je suis tombé amoureux d'elle immédiatement. Elle était tellement excitante, attirante et belle que j'en ai perdu la tête »*, disait-il. Déjà marié, père de deux enfants, il a demandé le divorce peu de temps après avoir fait la connaissance de Mireille. Moins d'un an après s'être remarié avec elle, il avait des aventures avec d'autres femmes, car sa flamme s'éteignait de jour en jour. Voilà qu'il reprochait à Mireille un petit ventre, des traces de cellulite, alors qu'au début, elle était parfaite à ses yeux. Son amour étant relié à la perfection de la beauté, plus il lui découvrait des petits côtés déplaisants, plus l'intensité de son amour diminuait.

Certaines femmes ont tellement peur d'être aimées pour leur apparence, qu'elles se refusent à être jolies ou à se mettre en valeur. D'autres à l'inverse deviennent obsédées par leur apparence physique oubliant que ce n'est pas leur apparence qui leur permettra de vivre une belle relation de couple, mais plutôt ce qu'elles pourront partager avec leur partenaire.

L'amour valorisant socialement

L'amour valorisant consiste à rechercher un ou des prétendants qui rehaussent notre valeur. On peut jouer le don Juan ou la femme fatale en s'entourant d'un maximum de prétendants qu'on peut rejeter du revers de la main. Cette forme de pseudo-amour consiste à satisfaire l'ego qui pense : *« Je peux avoir tous les partenaires que je veux, je suis donc irrésistible. »*

Ou encore on peut s'en tenir à un seul partenaire qui par ses titres, son argent, sa profession et même sa couleur nous donne l'impression d'avoir plus de valeur nous-mêmes.

- « Ma femme est une grande comédienne. »
- « Je suis l'épouse du Docteur Untel… »
- « Ma femme travaille au consulat de France. »
- « Mon mari est avocat. »

C'est le type d'amour que secrètement, plusieurs de nos mères espéraient pour leur fille. Je me souviens du commentaire que m'avait fait ma mère lors de la première rencontre avec celui qui allait devenir mon mari. Elle me dit, après son départ : *« Claudia, ça, c'était un homme bien! »* Elle faisait sans doute référence aux autres garçons que moi ou ma sœur lui avions déjà présentés. Étonnée de son commentaire, mes yeux devaient être interrogateurs puisqu'elle poursuivit : *« Il avait une belle veste! »* Ne parlait-on pas de trouver un bon parti ? Je l'ai épousé, en bonne partie pour plaire à ma mère, pour qu'elle soit fière de moi. Je crois qu'à cette époque, j'avais davantage besoin de l'amour de ma mère que de celui d'un mari.

Ces amours valorisants nous font entrer dans un rôle où l'on tente de sauver les apparences. On veut laisser croire à notre entourage qu'on est heureux alors qu'on ne l'est pas. Quand on est malheureux, même une Jaguar ou un collier de diamants ne peut nous consoler.

L'amour maternel

L'amour maternel est la forme d'amour de celui qui tend à materner l'autre. Cette forme d'amour est toujours pleine de bons conseils et petites attentions. Le partenaire qui materne l'autre choisira ses vêtements, lui lavera les cheveux, lui apportera une cuillère de sirop à la moindre petite toux. C'est la mère qui nous cuisine notre plat préféré, qui vérifie dans notre réfrigérateur si nous avons suffisamment de nourriture pour la semaine, et qui s'empresse de le remplir de ses bons petits plats même si on lui dit que de toute façon, on ne mange jamais à la maison. C'est une forme d'amour où la personne cherche subtilement à contrôler l'autre, au nom de l'amour. Les « tu devrais » ou « tu ne devrais pas » sont très fréquents. Cette forme d'amour finit toujours par être étouffant et dominateur à la longue, c'est ce qui explique que les enfants des femmes aimant de cette façon sont soit en réaction avec leur mère, soit cherchent continuellement des prétextes pour s'éloigner d'elles.

Certains thérapeutes éprouvent ce type d'amour pour leurs patients. L'une de mes participantes, qui est elle-même thérapeute, me reprochait d'avoir laissé tomber une participante que je suivais en thérapie depuis des mois. Elle me dit : *« Moi, je les aime ces personnes qui souffrent. Plus elles ont des difficultés, plus je les aime. »* La motivation qui amène la personne à entretenir ce type de relation est souvent un désir inconscient de posséder l'autre pour s'assurer de sa fidélité à son égard. Cela peut même conférer un sens à sa vie, et même une raison d'être, qui peut se traduire par : *« Si les autres ont besoin de moi, je peux vivre. »*

L'essence même de cet amour est d'aider l'enfant à grandir et à se détacher afin qu'il atteigne sa pleine autonomie. Le garder dans cette relation de dépendance n'est pas l'aimer, c'est vouloir le posséder pour combler ses propres manques.

En thérapie, l'amour maternel est essentiel pour accueillir l'enfant qui souffre en la personne qui consulte. Mais dès que l'enfant est rassuré, que l'adulte reprend sa place, le thérapeute doit aussitôt assurer le transfert c'est-à-dire remettre à l'autre la responsabilité de s'aider. Car, par sa nature, l'amour maternel confère une inégalité des rôles, l'un étant à la merci de l'autre de par ses besoins.

L'amour paternel

L'amour paternel est la forme d'amour de celui qui tend à surprotéger l'autre. Le conjoint qui paterne l'autre vérifiera si son ou sa protégée a suffisamment d'argent de poche lors d'une sortie, si sa voiture a suffisamment d'essence, etc. Il prendra les devants de l'autre, en s'occupant d'une multitude de petites choses que l'autre pourrait très bien faire par lui-même, comme lui acheter son billet de train, faire ses courses personnelles, etc. En répondant ainsi aux besoins de l'autre, la personne qui exprime un amour paternel y trouve son compte puisque cela lui donne le sentiment d'avoir de la valeur, d'être importante, voire indispensable à l'autre. Ce qui peut lui donner un pseudo-sentiment de supériorité qui est bien souvent la compensation d'un sentiment secret d'infériorité.

Cette forme d'amour vécu avec un conjoint peut être très agréable au début, surtout pour la personne qui a manqué de la protection d'un père ou qui a eu à assumer seule beaucoup de responsabilités. *« Enfin! »* se dit-elle, *« je peux me reposer sur l'épaule de mon compagnon qui prend la relève. »* Aussi agréables que soient ces relations au début, elles finissent tôt ou tard par donner à la personne surprotégée le sentiment d'être dans une cage dorée. Une cage même en or reste une cage.

Cette forme d'amour, comme l'amour maternel exprimé chez une personne d'âge adulte a comme conséquence d'infantiliser et d'inférioriser la personne qui en est l'objet, en plus de détruire graduellement la confiance qui lui permettrait de s'émanciper pour qu'elle puisse prendre son envol. Ce qui en définitive est une forme d'amour égotique.

L'amour rationnel

L'amour rationnel est caractérisé par la recherche d'un conjoint qui répondra et adhérera au maximum à nos valeurs. Par exemple, cette personne doit être de tel milieu, de telle religion, appartenir à tel rang social ou posséder telle éducation. Si les sentiments n'interviennent pas, cela peut donner lieu à des mariages d'affaires ou platoniques.

Dans plusieurs pays, dont l'Inde, cette forme d'amour est très fréquente. Mais là, ce sont les parents qui choisissent le conjoint pour le garçon ou la fille. On montre au prétendant une photo de la personne choisie ou on lui décrit ce qu'on connaît de ses traits de caractère, etc. La personne peut refuser la rencontre. Si elle accepte, elle rencontrera son conjoint une ou deux fois avant le mariage. J'ai observé que plus la famille est à l'aise plus il y a de chances que ces couples soient heureux. Cela s'explique probablement par l'éducation et la préparation que chacun reçoit, alors que dans les familles pauvres, le manque d'instruction et la pauvreté peuvent transformer l'homme en tyran.

L'amour rationnel, s'il n'écarte pas les sentiments, est un amour plus mature et plus réaliste en soi. C'est un amour fondé avant tout sur des valeurs sociales et culturelles communes et partagées. Ainsi, plus que d'amour on pourra parler de respect mutuel et de respect de la tradition.

L'amour amitié

L'amour amitié naît en général très graduellement. Chacun des partenaires apprécie la présence de l'autre, les longs échanges de confidences, l'entraide qu'ils s'apportent mutuellement. Cette forme d'amour est en général sans heurts, donc émotionnellement sécurisante. Chacun y trouve son compte. Les fréquentations sont habituellement longues avant de prendre une coloration sexuelle et il n'est pas rare que la sexualité soit pratiquement absente.

Dans ce type de relation, les partenaires sont avant tout des amis. En général, ces relations sont les plus stables et les plus prolongées. Elles manquent quelquefois d'un peu de passion, mais la sécurité affective prime sur le besoin de passion. Ils exigent peu l'un de l'autre car leur amitié solide ne les fait pas craindre de se quitter. Si l'un des deux a une aventure sans lendemain, l'autre passera facilement l'éponge sur l'événement, car dans cet amour le respect de la liberté de l'autre est présent. Quelquefois, pour leur évolution personnelle, un besoin de changement peut les amener à se séparer. Ils n'en demeurent pas moins de très grands amis, acceptant facilement cette séparation, pour le bénéfice de l'un ou de l'autre.

L'amour par lequel on grandit

L'amour est une force d'attraction. Sans cette attraction, aucun amour ne serait possible. Nous ne nous lions pas d'amitié avec des personnes qui ne nous attirent pas, pas plus que nous ne pourrions leur donner notre amour. C'est cette force d'attraction qui maintient tout l'univers dans sa cohérence. Dans la Genèse, il est écrit : *« Au commencement, Dieu créa le ciel et la terre. »* Le ciel, pour l'approche Taoïste, représente la partie Yang, l'équivalent du masculin, et la terre le Yin, l'équivalent du féminin. C'est par la fusion des deux que nous obtenons l'union qui donne naissance à un troisième élément. Lorsque la chaleur du soleil réchauffe la terre, nous obtenons comme produit, l'humidité. L'humidité condensée va devenir de la pluie pour féconder la terre et donner cette fois la verdure. Ainsi nous voyons que c'est continuellement l'union de deux forces complémentaires qui a donné et continue à donner naissance à tous les produits manifestés tant sur la terre que dans tout l'Univers. Sans force d'attraction aucune union n'est possible, et par conséquent aucune création non plus.

L'amour est la plus grande force d'attraction. Regardons deux êtres qui s'aiment. Plus leur amour est fort, plus cette force sera en jeu, et plus ils auront envie de ne faire qu'un, en s'unissant par le geste sacré de la sexualité.

Si nous saisissons bien cette réalité, nous comprendrons que l'amour est une loi d'échange, dans l'action de donner et de recevoir. Le masculin par sa nature est celui qui donne. Le ciel fait référence au soleil qui donne sa lumière et sa chaleur à la terre. C'est pourquoi on associe le père au soleil : ***« Notre père qui êtes au ciel »,*** récite-t-on dans le Notre Père des chrétiens. La terre, elle, est donc la partie féminine, celle qui reçoit et enfante, nous parlons alors de notre « Mère » la terre.

C'est dans le mouvement continu de ces échanges, ajusté au métronome de la vie, que réside l'équilibre qui est harmonie. Lorsque l'on veut enfreindre ce mouvement, nous en sommes affectés à divers degrés, et au pire, c'est notre perte. Ce mouvement consiste à prendre et à relâcher, tout comme respirer, implique inspirer et expirer, ce que nous faisons de façon instinctive et qui est vital pour nous.

L'air que l'on respire est amour. Nous devons le retourner pour nous ajuster sur le mouvement de la vie et de l'Univers. Qu'arriverait-il si une personne, par peur de ne plus en recevoir, ne voulait pas relâcher l'air qu'elle a inspiré ? Ce serait sa mort à coup sûr.

Le soleil est amour. Il donne sa chaleur et sa lumière. Regardons comme la nature s'ouvre et rayonne de beauté dès que le soleil l'inonde de ses rayons. Le tournesol en est un excellent exemple, puisqu'il se tourne du côté du soleil. C'est la manière qu'a la nature de redonner au soleil. Même le chat qui se couche au soleil redonne au soleil par l'appréciation qu'il lui offre

L'être humain rayonnant ou radieux est celui qui rend au soleil ce qu'il reçoit. C'est pourquoi il embellit et rayonne de santé. L'argent, les fruits de la terre, les biens matériels font partie de cette loi d'échange. C'est pourquoi plus on est généreux plus on reçoit. Si une personne, par sa pauvreté et la pitié qu'elle inspire, ne fait que prendre et ne rend rien, elle s'appauvrit de plus en plus. Même le plus pauvre a toujours quelque chose à donner (ne serait-ce qu'un sourire ou une fleur des champs).

J'ai passé quelque temps en Inde où j'ai pu observer facilement les mendiants qui tendaient la main. Plusieurs d'entre eux, après avoir reçu le peu d'argent que je pouvais leur offrir, faisaient un geste d'habitude et s'empressaient de trouver un autre samaritain. Ou encore, ils nous plaçaient quelque chose dans une main et nous harcelaient pour recevoir en retour. Il y en avait un cependant que je voyais chaque jour lorsque je me rendais aux enseignements du maître. La lèpre avait ravagé tous ses doigts et ses orteils. Que je lui donne ou non, il me saluait de ses mains mutilées et m'offrait son plus beau sourire. Celui-là avait reçu la sérénité, la pleine acceptation de ce qu'il vivait et le bonheur se lisait sur son visage. On ne reçoit pas toujours ce qu'on a donné. Je peux donner mon temps et recevoir de l'argent. Je peux donner de l'amour et recevoir la gloire. On ne reçoit pas non plus nécessairement de la personne à qui on a donné. Je peux donner mon amour à l'une et le recevoir de l'autre. Je peux aider une personne un jour, et lorsque je serai dans le besoin, ce sera quelqu'un d'autre qui m'aidera. Ce qui importe, c'est que je sache donner pour la simple joie de donner sans rien attendre en retour et que je sache recevoir avec gratitude.

Ouvrir son cœur c'est se rendre réceptif. Si je ne fais que donner pour que l'autre m'aime mais que je garde mon cœur fermé pour me protéger, il n'y a pas de véritable échange. Tôt ou tard je finis par me sentir vide à donner ainsi. Je pourrai reprocher à mon partenaire ses insatiables demandes, mais où est l'échange ? Il est possible que les insatiables demandes de mon partenaire viennent du fait que ce que je lui donne ne le nourrit pas, et c'est pourquoi il demeure affamé.

Dans une relation de couple, cette loi d'échange est essentielle pour que l'amour perdure. Au début d'une relation, chacun veut apporter à l'autre et apprécie ce que l'autre fait pour lui. Mais parfois, il arrive qu'une fois unis par les liens du mariage ou vivant en union libre, les partenaires commencent à s'inquiéter de recevoir. Voudra-t-elle faire l'amour avec moi ce soir? Va-t-il penser à notre anniversaire de mariage? Peu à peu, on oublie les mots gentils, les gestes d'affection du début. Le travail prend la priorité. On met l'accent sur l'acquisition de biens matériel. L'autre devient également un objet de satisfaction que l'on veut posséder. On veut qu'il agisse selon nos attentes, qu'il réponde à nos désirs, et quand il ne s'y plie pas, on lui fait des reproches. Quand l'échange cesse, l'amour cesse.

L'amour est fait de partage, d'entraide, de compréhension, de respect et de liberté.

Ne te préoccupe pas tant d'être aimé de l'autre, mais concentre tes énergies à t'aimer et à aimer les êtres qui t'entourent, ainsi tu expérimenteras la profondeur de ces mots:

« Plus tu aimeras, plus tu seras aimé et l'amour te couvrira de ses bénédictions. Tu donneras et recevras la vie en abondance. Près de toi les malades guériront. L'amour est la science de toutes les sciences. L'intelligence sans amour n'est que sottise. »

Extrait de *Le message des Maîtres. Que l'amour soit ton bouclier.*[11]

Aucune joie, aucune paix, aucun bonheur ne peuvent exister sans cette loi d'échange. Sois attentif à ce qui peut rendre l'autre heureux sans t'oublier toi-même. Si tu te dis: *« S'il se montre gentil avec moi je le serai avec lui »*, c'est comme dire à la terre: *« Donne-moi d'abord tes fruits et je te donnerai des*

[11] *Le message des Maîtres. Que l'amour soit ton bouclier* est un enseignement sur cassette enregistré par Jacques Le Carpentier. On ignore qui en est véritablement l'auteur. Cet enregistrement n'est pas commercialisé. Claudia Rainville l'a reçu en 1987 d'une personne qui, elle-même, l'avait reçu d'une autre...

semences après. » Si tu veux recevoir, donne d'abord et comme la terre, on te rendra ce que tu auras donné. Voilà les bases de l'amour. Sans ces bases nous chercherons longtemps l'amour à travers différentes relations affectives déjà mentionnées. Et c'est très bien. Car c'est en cherchant que l'on trouve. C'est en expérimentant que l'on découvre que l'amour va au-delà de tout ce qu'on a connu ou vécu.

Les différents niveaux de l'amour

Le premier niveau de l'amour consiste en la découverte de l'amour de soi. Comme nous l'avons vu précédemment, l'amour de soi n'a rien à voir avec l'égoïsme ou l'égocentrisme qui sont les fruits de la peur pour sa survie. L'amour de soi est le premier pas dans la réalisation de soi et de ce qu'est vraiment l'amour.

Cette première étape est fondamentale puisque l'**on ne peut aimer les autres que dans la mesure où l'on s'aime soi-même.** En d'autres mots, on ne peut aimer les autres plus que l'on s'aime soi-même, car :

- ❍ c'est lorsque l'on est devenu tolérant envers soi qu'on peut le mieux l'être envers les autres ;
- ❍ c'est par la souffrance que l'on a vécue et que l'on a dépassée qu'on peut le mieux comprendre les autres ;
- ❍ c'est par les blessures que l'on a subies et dont on s'est guéri qu'on peut le mieux aider les autres à guérir ;
- ❍ c'est lorsque l'on s'est donné le droit de vivre qu'on peut le mieux aider les autres à vivre ;
- ❍ c'est par l'affection que l'on s'est donnée qu'on peut le mieux exprimer sa tendresse ;
- ❍ c'est par la peine dont on s'est consolé qu'on peut le mieux consoler les autres ;

- c'est par l'espoir que l'on a vu renaître en soi qu'on peut le mieux montrer le chemin de la confiance en la vie ;
- c'est en reconnaissant ses propres faiblesses et ses propres erreurs qu'on peut le mieux pardonner aux autres et leur enseigner la voie de la libération ;
- c'est en étant attentif à soi qu'on peut le mieux être attentif aux autres ;
- c'est lorsque l'on se respecte qu'on peut le mieux respecter les autres.

L'amour romantique est alimenté par le feu de la passion.
L'amour de soi est alimenté par le feu de la réalisation.
L'amour des autres est alimenté par le feu de la compassion.

Le deuxième niveau de l'amour est d'être capable d'aimer une autre personne comme soi-même.

Atteindre ce second niveau d'amour, cela suppose que nous ayons franchi les étapes pour nous aimer au point d'avoir reconnu la divinité en nous. Lorsque nous avons reconnu cette divinité en nous c'est seulement là que nous pouvons voir la divinité chez les autres, au-delà de l'écorce de leur personnalité. Car la personnalité n'est pas toujours aimable, mais la divinité, elle, est vénérable.

Aimer les autres n'a rien à voir avec le fait de recevoir ce qu'on attend des autres. Plusieurs personnes confondent « *Je t'aime* » avec « *J'aime ce que tu m'apportes.* » « *J'aime que tu me dises ces choses que j'aime entendre.* » « *J'aime que tu fasses ces choses qui me font plaisir.* » etc.

Aimer les autres n'a rien à voir non plus avec le désir de posséder les autres. L'amour que l'on nous a appris dans notre éducation pour la majorité d'entre nous était davantage axé sur ce besoin de posséder l'autre : « *C'est **mon** mari* », « *C'est **ma** femme* », « ***Ma** douce moitié* », « *Ce sont **mes** enfants* ».

Cette forme d'amour possessif est des plus limitative.

- « Pas question que **ma** femme aille en voyage sans moi puisque nous sommes mariés. »
- « Pas question que **mon** mari sorte avec ses copains le vendredi soir, il se doit d'abord à sa famille. »
- « Pas question que **mon** fils laisse ses études ; tant qu'il ne sera pas en âge de travailler, il ira à l'école, que ça lui plaise ou non. »
- « Pas question que **ma** fille fréquente un homme de race noire ; tant qu'elle n'y renoncera pas, elle ne pourra sortir. »

Les possessifs « **mon, ma, mes** » égalent : *« Tu m'appartiens, tu es à moi et tu feras ce que je te dis, parce que je t'aime et je veux que tu répondes aux attentes que j'ai envers toi. »*

Auparavant, je croyais que l'amour impliquait une certaine dose de possessivité et de jalousie. Aussi, quand l'un de mes partenaires ne se montrait pas jaloux des attentions qu'un autre homme pouvait avoir vis-à-vis de moi, je pensais qu'il ne tenait pas à moi, qu'il ne m'aimait pas. Mais j'ai découvert dans mon cheminement que cette forme d'amour appartenait à l'amour infantile, que le véritable amour implique une totale liberté.

L'air est à la flamme ce que la liberté est à l'amour.
Sans air la flamme s'éteint, sans liberté l'amour meurt.

La liberté, c'est avoir le choix. Cela n'exclut pas d'exprimer à l'autre sa propre vision des faits, ses craintes pour lui, son soutien pour l'aider à voir des aspects qu'il n'avait peut-être pas envisagés. L'une de mes participantes dont le mari avait eu une aventure extraconjugale avait beaucoup de difficulté avec cette notion de liberté dans l'amour. *« Si j'aime mon mari, selon ton approche de l'amour, me disait-elle, je dois le laisser vivre sa sexualité en marge de notre couple. »*

La liberté est une chose, l'engagement en est une autre. « *Oui ton mari est libre de faire ce qu'il souhaite avec son corps, son corps lui appartient, mais toi tu es aussi libre de choisir le type d'engagement qui te convient.* » Un engagement est une promesse ou une convention qui lie des personnes entre elles. « *Sur quelles bases votre relation a-t-elle été édifiée? Sur une base de monogamie ou de polygamie?* »

L'autre est libre, mais cela ne lui épargne pas les conséquences de ses choix. S'il choisit de ne pas respecter son engagement, il s'expose à ce que cet engagement soit rompu.

Donner la liberté à l'autre, c'est lui donner le droit d'être ce qu'il est, de faire les choix qu'il souhaite et de vivre les expériences propres à son évolution. Cela ne signifie pas d'être d'accord avec sa façon d'agir ou avec les choix qu'il fait. Mon conjoint me disait: « *Si tu m'aimes, tu vas m'accepter comme je suis au lieu de vouloir me changer.* » Il faisait référence à une attitude qui ne me convenait pas. Je lui répondis: « *Toi, je t'aime, mais cette attitude n'est pas en conformité à ce que j'ai choisi de vivre. Le sachant, tu as le choix, tu la maintiens et tu te trouves une compagne à qui cela correspond ou bien tu en prends conscience et tu choisis de la transformer.* »

On se rappellera que nous avons le droit d'être et d'agir comme il nous plaît, mais c'est nous qui aurons à en assumer les conséquences. Ce qui est vrai pour nous est vrai aussi pour les autres.

Si l'amour implique **la liberté,** il implique également **le respect.** S'aimer, c'est aussi se respecter. Si je permets aux autres de me manquer de respect, c'est que je ne m'aime pas suffisamment. Et en acceptant que les autres me manquent de respect, je vais à mon tour manquer de respect envers les autres. Je ne le ferai peut-être pas de la même manière mais le résultat sera le même.

Mon précédent conjoint mettait trop souvent ses propres désirs de côté en voulant me faire plaisir. Lorsqu'il voulait dire non, il disait plutôt « noui ». Je n'entendais pas le non dissimulé derrière le oui. Je n'entendais que le oui, de sorte que nous allions dans la direction que je lui proposais. Ce plaisir qu'il avait cru me faire en renonçant à ses propres intérêts tournait le plus souvent en déplaisir pour nous deux. Au fils des années j'ai pu constater à quel point cet homme ne se respectait pas, mais ce que je n'avais pas vu, c'était à quel point cet aspect de mon époux était le miroir de mon propre manque de respect. Je ne l'avais pas vu parce que je ne le faisais pas de la même façon. Je savais très bien exprimer ce que je voulais, et ce que je ne voulais pas. Ce n'est pas dans l'expression de mes désirs que je me manquais de respect mais plutôt dans ma crainte du conflit. Pour éviter le conflit, je me taisais devant plein de situations qui ne me convenaient pas. Par exemple, plutôt que de risquer d'avoir un conflit si je lui demandais de me seconder, je préférais, sans m'en plaindre, travailler deux et même trois fois plus que mon conjoint pour assumer les tâches qui nous incombaient ou les charges de notre ménage. Je me taisais également pour éviter de le vexer, de le fâcher ou de lui déplaire, j'appelais cela « m'acheter la paix. »

Dans ce manque de respect de moi-même, je lui manquais aussi de respect, en ne tenant pas suffisamment compte de ce qu'il cherchait à m'exprimer. Comme je n'écoutais pas ce qui se passait en moi, je n'écoutais pas non plus ce qui se passait en lui. Cela explique sans doute pourquoi, à la fin de notre relation, j'ai souffert d'acouphènes.

J'ai découvert depuis que s'acheter la paix est très féminin, car le féminin a horreur du conflit, contrairement au masculin qui mesure sa force dans le conflit. Le féminin fuit le conflit tant qu'il le peut. C'est sans doute ce que les femmes de ma génération avaient rejeté comme étant de la soumission de la part de nos mères. C'est ce qui nous avait conduites à développer notre polarité masculine au détriment de notre polarité féminine, mais ce renforcement de notre polarité masculine ne nous avait pas pour autant libérées de la peur du conflit.

Beaucoup d'hommes ont également rejeté leur polarité masculine au profit de leur polarité féminine en cherchant comme les femmes à éviter le conflit, en fuyant tant qu'ils le pouvaient toutes confrontations avec leur partenaire. Certains de ces hommes préféraient utiliser des modes de provocations subtiles pour faire réagir leur partenaire, la rendant responsable du conflit. C'est là un jeu de pouvoir où le masculin prend plaisir à mesurer sa force avec l'autre.

Ce qui est paradoxal, c'est qu'auparavant, j'étais une femme yang (polarité masculine, soit celle qui donnait la priorité à sa volonté, qui prenait toutes les décisions, qui était une véritable battante...) mais qui avait tellement peur du conflit. Aujourd'hui j'ai retrouvé ma féminité (cette partie yin en moi, soit celle qui est de plus en plus à l'écoute de son intuition, qui se laisse guider par ce qu'elle ressent même si elle ne comprend pas toujours et qui fait confiance aux événements de la vie) et je n'ai plus peur du conflit. Je peux à présent dire sans colère et sans peur à mon partenaire: *« Cela ne me convient pas! » « Je ne suis pas d'accord avec ce que tu me dis! » « Tu peux me prêter telle intention, mais elle n'est pas fondée! »*

En m'aimant davantage, je m'affirme davantage et j'aime et respecte davantage mon compagnon. En m'affirmant sans colère et sans confrontation, j'unis ma partie masculine, qui se défend, à ma partie féminine, qui ne veut pas entrer en conflit. Les deux réunies deviennent une véritable force et mon partenaire ou les autres ne peuvent que me respecter.

Sans l'amour de moi-même, qui passait par le respect de moi-même, je n'aurais pas vraiment compris ce que signifiait **« Aimer l'autre comme moi-même. »**

Aimer implique un don gratuit. Beaucoup de personnes ont de la difficulté à recevoir, et ceci s'explique par le fait que quoi qu'elles fassent ou donnent, elles ne le font jamais gratuitement ou avec détachement. Elles s'attendent toujours à quelque chose en retour, ne serait-ce que l'appréciation ou l'amour de l'autre. Si l'on donne avec attente, lorsque l'on reçoit, on se sent obligé de redonner. Et comme une grande majorité de gens ont peur d'être en dette envers une autre personne, ils préfèrent ne rien demander et ne rien recevoir.

C'est lorsqu'on a appris à recevoir gratuitement que l'on peut donner gratuitement.

Aimer l'autre implique la non-attente et même le détachement. Laisserais-tu partir pour toujours, dans l'acceptation et le détachement, la personne que tu aimes le plus au monde parce que cette personne doit vivre d'autres expériences dont tu ne fais pas partie ? Si tu peux répondre oui à cette question, c'est que tu l'aimes vraiment. C'est la plus grande expression de l'amour, que d'**aimer les mains ouvertes.** Aimer suffisamment l'autre tel un oiseau qui vient se poser sur tes mains, lui donner le meilleur de toi-même, et garder les mains ouvertes pour qu'il puisse le temps venu reprendre son envol. Vouloir le garder, ce n'est pas de l'amour, mais la recherche de ta propre satisfaction. Cet oiseau, ce peut être ton enfant, ton conjoint, ton père, ta mère, ton ami…

On est toujours seul lorsqu'on attend l'amour.
On n'est jamais seul quand on a de l'amour à donner.

Aimer l'autre comme soi-même, c'est :

- ❍ Lui ouvrir notre cœur.
- ❍ Lui donner le droit d'être et de vivre ses expériences à sa manière et à son rythme.
- ❍ Partager avec lui tout ce qu'on a découvert pour qu'il puisse réussir à son tour.
- ❍ Lui montrer la route que l'on a mis des années à chercher.
- ❍ L'écouter avec son cœur.
- ❍ Lui donner notre attention.
- ❍ L'accueillir sans jugement et sans critique lorsqu'il a enfreint les lois que l'on s'impose à soi.
- ❍ Lui pardonner même s'il nous a blessées ou s'il a été pour nous une occasion de souffrir.
- ❍ Être heureux qu'il soit heureux même si pour cela nous ne pouvons nous attribuer aucun mérite, aucune contribution.
- ❍ Être indulgent, même quand il nous répète la même chose pour la dixième fois.
- ❍ Dire sincèrement bravo à sa victoire lorsque soi-même on a perdu.
- ❍ Lui dire au revoir ou adieu lorsqu'il veut partir ou qu'il nous quitte.

Lorsque l'on peut vraiment aimer une autre personne, au sens le plus profond et essentiel du verbe aimer, on peut atteindre le troisième niveau d'amour.

Le troisième niveau de l'amour consiste à aimer les autres.

Dans *L'amour selon les maîtres,* le maître dit : « *Commence par aimer de ton mieux une personne que tu entoureras de tes plus belles pensées, puis étend cet amour peu à peu aux autres sans cesser d'aimer la première. Ainsi, tu deviendras un avec toute l'humanité et tu auras réalisé ta mission sur cette terre.* »

Jésus disait: « *Laissez venir à moi les petits enfants.* » Comme nous comprenions tout en fonction de notre banque d'images, l'enfance était une question d'âge. Les enfants que Jésus désignait étaient l'immaturité de conscience qui nous fait poser des gestes dont nous aurons à subir les conséquences. Comme nous l'avons vu précédemment, c'est l'enfant en nous qui dans ses peurs, s'accroche, se ferme, se venge, blesse l'autre par ses paroles ou ses gestes.

Visite une prison et tu verras que dans chaque prisonnier, il y a un enfant qui souffre. Visite les hôpitaux psychiatriques et tu verras que dans tous les patients internés, il y a un enfant qui souffre. Rencontre ceux qui sont violents, tu découvriras un enfant qui souffre. Observe ceux qui critiquent, condamnent les autres, tu y trouveras un enfant qui souffre.

Le troisième niveau d'amour est d'accueillir, de comprendre, de consoler et d'aimer tous ces enfants qui souffrent. Quand on a intégré dans sa vie ce troisième niveau d'amour, s'ouvre alors la conscience du niveau d'amour suivant

Le quatrième niveau d'amour consiste à aimer tout ce qui existe.

« ***Que ton amour s'étende à tout ce qui vit***
et à tout ce qui t'entoure. »
Extrait de *Le message des Maîtres.*
Que l'amour soit ton bouclier.

Dieu étant tout, aimer tout ce qui vit et tout ce qui nous entoure revient à aimer Dieu. Pour ce faire, il s'agit d'avoir le même respect, la même délicatesse envers le monde animal, végétal ou minéral. Contribuer à l'éveil de conscience des êtres humains, les amener à se reconnaître comme frères et sœurs d'un même Univers et à collaborer ensemble à créer un monde de paix et d'amour, pour que les enfants de la terre puissent continuer à évoluer dans l'harmonie, appartient à ce quatrième niveau d'amour.

Le cinquième niveau est l'amour absolu. C'est être au service de l'Univers comme l'ont été Bouddha, Krishna, Jésus et bien d'autres grands maîtres qui nous ont enseigné la voie de la compassion et de la libération qui n'est autre que le retour à notre véritable nature de Soi, Dieu ou ce que nous appelons aussi la Divinité.

Comment ai-je appris à aimer ?

Nous avons tendance à répéter ou à rechercher ce que l'on connaît. Au chapitre concernant la mémoire émotionnelle, nous avons vu que toutes nos expériences, agréables ou désagréables, ont donné naissance à des équations enregistrées dans notre mémoire émotionnelle. Nos premières expériences en ce qui a trait à l'amour ont aussi donné naissance à des équations.

Quand je me suis moi-même posé la question : *« Comment ai-je appris à aimer? »*, la première réponse qui m'est venue à l'esprit fut : dans l'attente et l'absence. En effet, cela me ramenait à ma prime jeunesse, quand j'attendais, à la maison, le retour de ma mère qui travaillait. Puis, à l'âge de six ans, je fus envoyée dans un pensionnat. Les seuls moments où j'aurais pu voir ma mère, c'était lors des visites du dimanche après-midi, puisqu'à cette époque, les élèves n'avaient le droit de quitter le pensionnat que pendant les vacances de Noël et d'été.

Les religieuses nous demandaient de nous asseoir bien calmement en attendant qu'on nous appelle au parloir. Je restais bien sage, espérant qu'on allait m'appeler, mais ma mère ne venait pas, alors je me disais : *« Peut-être dimanche prochain ! »* Je vivais toute la semaine dans cet espoir qu'elle viendrait le dimanche suivant, mais elle ne venait pas.

Puis j'ai quitté le pensionnat. Ma mère travaillait beaucoup, elle n'était pratiquement jamais à la maison et quand elle y était, elle n'avait pas suffisamment de temps pour elle-même ; comment aurait-elle pu en avoir pour moi ? Alors je passais une grande partie de mes journées à l'attendre ou à attendre qu'elle ait un moment à me consacrer pour discuter, échanger et être ensemble.

À l'âge de onze ans, elle m'autorisa à l'accompagner le vendredi soir afin de lui donner un coup de main dans un travail d'entretien de bureaux, qu'elle accomplissait en plus de son poste de couturière, pour arrondir les fins de mois. Ces moments passés à côté d'elle dans l'autobus pour nous rendre à son lieu de travail et la complicité qu'il y avait entre nous dans l'exécution des tâches étaient pour moi des moments de bonheur ; ce furent sans aucun doute les meilleurs moments que j'ai partagés avec elle. Les équations qui en ont résulté furent « **aimer** égale **attente** et **absence** » et « **travail avec l'autre** égale **présence, partage** ».

Et c'est exactement ce que j'ai vécu dans ma vie. Tous les hommes que j'ai aimés, je les ai attendus, j'ai souffert de leur absence, et les plus beaux moments que j'ai partagés avec eux furent dans le travail. En dehors du travail, je ne trouvais pas cette belle complicité avec eux.

Pour notre mémoire émotionnelle, l'équation inverse vaut également : « **Présence égale pas d'amour** » et « **hors du travail point de partage donc point d'amour** ». Ainsi, quand il m'arrivait de passer de longs moments avec mon compagnon, je ne pouvais m'empêcher de créer inconsciemment un conflit afin qu'il me quitte, et dès qu'il n'était plus là, mon cœur se remettait à battre pour lui, et plus son absence était longue, plus j'éprouvais intensément l'amour que je croyais lui porter; ce sentiment d'amour me faisait mal mais je le vivais avec intensité, et c'est précisément cette intensité que je recherchais : sans ce sentiment de manque intense que je confondais avec le sentiment amoureux, je n'avais pas l'impression d'aimer mon partenaire.

Dans ma précédente relation de couple, qui fut la plus longue, pour maintenir cette intensité, je créais volontairement distance et manque entre nous. Nous travaillions ensemble : cela répondait à mon équation « **travail avec l'autre = présence** », mais après avoir passé deux mois complets avec lui, je ressentais le besoin de m'éloigner de lui, pour raviver la flamme qui commençait à décliner en raison de sa compagnie continue. Son absence ravivait ma flamme, puisque c'est ainsi que j'avais appris à aimer. Bien sûr, je n'en étais pas consciente.

Lorsque j'en ai pris conscience, j'ai fait en sorte de transformer mes équations émotionnelles, afin qu'aimer rime avec liberté. Dès lors, que l'autre soit présent ou absent, mon amour pour lui perdure, et mon équation devient « **aimer égale présence** » : quand j'aime l'autre authentiquement, où que nous soyons et quoi que nous fassions, l'amour nous unit et nous maintient proches l'un de l''autre.

Nos équations sont l'équivalent de vieilles habitudes bien enracinées. Lorsqu'on souhaite se créer une nouvelle habitude, ce sera une question de temps et de répétition qui permettra à cette nouvelle habitude de remplacer l'ancienne. Il en va de même pour nos nouvelles équations : c'est en fixant notre pensée sur notre nouvelle équation que, graduellement, nous observerons la transformation de nos anciennes attitudes.

Mon compagnon, quant à lui, avait appris à aimer dans la **résignation.** Chaque fois qu'on lui demandait quelque chose qu'il n'avait pas envie de faire, il entendait la même phrase :

« Fais-le pour ta mère… » Comme il aimait sa mère, il s'inclinait et renonçait à ses propres désirs pour ne pas la décevoir. Il a ainsi été marié dix-sept ans avec la même femme, et pendant toutes ces années, il s'est oublié pour elle et pour son fils. Son équation était « **aimer égale s'oublier pour ceux qu'on aime** » et « **leur montrer qu'on les aime consiste à se résigner** ».

Ce n'est qu'une fois qu'il eut divorcé qu'il eut le sentiment de vivre enfin pour lui. Il se retrouva alors dans le dilemme suivant qui se résumait à « **vivre une relation de couple égale se résigner et vivre seul égale exister pour soi** ».

D'un côté, il aspirait à vivre une belle relation de couple, mais de l'autre, il ne savait pas comment exister pour lui-même dans le cadre de cette relation; son équation, en effet, était « **relation affective égale se résigner** ». Il a vécu d'autres relations de couples avant de s'engager avec moi. Ces relations furent de courte durée, car, inconsciemment, il n'en pouvait plus de s'oublier lui-même et de sacrifier ses désirs propres à ceux de ses partenaires. Dans chacune de ces relations, il appliquait, toujours inconsciemment, son équation émotionnelle: « **aimer = s'oublier soi-même** ». C'est de cette façon qu'il avait appris à aimer.

❒ **Pascale a appris à aimer dans le conflit**

Pascale grandit dans un milieu conflictuel. Son père, qui est alcoolique, est souvent en conflit avec sa mère lorsqu'il est ivre, mais lorsqu'il revient à jeun, il regrette et c'est alors un homme gentil, plein d'humour, taquin et même câlin. L'équation de Pascale est ainsi: « **aimer égale comprendre les autres** » et « **conflit égale comprendre encore mieux les autres donc aimer davantage** ». L'inverse était aussi vrai: « **pas de conflit égale monotonie et pas d'amour** ».

Pascale épousa un homme qui avait beaucoup de problèmes, avec lequel elle vécut plein de conflits et qu'elle chercha à comprendre et à aider. Puis un jour elle réalisa que cette relation la vidait complètement de son énergie. Elle pensa alors : *« Si je continue avec cet homme, je vais me noyer* (émotionnellement parlant) *avec lui.* » Elle mit donc fin à cette relation de couple.

Puis elle rencontra un nouvel homme avec lequel elle s'engagea. Au début, ce fut l'harmonie entre eux, elle se demandait : « *Est-ce que je l'aime ?* » « *Cette relation ne me chamboule pas, ne me fait pas mal... ?* » Puis un conflit majeur éclata entre eux. Les injures et les menaces fusèrent de part et d'autre. Chacun prit le parti de se retirer pour réfléchir. Cet homme revint vers elle, comme son père revenait tout penaud vers sa mère, elle le prit dans ses bras et sentit à ce moment tout l'amour qu'elle avait pour cet homme. Leur vie fut une série de conflits et de réconciliations.

Pascale en prit conscience et me dit : « *Je réalise combien de fois j'ai créé le conflit pour être certaine que j'aimais cet homme, car lorsqu'on était une longue période sans conflit, je n'avais pas l'impression de l'aimer. Le conflit était pour moi une sorte de stimulation, c'était le petit piquant à notre relation de couple, mais je n'avais jamais vu que j'avais appris à aimer de cette façon.* »

❒ Simone a appris à aimer dans la consolation et en faisant plaisir aux autres

Simone a une mère dépressive, qui a tendance à s'enfermer dans sa chambre. Pour compenser ce qu'elle ne peut donner à Simone en présence attentive, elle lui donne de l'argent avec lequel Simone s'offre les vêtements et les choses qui lui font plaisir. Son père possède une grande entreprise, il est peu présent à la maison, mais lorsqu'il est là Simone lui fait de bons petits plats et cherche tant qu'elle le peut à lui faire plaisir.

Simone épouse un homme à l'image de son père qui est souvent absent à cause de ses activités professionnelles, mais qui comme sa mère lui donne tout l'argent dont elle peut avoir besoin. Simone passe une grande partie de sa vie à se consoler en changeant fréquemment de voiture ou de maison, ce qui l'entraîne à être souvent dans les magasins, pour elle-même ou pour son mari et ses enfants, à qui elle veut faire plaisir. Mais en même temps elle ressent un tel vide en elle, que tout cet argent et ce qu'elle en fait n'arrive pas à le combler.

Elle m'avait consultée pour un problème de poids, mais ne s'était alors jamais demandée comment elle avait appris à aimer. Son équation était : « **aimer égale se consoler de ce que les autres ne peuvent te donner** » et « **aimer égale faire plaisir aux autres** ».

Si, comme Simone notre équation est : « **aimer égale faire plaisir aux autres** », on a beaucoup de difficultés à leur refuser quoi que ce soit ou encore à leur dire non.

En effet, quand notre équation est : « **aimer égale faire plaisir aux autres** », l'équation inverse : « **ne pas faire plaisir aux autres ou les décevoir égale ne pas les aimer** », est également la nôtre.

Et toi, comment as-tu appris à aimer ?

Quelles sont tes équations par rapport à l'amour ?

Aurais-tu appris à aimer, comme moi, dans l'absence et l'attente ou comme les hommes de ma vie dans la résignation et l'oubli de toi-même, ou encore en étant serviable et en t'effaçant ? Peut-être, comme Pascale, dans le conflit ou, comme Simone, dans la consolation et en voulant faire plaisir aux autres ?

J'ai appris à aimer en..

L'équation qui en a résulté est..

Et son contraire est...

- Est-ce encore de cette façon que tu démontres ta façon d'aimer ou que tu te sens aimé ?
- Cette façon d'aimer t'est-elle favorable ?
- Sinon, comment pourrais-tu transformer les équations qui lui sont propres ?
  - Mon compagnon a décidé d'apprendre à aimer sans s'oublier.
  - Pascale, elle, a décidé que désormais elle allait apprendre à aimer dans la paix et l'harmonie.
  - Simone, elle, a décidé d'apprendre à aimer dans un véritable partage, où il y aurait échange, plutôt que des sens uniques.
  - Et moi j'ai décidé d'aimer dans la présence plutôt que dans l'absence.

- Et toi qu'est-ce que tu vas décider, que choisis-tu d'expérimenter à présent dans ta vie ?[12]

J'apprends désormais à aimer en...

« L'amour est l'eau qui arrose le jardin de ta vie et lui donne fleurs et fruits. Accepte-le pour que tes œuvres soient grandes et puissent contribuer à l'évolution de l'homme. »

Extrait de *Le message des Maîtres.*
Que l'amour soit ton bouclier.

[12] Pour approfondir le thème des relations de couple, voir mon livre *Métamédecine du couple. Réussir sa vie amoureuse,* Éditions FRJ.

10

Je prends conscience de mon pouvoir créateur

« Tel un homme pense dans son cœur, tel il est.
Divin s'il voit le Divin. Poussière s'il voit la poussière. »
Extrait de *L'amour selon les maîtres*

Il nous a été dit depuis longtemps que l'être humain est à l'image de Dieu, au sens où seul l'être humain possède la capacité de créer. Il serait plus exact de parler de « matérialisation » car, comme le disait Antoine Laurent de Lavoisier : *« Rien ne se perd, rien ne se crée, tout se transforme. »* C'est aussi ce qu'affirme la théorie quantique lorsqu'elle nous apprend que la lumière est à la fois onde et particule. La lumière n'est-elle pas de l'énergie ? Quant à Einstein, il a révolutionné le monde scientifique avec sa théorie de la relativité, $E = mc^2$, qui avance que l'énergie peut engendrer une masse (matière) et inversement. Les grands sages sont parfaitement d'accord avec Einstein, mais l'expliquent d'une autre manière.

Il y a des années, j'assistais à une conférence du Maître Swami Satchidananda. Il prit un foulard et demanda au groupe ce qu'il voyait. « *Un foulard* », répondit la majorité. Puis il défit les fils reliés ensemble. Il avait maintenant un amoncellement de fils devant lui et demanda à nouveau au groupe ce qu'il voyait cette fois. « *Des fils* », répondirent les assistants. Le Maître brûla les fils, demandant au groupe où est passé le foulard? A-t-il disparu? Tous furent d'accord pour reconnaître que le foulard avait subi une transformation en fils d'abord, puis en cendre. Ce qui confirme bien la théorie de Lavoisier qui affirme que rien ne se perd, rien ne se crée, que tout se transforme, et celle de Einstein qui avance que tout est relatif, dans le sens que tout ce qui existe n'est qu'une manifestation transitoire de l'énergie et que cette énergie peut engendrer de la masse ou inversement. Brûler de la masse par exemple produit de l'énergie.

Nos pensées sont de l'énergie

Pour se matérialiser, nos pensées ont la propriété d'attirer les particules correspondant à l'image qu'elles possèdent, c'est ce qu'on peut définir comme étant une force ou pouvoir d'attraction.

Nous baignons continuellement dans un flot de pensées que nous sommes libres d'accepter ou de refuser.

Ces pensées sont différentes selon la fréquence vibratoire à laquelle nous acceptons de nous syntoniser. Si nous entrons dans une église, par exemple, et que nous nous laissons imprégner de la vibration du lieu, nous n'aurons fort probablement pas les mêmes pensées que si nous nous retrouvons sur le parquet de la Bourse à New York.

Ainsi nos sentiments et nos intérêts (ce à quoi nous donnons notre attention) vont déterminer la qualité vibratoire des pensées que nous allons attirer dans notre champ vibratoire. Si nos intérêts sont centrés sur nous-mêmes, nous n'aurons pas des pensées altruistes mais plutôt égocentriques. Mais si, à l'inverse, nos intérêts visent à être utiles aux autres, nous attirerons des pensées qui iront dans ce sens.

Ces pensées viennent à nous, sans que nous ayons le moindre effort à fournir. De ces pensées, nous retenons celles qui nous intéressent ou qui entrent en résonance avec notre inconscient. Celles auxquelles nous n'accordons que peu ou pas d'intérêt s'éloignent de nous pour rejoindre le grand océan de pensées.

Pour bien comprendre ce phénomène, nous pouvons penser à toutes les informations véhiculées par les ondes électromagnétiques. Nous pouvons capter une panoplie d'informations en nous syntonisant à leurs fréquences vibratoires respectives. Pour y avoir accès, il nous suffit d'avoir un récepteur muni d'une antenne.

Puis, selon la fréquence hertzienne ou mégahertz (MHz) à laquelle nous allons nous syntoniser, nous allons recevoir l'information correspondante. Si je me syntonise à une fréquence où est diffusée une émission de nouvelles sportives, il y a peu de chance que j'entende parler de spiritualité, par contre je vais recevoir des informations ayant trait aux sports.

C'est exactement ce qui se passe au niveau du monde des pensées ou monde mental. Nous baignons dans un océan de pensées. Pour y avoir accès, il nous faut un récepteur en bon état. Ce récepteur, c'est notre cerveau. Selon la fréquence vibratoire à laquelle nous allons nous syntoniser nous aurons accès à telles pensées plutôt qu'à telles autres. Les grands Maîtres vibrent à une telle fréquence que le seul fait d'être en leur présence, ou de toucher à un objet qui a été en contact avec eux, peut transformer notre vie.

Regarder un film, écouter de la musique, lire un livre, discuter avec une ou des personnes, nous place immanquablement dans un flot de pensées vibrant à la fréquence du film que nous regardons, du livre que nous lisons, de la musique que nous écoutons ou de la discussion que nous avons avec cette ou ces personnes. Notre vie peut prendre un nouveau tournant après la simple vision d'un film, la simple lecture d'un livre ou la rencontre avec une personne.

Voici un exemple : c'était un samedi soir comme tant d'autres, je regardais un film à la télévision, intitulé « Return to Peyton Place ». J'avais 11 ans. C'était l'histoire d'une jeune écrivain qui avait écrit un roman relatant les aléas de la vie des gens de son village. Elle relatait, entre autres, un drame qui s'y était déroulé. Sa meilleure amie avait été abusée par son beau-père, qui l'avait mise enceinte et c'est le médecin du village qui l'avait aidée à avorter. Dès sa sortie, ce livre avait fait scandale et lui avait valu un procès.

Ce long-métrage était très touchant par la profondeur des sentiments qui y étaient exprimés. Il a eu une grande influence dans ma vie, puisque je me suis identifiée à cette écrivain. Sur les bons conseils de son éditeur, elle devait donner l'image d'une personne saine, ce qui impliquait qu'elle ne devait ni boire d'alcool, ni fumer. Cette influence peut sans doute expliquer ma résistance à la cigarette, puisqu'à l'adolescence toutes mes amies fumaient et je passais pour celle qui n'était pas déniaisée, parce que je ne fumais pas.

À la fin du film, j'ai pensé : *« Plus tard je serais écrivain. »*

Cette pensée arrêtée, cette décision fut l'équivalent d'une petite graine que je pouvais nourrir pour qu'elle se concrétise. Toutes nos pensées possèdent un potentiel de matérialisation, cependant, comme les graines, il y en a qui se matérialisent plus rapidement que d'autres. Des graines de carottes mises en terre parviendront plus rapidement à maturité que des glands.

Je pris le risque de parler de ce désir à l'un de mes professeurs. Ce professeur me répondit avec ironie : « *Toi écrivain! Tu ne peux pas écrire 10 lignes sans faire 40 fautes d'orthographe, comment pourrais-tu être écrivain? Tu rêves?* » Je baissai la tête, presque honteuse d'avoir osé croire que je pouvais être écrivain. Je rangeai mon rêve et je n'en parlai plus à personne.

Ce désir somnola en moi pendant des années. Je n'y pensai même pas au moment de mon choix d'orientation, convaincue que j'étais de ne pas avoir le potentiel pour le réaliser. J'optai plutôt pour les sciences. Mais un jour, ce rêve me revint, ce goût d'écrire s'imposa à moi. Je me souviens m'être dit en rejoignant le Centre de développement personnel au début de ma démarche : « *Je viens chercher ici ce qu'un jour j'écrirai...* »

Si nos intérêts et notre motivation nous font baigner dans un flot de pensées correspondantes, les pensées que nous entretenons vont aussi nous conduire vers les situations ou les évènements de même nature. C'est pourquoi on dit : « *Quand le disciple est prêt, le Maître apparaît.* » Ce n'est pas le maître qui décide qu'il ira vers tel disciple. Non! Il s'agit plutôt d'une énergie d'attraction ou de syntonisation. L'animateur de radio ne parle pas d'un sujet parce qu'un auditeur en a besoin, c'est l'auditeur qui dans son besoin sera attiré à ouvrir son poste de radio à ce moment précis et à se syntoniser à cette fréquence pour entendre exactement ce qu'il a besoin d'entendre.

Ma petite graine avait besoin d'encouragements pour se développer. J'ai donc décidé de participer à un séminaire

« Maîtrise de la vie ». Ce séminaire était donné par le Dr Herbert Beierle. Je ne me rappelle absolument pas ce qu'il a pu nous dire au cours de ce séminaire. Je me souviens seulement qu'il nous faisait chanter : *« Dream the impossible dream… », « Rêve ces rêves qui te semblent impossibles. »*

Je ressortis ce désir d'écrire qui dormait au fond de moi depuis 22 années et je me fabriquai une image mentale correspondant à ce rêve. En fermant les yeux, je me voyais à la fin d'une conférence que je venais de donner. Il y avait beaucoup de personnes qui venaient vers moi pour que je leur écrive une dédicace dans le livre que j'avais écrit.

Au moment où je me fis cette image mentale, je n'avais jamais donné de conférence ou encore écrit le moindre texte. Cette image se matérialisa 5 ans plus tard. Durant ces 5 années, j'ai nourri la petite graine de cette image mentale.

« Il ne t'est jamais donné un désir
sans le pouvoir de le rendre réalité. »
Richard Bach

Toutes les pensées que l'on fait nôtres ont donc la possibilité de matérialiser l'image qu'elles contiennent. Ces pensées sont autant nos idées, nos désirs, nos rêves, nos croyances, nos décisions, que nos doutes, nos incertitudes, nos appréhensions, nos peurs etc. Toutefois la matérialisation de ces pensées sera conditionnelle à leur développement. Autrement dit, leur matérialisation dépendra de l'énergie que l'on sera prêt à leur accorder. Seules, en effet, les petites graines nourries et entretenues vont croître et porter fruit.

Le mari de l'une de mes participantes était revenu enchanté d'un séminaire ayant pour thème : « Comment être un gagnant dans la vie ? » Motivé à son maximum, il nous dit : *« J'ai réalisé, au cours de ce séminaire, que j'avais passé une grande partie de ma vie à être négatif et défaitiste, mais maintenant ça va changer, j'ai l'intention de devenir positif et confiant en la vie. »*

J'ai revu cet homme un an plus tard. Sa situation n'avait pas changé. À la suite à ce séminaire, il était bien décidé à semer des graines de confiance et de réussite dans sa vie, mais aux premières difficultés, il cessa de les nourrir pour entretenir à nouveau des graines de doute et de défaitisme.

Lorsqu'on est inconscient de ce pouvoir de création ou de « matérialisation » et que nous sommes sous l'emprise de notre mental, qui doute, qui a peur ou qui interprète les paroles ou les intentions des autres de manière défavorable, nous utilisons ce pouvoir de création pour nous créer des situations désagréables ou de souffrance.

C'est ainsi que nous matérialisons bien souvent l'inverse de ce que nous souhaitons.

Les peurs que l'on entretient finissent tôt ou tard par se matérialiser.

J'avais très peur de heurter un enfant lorsque je conduisais dans une zone d'écoliers. Un jour, en allant chercher ma fille à l'école, un petit garçon perdit la maîtrise de son vélo et tomba devant ma voiture. Fort heureusement, je roulais lentement et l'enfant n'eut rien. Je pris toutefois conscience de cette peur que j'entretenais et je cessai de l'entretenir, en me disant que si je devais renverser un enfant, c'est que cet enfant aurait cela à vivre, ce qui n'excluait pas de continuer à être prudente. Libérée de cette pensée de peur, je ne lui donnai plus d'énergie.

Qu'arrive-t-il aux pensées que nous cessons d'entretenir ?

Les pensées que nous cessons de nourrir vont se détacher de nous pour être attirées par des personnes qui vibrent à la même fréquence qu'elles.

Lorsqu'on est confiant en la vie et qu'on se maintient dans une attitude mentale positive, on ne s'expose pas à être affecté par des pensées de découragement et d'échec produites par les esprits ancrés à ce bas niveau. L'optimiste qui croit au succès se met en harmonie avec les pensées de ceux qui pensent comme lui, ce qui a pour effet d'augmenter sa propre confiance. Si des pensées négatives atteignent une personne dont l'esprit est déjà abattu et dépressif, son état s'aggravera.

Nous attirons donc à nous les pensées d'autrui de la même qualité que les nôtres.

Pour avoir accès à des pensées de haut niveau, il nous faut donc élever la fréquence vibratoire de nos sentiments et de nos motivations. Ce qui peut le plus élever nos fréquences vibratoires, c'est la pratique de la patience, de la tolérance, de la compassion, de la générosité, de l'amour inconditionnel et aussi de l'humilité. Plus ces qualités seront développées en nous, plus l'amour qui émanera de nous sera grand et désintéressé, et plus nous aurons accès à cette connaissance qui est sagesse et qui nous reliera à notre divinité.

Mais comme le disait Hermès Trismégiste : *« Tout ce qui est en haut est comme ce qui est en bas. »*

Si, à l'inverse, nos pensées sont de basse fréquence vibratoire (pensées de haine, de vengeance, de ressentiment, d'envie, de jalousie, de doutes, de peurs ou d'orgueil), elles attireront des pensées de basse fréquence vibratoire émises par les milliards de cerveaux accordés à cette fréquence.

Comme une pierre que l'on jette dans l'eau y produit des mouvements vibratoires qui reviennent vers la pierre, il en est de même pour les pensées que nous émettons. Ces pensées produisent des ondes qui se répandent dans le grand océan de pensées qui nous entoure et nous reviennent amplifiées.

Et comme toute pensée possède un pouvoir d'attraction, celles-ci vont nous attirer les situations correspondantes.

- Si j'entretiens la pensée que **la vie est un combat**, ma vie sera faite de luttes continuelles. Je pourrai avoir le sentiment de passer ma vie à me battre.
- Si j'entretiens la pensée qu'**il faut travailler fort** pour gagner mon argent ou pour avoir des résultats, il est plus que probable que j'aurai à fournir beaucoup d'efforts pour avoir un salaire décent ou pour obtenir une promotion.
- Si j'entretiens la pensée qu'**il faut souffrir pour grandir**, il est possible que je passe ma vie à surmonter des peines et des difficultés.
- Si je pense que **ça va mal dans le monde**, il est possible que j'entende parler davantage de violence, de crime, de suicide ou de guerre, ce qui confirmera ce que je pense. Ce qui pourra me conduire à vivre une forme de découragement qui attirera dans mon monde à moi défaites, difficultés et problèmes.

Les bulletins de nouvelles à la télévision véhiculent une énergie dont la dominante est plutôt négative. Il n'y a pas de mal à regarder les nouvelles diffusées sur les grandes chaînes, surtout s'il y a des nouvelles importantes mais c'est une autre affaire de s'en nourrir tous les jours. Personne ne peut nous obliger à regarder ces nouvelles, c'est notre choix.

Prends seulement conscience sur quelle fréquence tu te syntonises lorsque tu ouvres ton poste de télévision à une telle émission, et avec combien de pensées défaitistes et négatives tu entres en résonance. Si tu écoutes ces nouvelles tous les jours et que tu te sens parfois découragé sans trop savoir pourquoi, tu as ta réponse et peut-être décideras-tu de mieux nourrir ton énergie vitale.

Chaque émission de télévision vibre à une fréquence qui lui est propre et avec laquelle tu entres en résonance lorsque tu lui donnes ton attention. Cette fréquence vibratoire fait naître en toi une énergie et des pensées de même nature.

Si une majorité de personnes prenait conscience de l'impact négatif que la diffusion d'émissions de télévision avec scènes de violence peut avoir sur leurs enfants, sur elles et sur notre monde, ces émissions n'existeraient plus.

Hélas, notre monde a probablement encore besoin de violences et de crimes pour qu'un jour, il y ait suffisamment de personnes qui veuillent la paix. La guerre n'a d'autres objectifs que la vente d'armes et l'enrichissement de ceux qui détiennent le pouvoir de manipuler notre monde. On fournit des armes aux uns et l'on prête de l'argent aux autres pour qu'ils s'achètent des armes. Et tous ceux qui sont dans l'ignorance de ces stratagèmes de haut lieu mais de basses fréquences vibratoires entrent dans leur jeu au nom d'un patriotisme dans lequel on a d'abord pris soin de bien les endoctriner.

Toutefois, si tu entretiens en toi la pensée que cet ancien monde est en train de changer pour un monde meilleur, tu émets des pensées positives qui t'amèneront à entrer en résonance avec des fréquences vibratoires analogues. Peut-être entendras-tu parler de mouvements de paix, d'industries qui travaillent à la protection de l'environnement, de groupes qui œuvrent pour l'ensemble, peut-être seras-tu toi-même amené à y participer ? Ton monde à toi s'édifiera sur la foi et l'espoir d'un monde meilleur, ce qui ne pourra que te conduire à être confiant et serein malgré les évènements tristes qui se produisent un peu partout dans le monde.

Nos pensées créent notre réalité

Le philosophe William James a déclaré que selon lui la plus grande découverte de sa génération est que les êtres humains pouvaient changer leur vie en changeant leurs pensées.

Et toi, que penses-tu de la vie ?

Que pensaient ou que disaient tes parents au sujet de la vie ?

Ma mère disait : « *Dans la vie, on ne fait pas ce que l'on veut, mais ce que l'on peut.* » C'est exactement ce qu'elle vivait. Elle ne faisait pas le travail qu'elle aurait aimé faire et ne vivait pas la relation de couple qu'elle aurait souhaitée, mais elle a passé sa vie à s'adapter. « *On fait ce que l'on peut* », disait-elle.

Ou encore, elle me disait : « *Ma pauvre p'tite fille, dans la vie, on ne peut pas tout avoir.* » « *Quand on est valet, on n'est pas roi.* » « *L'argent ne tombe pas des arbres...* », et ainsi de suite. Et tout ce qu'elle disait, elle le vivait sans même penser une seconde que c'était elle qui se créait cette réalité.

Quand je lui faisais part d'un projet d'envergure que je souhaitais réaliser, elle me répondait : « *Ma pauvre p'tite fille, tu rêves en couleur !* » Je ne me souviens pas si je le pensais ou si je lui répondais, mais je me rappelle que je pensais : « *Maman, j'aime mieux rêver en couleur qu'en noir et blanc !* »

Même si je tentais de résister à sa fréquence vibratoire, j'ai quand même adhéré à certaines de ses croyances qui m'ont accompagnée pendant bien des années. Au-delà des propos qu'elle me tenait il y avait aussi l'exemple qu'elle me donnait.

Ma mère travaillait du matin jusqu'au soir et, bien souvent, jusqu'au seuil de l'épuisement pour donner le meilleur à ses enfants. Elle nous donnait donc l'image de la mère courageuse. L'équation qui en a résulté pour moi fut: « **travailler fort égale courage** » et son contraire était aussi vrai, ne pas travailler égale paresse, pas de courage.

De plus, **courage égalait mérite.** Donc, pour que nos actions aient du mérite, elles devaient nous demander de travailler fort. Ce qui nous demandait peu d'effort ou **pas d'effort n'avait pas de mérite.**

L'influence que cela a eu dans ma vie fut que je m'imposais de travailler beaucoup et que cela me demandait des efforts, de cette façon j'avais l'impression d'avoir du courage et du mérite. Je me suis ainsi attiré des situations où justement je me disais que j'avais sûrement à apprendre le courage dans cette vie. Lorsque j'écrivais un livre auparavant, je l'écrivais entièrement à la main alors que j'aurais pu l'écrire avec l'ordinateur. Je cherchais sans doute inconsciemment à me demander plus d'efforts pour m'en attribuer plus de mérite.

L'inverse était aussi vrai, ce que me dictait mon intuition profonde, je le donnais aux autres sans m'en accorder grande valeur. C'est ainsi que des personnes se servaient de mes travaux à leur propre profit pendant que moi je faisais beaucoup d'efforts pour obtenir des résultats moindres.

Ce que tu penses de toi ou de la vie détermine exactement ce que tu vis en ce moment.

Je t'invite à présent à faire cet exercice:

Qu'est-ce que je pense de moi?

....

Qu'est-ce que je pense de la vie?

....

Qu'est-ce que je pense de mon travail?

....

Qu'est-ce que tes parents pensaient ou disaient de la vie ou d'eux-mêmes?

....

Est-ce que ce que tu vis en ce moment ressemble plus à ce que tu penses ou à ce que tes parents pensaient ou disaient de la vie?

....

Quelles nouvelles pensées veux-tu faire tiennes à présent?

....

Des pensées entretenues du genre:
La vie est mon amie...
La vie cherche à me donner le meilleur...
La vie est une merveilleuse aventure dans la découverte de qui nous sommes vraiment...
Plus j'aime la vie et plus je reçois le meilleur de la vie.
La vie, c'est des cadeaux à tous les jours...

nous seront plus favorables que des phrases défaitistes du genre :
La vie est difficile.
La vie est un combat.

« À chaque jour suffit sa peine. » Pourquoi chaque jour ne nous apporterait pas sa part de joie ou de bonheur ? Le bonheur est fait d'une multitude de petites choses vis-à-vis desquelles nous ressentons de la gratitude.

Et maintenant, demande-toi :
« Qu'est-ce que je pense des personnes qui m'entourent (mon conjoint, mes enfants, mes collègues de travail, mon patron, mon voisin…) ? »
....

Nos pensées, comme nous l'avons vu, ont un pouvoir magnétique d'attraction. Quelle que soit la pensée émise, elle attire l'énergie correspondante. Si je pense que les hommes sont égoïstes, j'attirerai soit des hommes égoïstes ou encore des femmes qui se plaindront d'avoir un conjoint égoïste. Si je pense que les femmes recherchent des hommes qui ont de l'argent et que je n'en ai pas, je pourrai souffrir de solitude. Je constaterai peut-être également que toutes les femmes qui pourraient m'intéresser sont en relation avec des hommes qui sont financièrement bien nantis, ce qui confirmera ce que je pense. Car nos pensées nous attirent les circonstances qui donnent raison à nos pensées.

Que de fois en voulant faire prendre conscience à une personne des pensées qu'elle entretenait, elle me répondait : *« Mais ce n'est pas mes pensées, c'est la réalité…je ne suis pas la seule à vivre cela… »*

Pourquoi est-ce que toutes ces personnes vivent la même situation ? Serait-ce qu'elles sont toutes syntonisées à la même fréquence ? Serait-ce qu'elles ont toutes la même leçon de vie à apprendre ?

Les autres agissent envers nous selon la fréquence vibratoire sur laquelle nous sommes syntonisés par rapport à eux.

Expérimente-le avec une personne avec laquelle tu es en conflit en ce moment. Envoie-lui en pensée tes plus beaux sentiments. Demande-lui pardon (en pensées) si, dans l'émotion que tu vivais, tu l'as blessée ou pardonne-lui si c'est elle qui t'a blessé dans sa souffrance et observe bien ce qui va se passer.

Une personne était en conflit avec sa fille. Cette dernière ne lui avait pas rendu visite durant les cinq dernières années, tant elle s'était fermée à sa mère. Quelques jours après la thérapie où la mère avait compris pourquoi sa fille s'était éloignée d'elle, et qu'elle lui avait à nouveau ouvert son cœur, sa fille, qui ignorait totalement le travail thérapeutique de sa mère, lui téléphona pour lui dire qu'elle souhaitait la revoir. Elle m'écrivit pour m'annoncer non seulement l'amélioration de son état de santé mais pour me partager la joie immense qu'elle avait eue de retrouver sa fille.

Une mère parle de son enfant en disant qu'il est insupportable, alors que son professeur le trouve plutôt adorable. La mère demande alors au professeur : « *Mais qu'est-ce que vous lui faites pour qu'il soit gentil avec vous ? Avec moi, il est en général insupportable !* » L'enfant est effectivement insupportable avec sa mère parce que, au lieu de prendre du temps pour tenter de comprendre son enfant, elle le rejette et pense qu'il est insupportable. Le professeur au contraire comprend cet enfant, l'écoute, lui parle, et l'enfant se montre très gentil avec lui.

Toute la magie de la compréhension, au lieu du jugement.

La compréhension amène le professeur sur de hautes fréquences et entraîne par ricochet son élève. La mère, tout à l'inverse, par les pensées négatives qu'elle entretient envers son enfant, se maintient sur de basses fréquences vibratoires : cela ne peut qu'engendrer des problèmes relationnels entre eux deux.

Change tes pensées envers les autres et tu les verras changer vis-à-vis de toi.

« Celui qui travaille à créer l'harmonie crée les conditions pour que les meilleures choses lui arrivent. Alors que celui qui crée la disharmonie crée les conditions pour que les meilleures choses s'effondrent. »

Ces croyances que nous entretenons !

Si les pensées que nous entretenons façonnent notre réalité, que dire des croyances que nous entretenons. Combien de croyances avons-nous fait nôtres par le passé, qui à notre insu continuent à avoir un pouvoir d'attraction non favorable pour nous dans notre vie?

Des croyances du genre:

- Il faut souffrir pour être belle.
- L'argent ne fait pas le bonheur.
- La beauté n'apporte pas à manger.
- Plus on est riche, plus on est seul.
- Il faut travailler beaucoup pour réussir.
- Un malheur n'arrive jamais seul.
- Les gros mangent les petits.
- Il faut gagner son ciel sur la terre.
- Il faut gagner son pain à la sueur de son front.
- On ne peut pas tout avoir.
- Il faut payer pour apprendre.
- C'est trop beau pour que cela continue.
- Il n'y a qu'une justice sur la terre et c'est la mort.
- Il vaut mieux être pauvre et en santé, que riche et malade.
- La vie n'est pas une partie de plaisir.

Il fut un temps où, inconsciemment, j'avais accepté certaines de ces fausses croyances, par exemple : « **Il faut payer pour apprendre** », me disais-je souvent. Plus j'apprenais, plus je m'endettais. Il a fallu que je me retrouve avec 50 000 $ de dettes pour prendre conscience du pouvoir de cette affirmation. Depuis, je l'ai changée par : « **On me paie pour apprendre.** » Et c'est ce que je vis à présent.

Une autre croyance que j'avais acceptée était : « **On ne peut pas tout avoir.** » À une certaine période, je me suis demandé pourquoi n'avais-je pas dans ma vie le compagnon qui me correspondrait ? Et j'ai réalisé que si j'avais ce compagnon, j'aurais tout. J'ai changé cette croyance et je l'ai rencontré.

Récemment j'ai découvert que je disais, et je le pensais : « **La paix, ça vaut cher.** » Je me suis rendu compte qu'une grande partie de ma vie je me suis acheté la paix si je peux m'exprimer ainsi. Pour moi m'acheter la paix équivalait à éviter les conflits. Je dois reconnaître qu'en effet cette paix m'a coûté très cher.

Lorsque je quittais l'un de mes conjoints, je lui laissais pratiquement tout ce que je possédais pour ne pas entrer en conflit avec lui. Je faisais de même avec mes enfants, mes amis et mes proches. Pour ne pas faire d'histoires, je me taisais et je payais. J'avais cependant le sentiment que c'était très souvent à sens unique, qu'en définitive, c'était toujours moi qui payais plus que les autres. Lorsque j'en ai pris conscience, je l'ai changé en formulant à haute voix l'affirmation suivante : ***« Désormais je fais mienne la croyance que la paix, c'est gratuit ! »***

Si tu acceptes ces fausses croyances, elles auront des répercussions dans ta vie.

Quelle est la première fausse croyance dont tu souhaiterais te libérer ?

....

Quelle sera ta nouvelle croyance ?

....

Chaque fois que tu vivras une situation désagréable, demande-toi si tu n'aurais pas une fausse croyance défavorable en lien avec cette situation ?

Tu pourras ainsi transformer chaque fausse croyance dont tu prendras conscience.

Les mots dont on se sert créent également notre réalité

Une pensée formulée en mots à laquelle nous donnons foi est l'équivalent d'un ordre que l'on adresse à notre subconscient.

Une collègue de travail disait souvent : « *Pourvu que j'aie assez d'argent pour payer ce que je dois, je suis satisfaite.* » Effectivement, elle avait toujours assez d'argent pour régler ses dettes, mais jamais plus.

Une autre disait : « *Moi, je mange un dessert et je prends un kilo.* » L'autre lui répondit : « *Et bien moi, je mange tout ce que je veux et je ne gagne pas même un gramme.* » La première était continuellement au régime pendant que l'autre maintenait facilement son poids.

Nombre de personnes utilisent la formule : « *À mon âge, c'est normal...* » :

« *À mon âge, c'est normal de prendre du poids.* »

Ma belle-mère me disait, alors que j'avais une trentaine d'années : « *À ton âge, j'étais mince comme toi. Après 40 ans, toutes les femmes engraissent.* » Je pensais en moi-même si cela était vrai, toutes les femmes de plus de 40 ans auraient un surplus de poids ; or, ce n'est pas le cas. J'ai plus de 50 ans et j'ai le même poids qu'à 30 ans.

« *À mon âge..., c'est normal d'avoir moins d'énergie.* »
« *À mon âge..., c'est normal que ma vue baisse.* »
« *À la ménopause..., c'est normal d'avoir des sueurs nocturnes.* »
« *À la ménopause..., c'est normal de prendre des hormones.* »

Ce que l'on considère comme normal est ce à quoi nous donnons notre foi. Ce que nous entretenons comme croyance produira exactement ses effets à plus ou moins brève échéance.

- Si tu crois que tel médicament te sera favorable, il le sera pour toi alors que pour un autre il pourra lui être néfaste.
- Si tu crois qu'un tel régime alimentaire te gardera en santé ou jeune plus longtemps, il te gardera effectivement en santé ou jeune plus longtemps.
- Si tu penses que tu as beaucoup vieilli, tu auras en effet l'air plus vieux.

Une amie appelait son mari « *mon vieux* ». Bien que cet homme n'ait que 32 ans, il avait l'air d'un petit vieux.

À notre insu, on peut parfois s'identifier à ce que les autres nous disent.

Je sortais de mon bureau de consultation, quand je croisai une personne que je connaissais. « *Tu as l'air fatiguée!* » me dit-elle. Je lui répondis, un peu lasse : « *C'est vrai que je suis fatiguée en ce moment.* » En le lui disant, je me sentais vraiment fatiguée. Je rejoignais ma voiture quand j'en croisai une autre qui, elle, me dit : « *Ah! bonjour Claudia, tu as l'air en forme.* » Cela me fit du bien et j'abondai dans le même sens qu'elle en lui disant : « *Oui, oui, je suis en forme.* » Et en le lui disant je sentis véritablement un regain d'énergie m'habiter. J'en fus moi-même étonnée.

- Fais l'expérience, répète-toi : « *Je suis fatigué!* » à plusieurs reprises et vois comment tu te sens.
- Puis cette fois répète-toi avec conviction : « *Je suis en excellente forme!* » et vois la différence.

Jacques Salomé disait : « *Si je m'écoutais, je m'entendrais...* » Si on s'écoutait davantage, on découvrirait comment nous créons notre réalité, tous les jours.

J'ai souvent dit : « *À la dernière minute, j'excelle!* » Pendant des années, lorsque j'avais quelque chose de très important à rédiger, je m'attirais soit des imprévus ou de ne pas avoir la disposition d'esprit au moment où j'avais le temps, de sorte que je me retrouvais à la dernière minute pour écrire l'article ou le livre que je devais remettre. À présent, je me dis : « *En avance, j'excelle!* »

J'écrivais un jour : « *La vie est un long escalier, il est dommage que tant de gens attendent l'ascenseur.* » J'écrivais cela dans ma chambre d'hôtel située au neuvième étage. Le lendemain, je quittai cet hôtel. J'avais un rendez-vous très important et j'étais pressée. J'attendais l'ascenseur qui n'arrivait pas, quand j'appris qu'il y avait une panne d'électricité. Même la génératrice d'urgence ne fonctionnait pas. J'ai dû descendre avec tout mes bagages par l'escalier de service.

Le surlendemain, j'étais chez moi. Mon appartement était situé au septième étage d'un immeuble. J'étais sur mon départ pour donner un séminaire de « Libération de la mémoire émotionnelle » quand, de nouveau, je me suis retrouvée devant un ascenseur en panne. J'ai pensé: *« Mais qu'est-ce qui se passe avec les ascenseurs? »* C'est alors que je me suis rappelé cette phrase que j'avais écrite. Je l'ai annulée et j'ai accepté que la vie soit un long escalier mais qu'on peut aussi prendre l'ascenseur. Depuis ce jour, je n'ai plus jamais eu de problèmes avec les ascenseurs.

Une personne me disait: *« Mon corps me fait souffrir. »* Je lui répondis: *« Ne serait-ce pas plutôt les émotions que tu vis qui font souffrir ton corps? »*

D'où proviennent nos émotions? Des pensées que l'on entretient.

Nombre de personnes, ayant pourtant lu des livres sur la puissance du subconscient, continuent à utiliser dans leur vocabulaire des mots de basses fréquences vibratoires, qui leur attirent exactement ce qu'elles ordonnent à leur subconscient.

Des mots du genre:

- Ça va pas si mal, pas si **pire**, qui signifie, *« ça va mal, pire, mais pas tant que ça. »*
- Ça vaut la **peine** signifie *« ça vaut de la peine »*
- J'ai du **mal à**…
- J'ai de la **peine**…
- J'ai de la **misère**…
- C'est **fou**…
- C'est **effrayant**…
- C'est **pas possible**…
- C'est **terrible**…
- C'est **pas croyable**…
- Ça me **tue**…
- Ça me rend **malade**…

- Je suis **fragile de**...
- Je suis **allergique à**...

Il y a aussi tous ces patois négatifs que l'on utilise:

- **Crime** = C'est beau en crime!
- **Méchant** = C'est une méchante bonne idée!
- **Terrible** = C'est terrible comme c'est beau!
- **C'est l'enfer!** C'est l'enfer l'ambiance qu'il y a ici!
- **Sainte misère!** Comme si la misère faisait de nous des Saints.
- **Saloperie!** Pour exprimer ce qui nous déplaît.
- **Putain!** Pour exprimer quelque chose de désagréable ou de décevant.
- **Merde!** Pour exprimer un problème ou une déception, mais parfois pour dire bonne chance.
- **Et bien d'autres encore.**

Une personne avait comme patois le mot **super.** À chacune de ses phrases, il y avait un **super** et dans sa vie tout était **super**. Son seul problème provenait du fait de se sentir coupable d'avoir tant, comparée aux autres. Lorsqu'elle s'est libérée de ce sentiment d'avoir plus que les autres, sa vie fut encore plus **super**.

Deviens donc plus attentif à ces paroles, dictons, patois, expressions et change-les:

• Ça va pas si mal par:	Ça va plutôt bien ou pas si bien (si tel est le cas).
• Ça vaut la peine par:	Ça vaut la joie, le plaisir, l'effort ou le coup.
• J'ai du mal ou de la peine par:	J'ai moins de facilité.

• C'est fou par :	C'est inouï.
• J'ai de la misère par :	J'arrive moins facilement à...
• C'est effrayant par :	C'est extraordinaire.
• C'est pas possible par :	C'est fantastique.
• C'est terrible par :	C'est remarquable.
• C'est pas croyable par :	C'est merveilleux.
• Ça me rend malade par :	Ça m'atteint.
• Ça me tue par :	Ça m'affecte.
• C'est beau en crime par :	C'est magnifique.
• Méchante bonne idée par :	Une idée excellente.
• C'est terrible par :	C'est triste.
• C'est l'enfer par :	C'est étonnant.

Certains patois n'ont pas à être remplacés mais tout simplement éliminés. L'expression « **à la limite** » si souvent utilisée pas les Européens de langue française, n'a bien souvent pas sa place dans la phrase. Par exemple, si la personne dit : *« À la limite, on pourrait se rencontrer samedi matin »*, elle peut tout simplement dire : « *On pourrait se rencontrer samedi matin.* » En utilisant cette expression « à la limite », elle risque de se retrouver confrontée à des situations où elle se sentira très souvent limitée.

On attire ce que l'on pense que l'on vaut

- Si tu crois que tu vaux un petit salaire, on ne t'en donnera pas un gros.
- Si tu crois que tu ne vaux pas mieux que les restes des autres, tu auras toujours les miettes.
- Si tu crois que tu vaux un sous-sol, tu n'auras pas un appartement de luxe.

- Si tu crois que tu ne peux avoir mieux qu'un homme jaloux, possessif et autoritaire, tu n'auras pas mieux.

Cependant, si tu crois que tu vaux du neuf, tu attireras le neuf!

Lorsqu'elle était enfant, l'une de mes amies n'acceptait pas que sa mère, qui était couturière, confectionne de beaux vêtements aux autres, tandis qu'elle portait les vêtements usagés qu'on lui donnait. Adulte, elle était encore entourée de choses provenant des autres. Moi, je crois que le neuf me convient parfaitement. Aussi j'attire toujours du neuf: voiture, maison, objets, etc. Un jour, cette amie m'invita à dormir chez elle. Les seuls draps neufs qu'elle s'était offerts et qu'elle n'avait pas encore utilisés, elle me les a placés dans mon lit. Cet événement m'a fait sourire et m'a confirmé que l'on attire ce que l'on pense que l'on vaut.

Je regardais une émission de télévision, où l'on discutait pour savoir s'il est acceptable qu'un patron gagne vingt à cinquante fois plus qu'un ouvrier. Cela me rappela un jeu de carte, « Le concierge ». Le jeu se joue habituellement à quatre joueurs. Le premier assume le rôle de président, le second celui du vice-président, le troisième celui du secrétaire et enfin le quatrième joueur prend le rôle du concierge. Le jeu de cartes est partagé entre les joueurs, à cette différence: Le président donnera ses deux plus mauvaises cartes au concierge alors que ce dernier lui remettra ses deux meilleures cartes. Le vice-président de son côté donne sa moins bonne carte à son secrétaire, qui lui remettra sa meilleure carte. Il est remarquable d'observer que par le simple fait qu'une personne endosse le rôle du président, elle s'attire les meilleures cartes. Alors que la personne qui prend le rôle de concierge va s'attirer les plus mauvaises cartes du jeu, et parmi les rares bonnes cartes qu'elle pourra avoir, elle devra donner les deux meilleures au président, et recevoir de lui ses deux moins bonnes.

Ce n'est pourtant qu'un jeu, mais ce jeu nous montre, sans l'ombre d'un doute, comment nous attirons ce qui correspond à nos pensées et à ce que nous pensons que nous valons. Pourquoi jouons-nous un rôle plus qu'un autre dans notre vie ? Qu'est-ce qu'on nous a fait croire que nous valions ou qu'avons-nous cru nous-mêmes que nous pouvions recevoir de la vie ?

René Angélil, l'imprésario et époux de Céline Dion, disait à une journaliste : *« Dès le départ, j'ai traité Céline comme une très grande artiste. »*

Ce n'est pas ce que tu es qui t'empêche de réaliser tes désirs les plus profonds, mais les pensées que tu entretiens.

Tant que je maintenais la croyance que je n'avais pas le potentiel pour écrire, je ne m'y risquais pas.

Prends donc l'habitude de te nourrir de pensées positives, et c'est ainsi que tu t'attireras des situations favorables et que tu pourras te créer une vie formidable.

En voici quelques exemples :

- *Le meilleur est pour moi.*
- *Je rencontre seulement des gens extraordinaires.*
- *J'ai du talent.*
- *Je suis en paix.*
- *J'ai de bons yeux.*
- *J'ai un grand potentiel.*
- *J'ai une excellente mémoire.*
- *Ça va fonctionner.*

- *Je suis divinement protégé.*
- *La vie est merveilleuse.*
- *Je vis de plus en plus dans l'abondance.*
- *Je vais de mieux en mieux.*
- *Ma santé s'améliore de jour en jour.*
- *Je suis de plus en plus efficace.*
- *J'ai de plus en plus de succès.*
- *On m'apprécie à ma juste valeur.*
- *Je réussis facilement tout ce que j'entreprends.*
- *De l'argent, j'en ai toujours eu et j'en aurai toujours.*
- *La vie est bonne pour moi.*

Une phrase courte, répétée avec volonté et détermination, vaut plus qu'une belle affirmation répétée sans conviction. Jésus ne disait-il pas : « ***Il te sera fait selon ta foi.*** »

Ce qui est merveilleux, c'est qu'il nous est donné le choix d'utiliser cette énergie de manière à ce qu'elle nous soit favorable ou défavorable. Si je dois débuter un nouvel emploi et que j'ai peur de ne pas être à la hauteur, j'ai le choix de me dire : « *Je n'y arriverai jamais, c'est trop pour moi, c'est plus difficile et complexe que je ne l'avais pensé.* » J'attirerai, par ces pensées, que le patron me signifie que je ne réponds pas aux critères du poste et qu'il me renvoie. À l'inverse, bien que j'aie peur de ne pas y arriver, de ne pas être à la hauteur, je me répète : « *J'ai tout en moi pour réussir et je vais réussir.* » Ces paroles produiront en moi un effet de motivation et j'attirerai des énergies positives qui me soutiendront et graduellement je réussirai.

Tu peux également prendre l'habitude de garder un livre de pensées positives sur ta table de nuit et lire quelques pages avant de t'endormir. Ton subconscient s'en nourrira pendant la nuit. J'ai souvent suggéré à des personnes, qui entretenaient la peur du manque, de se répéter avant de s'endormir : « ***Seigneur*** (ou ***Énergie Divine), donne-moi tout ce dont j'ai besoin avec un surplus divin.*** »

« ***Demandez et vous recevrez*** », disait encore Jésus.

On nous a souvent répété que toute bonne chose avait une fin. **Pourquoi toute bonne chose n'aurait-elle pas plutôt une continuité ?**

Nous avons commencé ce livre par : tout débute par une décision ! Eh bien ! Pourquoi tout ne continuerait-il pas aussi par une décision ?

Aussi je t'invite, suite à la lecture de ce livre, à te répéter et à mettre en pratique les affirmations suivantes :

« ***À partir d'aujourd'hui, à tous points de vue, je me crée une vie formidable.*** »
« ***Je sais qu'en semant l'amour, je récolterai le bonheur.*** »
« ***Je sais qu'en semant la patience, je récolterai la beauté.*** »
« ***Je sais qu'en semant la gratitude, je récolterai l'abondance.*** »
« ***Je sais qu'en semant la gentillesse, je récolterai l'estime des autres.*** »
« ***Je sais qu'en semant la joie, je récolterai le plaisir.*** »
« ***Je sais qu'en semant la confiance, je récolterai la foi en la vie.*** »
« ***Je sais qu'en semant la compréhension, je récolterai la sagesse.*** »
« ***Je sais qu'en semant la persévérance, je récolterai la réussite.*** »
« ***Je sais qu'en semant l'humilité, je récolterai les honneurs.*** »

Annexe

PAR SES LIVRES, SES CONFÉRENCES et grâce à l'Association des intervenants en Métamédecine qu'elle a créée, Claudia Rainville contribue à un plus grand éveil de conscience chez les personnes en quête d'un mieux-être.

Vous souhaiteriez rencontrer Claudia Rainville, lors d'une conférence, découvrir ce qu'est la Métamédecine, entreprendre une formation avec elle ou vous inscrire à un séminaire de libération de la mémoire émotionnelle ?

Consultez notre site web **www.metamedecine.com** pour découvrir ce qu'est la Métamédecine ou pour connaître les dates et lieux des conférences et séminaires ou pour avoir les coordonnées d'un intervenant en Métamédecine près de chez vous.

Vous pouvez également nous écrire à **frj@metamedecine.com**.

Envie de bien-être ?
www.editions-jouvence.com
Le bon réflexe pour

Être en prise directe avec nos nouveautés, nos auteurs et notre catalogue, **découvrir** le livre du mois et la librairie du mois, **vous informer** régulièrement sur les événements santé du moment (salons, conférences, etc.)

Dépôt légal : septembre 2005
IMPRIMÉ EN FRANCE

Achevé d'imprimer le 29 août 2005
sur les presses de l'imprimerie «La Source d'Or»
63200 Marsat
Imprimeur n° 13353